지금 **북극**은

What is happening in the Arctic?

제4권 북극, 경쟁과 협력의 공간

지금 북극은

What is happening in the Arctic

제4권 북극, 경쟁과 협력의 공간

2022년 11월 15일 초판 1쇄 인쇄
2022년 11월 15일 초판 1쇄 발행

엮은이 배재대학교 한구-시베리아센터
글쓴이 김정훈 · 성지승, 이주연, 양정훈, 백영준, 곽성웅,
　　　　한종만, 계용택, 박종관 · 최주화, 김자영, 방민규
펴낸이 권혁재

편집 조혜진
출력 성광인쇄
인쇄 성광인쇄

펴낸곳 학연문화사
등록 1988년 2월 26일 제2-501호
주소 서울시 금천구 가산디지털1로 16 가산2차SK V 1AP타워 1415호
전화 02-6223-2301
팩스 02-6223-2303
E-mail hak7891@chol.com

ISBN 978-89-5508-475-7 94960

이 총서는 2019년 대한민국 교육부와 한국연구재단의 지원을 받아 수행된 연구임
(NRF-2019S1A5C2A01081461)
This Book was supported by the National Research Foundation of Korea
Grant funded by the Korean Government(MOE) (NRF-2019S1A5C2A01081461)

지금 **북극**은

What is happening in the Arctic

제4권 북극, 경쟁과 협력의 공간

학연문화사

발간사

2022년 가을 현재, 가속화되고 있는 지구온난화로 인해 북극해의 얼음, 만년설 및 영구동토층의 지표 밑 얼음의 해빙현상으로 북극권의 지형이 급속도로 변화하고 있다. 불안정한 국제적 상황 역시 북극권의 정세 변화에 적지 않은 영향을 미치고 있다. 오랜 기간 인류 접근을 부분적으로 수용해 왔던 공간이 과학기술의 발달과 기후 여건 등에 의해 접근 가능성이 높아지고 있는 상황 속에서 맞이하고 있는 급속한 변화의 물결은 인류 공동의 자산으로써의 북극의 의미와 가치를 왜곡 혹은 소실시킬 수 있을 것이라는 위기감을 고조시키고 있다.

COVID-19로 인한 팬데믹 현상이 지속되는 과정에서 맞은 2022년은 러시아··우크라이나 사태로 인해 더욱 힘들고 혼란 속에서 진행되고 있다. 에너지 위기, 식량 문제 등으로 촉발된 국제 경제의 어려움 속에 고물가와 고금리 추세도 그 기세가 꺾이지 않고 있다. 이전과는 확연하게 다른 국제 사회 현상과 관계로 인해 전 세계가 고통을 받고 있다.

이러한 변화는 북극권에도 지대한 영향을 미치고 있다. 혹독한 기후와 자연 현상으로 오래 동안 접근이 어려웠던 공간이었지만, 지난 20세기 냉전 체제의 소멸과 고르바쵸프의 '무르만스크 선언' 그리고 기후온난화로 인한 북극해의 급속한 감소, 급속도로 발전하고 있는 과학기술의 발달 등은 북극권을 새로운 블루 오션의 공간으로 인식하는 큰 전환점으로 작용했다. 풍부하게 매장되어 있는 자원의 개발 그리고 새로운 항로의 개발, 거의 천연 상태로 보존되어 왔던 자연 및 생태 환경에 대한 연구활동 등 다양한 분야에 있어 북극권은 인류 전체의 관심을 충분히 집중시킬 수 있는 매력적인 공간, 인류 공동의 자산으로 자리매김하게 되었다. 물론, 영토 및 자원 관련 분쟁들도 간헐적으로 발생하기도 하였지만, 적어도 러시아·우크라이나 사태 이전에는 북극 인접국들이 주도하고 있는 AC(북극이사회)와 대한민국을 포함한 옵서버 국가 등 다양한 국제사회들이 협력하여 문제를 해결하고 '지속가능한개발(SDG)'을 이룩하고자 노력해왔다.

러시아·우크라이나 사태가 전개되고 있는 지금, 북극권에도 큰 변화가 나타나고 있다. 우크라이나로 시작되어 핀란드와 스웨덴으로 확산되고 있는 NATO 가입 신청은 러시아가 핵무기 '포세이돈('지구종말의 무기')'을 탑재한 핵잠수함 벨로고드를 북극해에 배치하는 결과로 이어지고 있다. 이전에도 있었던 다소 사소하다고 생각할 수 있는, 즉 협력과 협정으로 해결 하고자 노력했던 문제들이 이제는 상상할 수도 없는 결과를 초래할 수 있는 상황으로 전개될 수도 있을 것이라는 예측들이 나오고 있다. '새로운 냉전(Ice Cold War)'이 이미 시작되었다고 주장하는 전문가들도 있다. 북극권에 관련하여 '협력' 보다는 '감시'와 '경계'라는 용어가 당분간은 더욱 자주 표출될 것이라는 예측이 우세를 나타내고 있다.

이러한 상황 속에서 2014년 크름반도 병합사건으로 시작된 서방세계의 대러 경제제재는 우크라이나 사태로 인해 점점 더 규모와 강도가 더욱 강해지고 있으며, 반면 이를 극복하고자 노력하는 러시아는 그 최적의 공간을 시베리아와 북극권으로 인식하고 각종 개발 전략을 수립하고 정책을 실현해 나가려 하고 있다. 북극권에서의 러시아의 강력한 개발 드라이브(자원, 항로 개발 등)가 국제사회에 어떠한 파급효과를 발생시킬지 아직까지는 예측하기가 매우 어려운 상황이다.

다른 한편으로 북극권은 남극과 달리 사람들이 생활을 영위하고 있는 '삶의 공간'이다. 다양한 원주민들이 자신들만의 독특한 생활양식과 전통 그리고 문화를 유지해 오고 있는 인류 전체의 중요한 인문/사회 공간이기도 하다. 일반적으로 개발은 옛 모습(자연환경 뿐 아니라 사회문화 전 분야에 걸친)을 바꾸어 놓는다. 이 과정에서 개발자들은 개발 공간의 원래 주인들의 이해와 의지를 종종 간과하는 경우가 발생할 수 있다. 이는 북극, 지역적 차원이 아닌 전 지구적인 피해로 이어질 수 있는 위험이 있다. 단적인 예로, 지구온난화 및 생태 환경의 파괴 현상들이 이미 나타고 있다. 이외에도 자원개발과 신재생에너지 생산 설비로 인한 순록 목초지 파괴 현상, 원주민들의 삶의 공간 축소뿐 아니라 전통문화 파괴 및 소멸 현상들도 발생하고 있다.

다시 한번 강조하지만, 북극권은 인류 공동의 미래를 위한 소중한 자산이다. 경쟁 구도와 개발로 인해 보존 및 보전이 무시될 수 없는 것처럼, 보존 및 보전을 위한 개발의 포기 역시 어려운 문제일 것이다. 그러하기에 바로 지금이 지혜와 관심을 모을 때라고 생각한다. 이의 여정은 결코 쉽지 않으며, 이러한 쉽지 않은 여정의 한 과정으로 여러 연구자들이 연구한 결과들을 모아 "지금 북극은: 제4권 북극, 경쟁과 협력의 공간"이라는 제하의 한권의 책으로 묶어 보았다. 2019년 한국연구재단 프로젝트인 '인문사회과학연구소' 지원 사업에 선정된 후, 배재대학교 한국-시베리아센터가 사업의 일환으로 2020년 8월 시작한 북극총서 "지금 북극은" 시리즈가 벌써 4권이라는 결과물을 세상에 내놓을 수 있게 되었다. 이번 출간되는 제4권 역시 이전과 마찬가지로 지정, 지경, 지문화 및 생태환경 등 인문사회과학의 다양한 학술 분야의 연구결과를 한권의 책에 담아냄으로써 북극권의 융복합적 인식과 이해의 기반을 제공해 주고, 경제포화 상태인 한반도인 미래를 창출해 낼 수 있는 '성장 공간'을 모색하고 있는 대한민국의 정책 및 전략을 모색하고 실행함에 있어 적지 않은 도움을 줄 수 있기를 기대해 본다. 특히 '개발 VS 보전'이라는 명제 하에 '지속가능한 개발'을 추구하던 북극권의 정세가 러시아와 우크라이나 사태 발발 이후 전개 그리고 그 이후의 북극 변화, 이에 대한 선제적인 준비와 대응이 절실한 시점에서 본서가 그 필요성의 중요한 한 도구가 되었으면 한다.

물론, 배재대학교 한국-시베리아센터의 총서 시리즈가 북극의 모든 문제를 해결해 줄 수는 없을 것이라는 것도 잘 알고 있다. 그러나 앞으로 더욱 심도 있는 연구와 논의가 지속되어져야 한다는 점이 명백한 현실이라면, 본 연구결과물들은 그 연속성을 이어 주는 중요한 고리가 될 것이라 생각한다.

끝으로 이 시리즈의 4번째 연구결과물이 세상에 나오기까지 수고하신 모든 분들께 뜨거운 감사를 표한다. 그리 유리하지 못한 연구 환경 속에서 묵묵히 결과물들을 창출해 낸 12명의 집필진, 그 과정에 적지 않은 조력을 지원한 연구소 구성원들, 그리고 여러 가지 어려운 환경 속에서도 출간에 적극적인 지원을 해 주신 학연문화사 권혁재 대표님과 편집진 모든 분들에게 진심으로 머리 숙여 감사를 표한다.

감사합니다.

2022년 11월 1일

배재대학교 한국-시베리아센터 소장 김정훈

목 차

한국의 신 북극전략 모색 : 미중경쟁에 따른 중견국 외교전략과 북극 5G 거버넌스 구축

김정훈* · 성지승**

I. 서론

북극공간은 그간 환경보호 및 인류공동유산이라는 명목가치 아래 국제사회 협력 기반의 보호망에 속해 있었다. 그러나 기후변화, 국제개발, 신 국가보호주의, 남북 불균형 증대 등 지구의 다변화적 요소로 인해 강대국 간 국익 증대를 위한 지정학적 경쟁이 가속화 하면서 북극공간 역시 새로운 국면을 맞았다. 외교 전략의 행보가 가장 두드러지는 국가는 바로 중국이다. 비북극권 국가인 중국은 21세기 패권경쟁이 공고화됨에 따라, 새로운 북극전략을 제시하고 북극공간에 대한 이해적 접근을 시도 중이다. 당초 북극 이사회가 노르웨이, 덴마크, 러시아, 미국, 스웨덴, 아이슬란드, 캐나다, 핀란드 8개국으로 구성되어 있으며, 이외 국가는 옵저버라는 점을 고려할 때 중국의 북극행보는 외교적 계산에 따른 실리 목적에서 기인한 것으로 해석된다.

중국의 북극행보가 높은 가시성을 지니는 이유는 그간 북극공간을 둘러싼 지정학 경쟁의 주체가 러시아와 미국을 포함한 서방국가들이었기 때문이다. 중국의 참여는 단순히 이해당사자 수의 증대 그 이상의 함의를 지닌다. 러시

※『한국 시베리아연구』 2022년 제26권 1호에 실린 논문을 수정 및 보완한 글임
 * 배재대학교 한국-시베리아센터 소장, 제2저자 및 교신저자
** 외교부 중남미국 중남미협력과 연구원, 제1저자

아와 중국의 북극항로 개발에 있어 가장 큰 차이점은 국가생존 여부에서 기인하는데, 러시아의 북극항로 개발은 생존문제와 직결하는 반면, 중국의 북극전략은 국가 생존문제와 별개이기 때문이다.

러시아의 북극항로 개발은 2014년 크림반도 사태로 기인된 G8 지위 자격 상실과 범지구적 경제제재로부터 벗어나고, 과거 강대국의 명성을 되찾기 위한 노력의 일환이다. 반면, 2001년 WTO 가입 이후 자유무역 메커니즘을 활용하여 높은 수준의 경제발전을 이뤄낸 중국은 일대일로(One Belt and Road Initiative, BRI) 정책의 연장선으로 북극공간을 활용해 패권국으로서의 성장 지평을 확대하고자 한다.

다시 말해, 북극공간 내 중국의 행보는 러시아가 북극공간을 바라보는 국권회복 및 생존문제 가치 이상인 패권국으로의 성장 가능성과 국제적 지위를 공고히 하기 위한 전략의 일환이다.

본고는 러시아의 북극항로 개발은 21세기 미중경쟁이 북극공간으로 진입한 이상 지역적 한계를 가지고 있음을 지적함과 동시에 미중 경쟁이 격화된다면 북극공간 역시 새로운 안보국면을 맞이할 가능성이 높아질 것이기에 이해당사자들의 사전 대응책 마련 필요성을 주장하고자 한다.

중국의 일대일로 전략이 북극으로까지 확장되면서, 북극이사회 일원인 미국은 중국의 행보를 저지하고 북극이사회가 공유한 기존의 북극가치 보호와 자국 이익 반영을 위한 방어전략을 모색 중에 있다. 인도-태평양 지역에서 미국 주도의 안보 협의체인 오커스(AUKUS)와 쿼드(QUAD) 그리고 중국의 일대일로 전략이 대립함에 따라 양국의 전략대립이 북극공간으로까지 확대된다면 새로운 북극 안보 협의체 출범과 북극권의 지정학적 대립이 격화될 가능성이 높아질 것이다.

중국은 스발바르 조약(Svalbard Treaty)을 근거로 자국을 북극지역 이해관계 당사국이자 북극 인접국으로 규정하고 있으며, 북극해 연안국과 동등하게 북극지역 개발에 참여하여 자국의 이익을 추구할 권리가 있음을 주장하고 있다.[1] 더 나아가, 북극이사회 8개국 정책 수립에 적극적인 개입의지를 드러내며, 2018년 1월 '북극백서'를 공식 발간하고 기존의 일대일로 전략의 지역범위를 북극으로 확장한 '빙상 실크로드(Polar Silk Road)'를 공식화했다. 미국은 중국의 북극정책 개입과 북극 내 영향권 확대에 반대 입장을 강하게 표출하고 있다. 이에 따라 인류 공동가치에서 비롯되는 북극전략, 북극안보, 소수민족, 그리고 기후변화 등 인류 공동가치를 지향하는 사안들에 있어서도 충돌할 수 있는 다수의 미중 갈등 요소들이 북극공간 내에서 표출될 가능성도 높아지고 있다.

북극공간은 인류 공동의 중요한 유산이며, 특정 강대국의 이익만을 대변할 수 있는 공간은 아니다. 따라서 국제사회는 강대국을 포함한 모든 국제사회의 대 북극전략에 대한 움직임도 관심을 가지고 지켜봐야만 한다. 특히 강대국과 일련의 외교 움직임을 동일시하는 중견국의 북극외교에 대한 국제사회의 관심 역시 중요한 고려 요소 중 하나이다. 중견국의 외교전략이 지니는 가치는 그 범위가 내용이 무궁무진한데, 이들은 국제레짐의 규범을 지킬 정치적, 경제적, 외교적 여력이 충족되어 있기 때문에 북극권의 이슈별 질적대응과 양적대응이 가능하기 때문이다.

물론, 중견국가(middle power)에 대한 외교적 정의는 국제정치의 힘의 객관적 기준에 따르는 데 있어서 강대국과 약소국이라는 이분법적 분류만큼 발전하진 않았다. 그러나 국제사회에 미치는 이들의 영향력은 지대하며, 21세기 신냉전 도래라는 가능성을 염두하고, 중견국가들을 중심으로 한 일련의 소다자 체제가 구축되고 있다는 점을 고려할 때, 특정 지역의 이익이 더 이상 강대

---

1) 정규재 · 최영선, "중국의 북극개발 진출 전략과 전망", 『세계 에너지시장 인사이트』 제 14-15호, 울산: 에너지경제연구원, 2014, p.6.

국 차원에서만 한정되지 않는다는 점을 알 수 있다. 중견국가의 일반적 특징은 민주주의를 지향하고, 국제 구조 특성상 군사, 안보 사안에서는 강대국의 영향력이 강하게 작용하고 있으므로, 다수의 경우에서 강대국과의 동맹을 결성하고, 주로 비전통 안보나 평화유지 관련 역할을 강조한다. 중견국은 대체로 국제 시스템의 현상유지에 도전하지 않는다. 그 이유는 강대국과의 국방안보를 도모하고, 중견국 간 소다자 메커니즘을 활용할 때 좀 더 나은 국방안보를 구축하고, 연쇄비용을 절약할 수 있으며, 무엇보다 강대국간 치열한 패권경쟁에서 생존가능하기 때문이다.

　주지하는 바와 같이, 대한민국은 대표적인 중견국가로서 민주주의 가치를 고양하고, 세계적 경제 발전을 이뤄냈으며, 범국가적 소프트 파워 발전, 외교 지평확대, 미중 간 헤징전략을 통한 실리외교 추구 등 중견국의 정체성을 지니고 있다. 그러나 동아시아와 유럽 그리고 북극공간을 둘러싼 미중 패권경쟁은 대표 중견국인 한국으로 하여금 경제적 가치와 안보적 가치 중 양자택일의 외교적 딜레마와 대치시키고 있다. 일례로, 2017년 사드(THAAD) 사태는 중견국이 흔히 겪는 헤징 딜레마를 표면화했다. 중국정부는 당초 사드의 한반도 배치 초기 단계에서부터 완강한 거부의사를 밝혔다. 미국 주도 하 대북 정책과 북한의 미사일 방어 전략의 일환으로 성주에 배치된 사드가 중국의 입장에서는 한반도 안보 수요 초과에 해당하며, 대 중국 견제용이라는 점에서 의구심을 불러일으켰기 때문이다. 중국은 사드 배치 과정에서 한국 기업에 대한 경제 보복조치를 취했으며, 한국기업의 막대한 이익 손해와 영업 중지, 무역관계 불투명, 불매운동, 여론 악화 등 양국관계가 불안정함에 이르렀다.

　미중 간 지정학적 경쟁은 인도-태평양, 동아시아, 유럽 대륙 등 그 범위가 꾸준히 확대하고 있으며, 양국의 국방 및 외교 전략이 선명히 교차하는 북극권 역시 향후 지정학적 대립 공고화의 동일한 선상에 위치해 있다. 미중 간 북극 패권 경쟁이 가속화된다면 대한민국은 신흥무대인 북극공간에서도 사드 사태와 같은 양자택일의 순간에 직면할 수 있다.

그러나 중견국가에게 북극공간과 같은 신흥무대에서의 미중 대립이 지니는 함의는 기타 지역의 안보현황과 상이하다. 왜냐하면 미국의 북극개발에 대한 관심은 아직까지 미답 상태에 머물러 있고, 자국의 안보 우선순위에서 북극이 차지하는 비율은 높지 않으며, 중국 역시 새로운 북극 이해당사자로 등장하였다하더라도 자리매김의 공고화까지는 상당한 시간이 소요되기 때문이다. 우선, 미국의 북극 정책 및 자본 활성화 영역은 잠재적 도전국의 북극권 진출을 막는 방어적 수준에 그친다. 반면, 중국의 북극전략 역시 아직은 국제사회에서 정치적 명목이 부족하기 때문에 선제적인 북극정책을 진행하기에는 한계가 존재한다. 중국이 주장하는 북극권 개발권 주장에 대해 국제사회가 여전히 의문점을 제시하고 있기 때문이다.

미중 양국이 아직 뚜렷한 북극전략을 제시하지 못하고 있다는 점을 고려할 때, 국제사회는 북극외교 대립에서 한국과 같은 중견국가가 패권대립 완화의 열쇠를 지니고 있는 제3자의 역할을 맡고 있음을 투시해야 한다. 물론, 한국 정부 역시 북극이슈의 질적 · 양적의 전문성을 가지고 북극공간에 대한 이해를 깊게 파고들어야만 하는데, 북극공간에서는 안보와 경제의 양자택일의 순간으로 자신을 몰아가기보다는 미중 지정학적 경쟁 내 국제개발분야의 공백을 빠르게 인지하여 구체적인 대 개발 프로젝트 추진을 통해, 그 어느 행위국도 대한민국의 북극 개발영역에 대해 절대적 반대 입장을 표명할 수 없도록 전력을 기울여야 한다.

21세기 패권 경쟁은 단순히 영토적이고 무력적 가치를 내포하고 있는 군사안보 뿐만 아니라, 경제, 환경, 보건 등 그 내용이 복합적이고 광범위하다. 무엇보다 세계 패권 갈등이 무역전쟁을 넘어 기술전쟁으로 전개되고 있고, 첨단기술의 진보가 국가안보와 직결되는 시점에 이르렀다. 국제사회의 이익 사이

클의 현황을 고려할 때, 한국의 신 북극전략은 국가 강점 영역인 반도체 기술 강대국의 특징을 바탕으로 해야 할 것이다.

본고는 북극 내 미중 대립과 중건국 한국의 외교적 특징을 연구 대상으로 선정한다. 다음 장에서는 북극을 비롯한 신흥무대에서의 미중 갈등에 대해 분석하고, 중건국의 외교적 특징에 대한 기존의 이론들과 논의를 정리했다. 제3장에서는 미국의 국방 '북극전략(2019)'과 중국의 '북극백서(2018)'를 분석하여 양국의 북극정책 목표 및 참여정책에 대해서 정리했고, 북극공간 내 미중 대립이 점증적으로 심화되고 있음을 명시했다. 제4장에서는 한국의 과거 북극전략을 분석하여 투자 여건 미비, 전략 투시성 부족, 그리고 국민인식제고 및 인재확충 필요성 등의 개선점을 제기했다. 그 해결책으로는 5G 전략을 통한 북극공간의 기술 소프트파워 증진을 제안했고, 세계 IT 기술 선도국가인 특징을 살려 북극권 5G 기술 전략을 통해 대표 중건국가로서의 자주성과 책임감 증진을 강조했다. 또한, 초연결사회를 가능케 하는 선진적 5G 기술을 통한 북극 전략의 다양성을 분석하고, IT 선도국인 한국이 중건국가 리더로서의 역할과 외교적 과제를 모색하고자 했다.

II. 선행연구 분석

1. 북극권 패권 갈등

21세기 미중갈등은 특정 지역에 국한되는 것이 아닌 전지구적 공간으로 확장되어 대립환경의 다양화를 나타내고 있는데, 신흥무대의 새로운 서사로 등장한 공간이 바로 북극이다. 오랜 기간 북극권은 안보 예외주의에 해당하는 공간이었다. 그러나 크림반도 사태 이후, 러시아가 국제사회의 경제적 및 외교적 제재를 극복하고 과거 구소련의 제왕적 위상을 회복하기 위해 북극항로 개발에 적극적으로 임하기 시작했으며, 이는 북극공간을 둘러싼 강대국 간 대립기류 형성을 촉발하는 동기가 되고 있다.

러시아는 시베리아 북쪽 북극해상에 있는 노보시비르스크 제도와 자국의 최북단 군사기지가 위치한 프란츠 요셉 제도 등 북부 영토를 따라 북극해 주요 지점들에 군사기지를 잇달아 설립했다. 또한 중국의 자본을 통해 북극합동군사훈련을 실시하는 등 북극권 안보환경에 상당한 변화를 가져왔다. 미국은 러시아의 광범위한 군사행보와 북극자원의 개발이 북극 패권의 장악으로 이어질 수 있음을 우려했는데, 특히 북극개발에 대한 중국의 막대한 자본 투입과 중러 간 적극적인 개발협력을 경계했다. 이를 증명하듯, 미국은 2018년 북대서양조약기구(NATO)의 동맹국들과 함께 북극 합동 군사 훈련을 실시했고, 북극영토의 주권과 관할권의 범위를 명시하는 등 러시아와 중국의 북극행보에 방어 전략을 취했다. 북극지역의 경제적 가치와 패권국의 위치를 놓고 미·중·러 간 안보패권 경쟁이 가속화되고 있으며, 이와 같은 북극권 안보환경의 전반적 변화는 북극 군비 경쟁의 시작을 암시한다.

북극권에서 미국과 러시아의 패권 대립 양상이 가시화되고 있지만, 러시아가 북극개발전략을 통해 21세기 미중이 겪고 있는 세계 패권 경쟁의 일원으로 귀결될지는 미지수다. 러시아의 북극개발은 전지구적 개발행보를 추진하고 있는 중국과 달리 개발의 범위가 북극이라는 지역적 한계점을 지니기 때문이다. 이러한 이유로 저자는 세계 패권 경쟁이라는 큰 틀 속에서 북극권 패권 경쟁을 바라보고자 한다. 북극에서 무려 3,000km 떨어져 있는 중국이 자국을 북극인접국으로 자명하며, 북극권 개발에 대한 정당성을 확보하기 위해 일련의 투시적인 외교전략을 취하고 있다. 이는 전지구적 관점으로 바라볼 때, 미중 패권 대립이 유럽과 인도-태평양 지역을 넘어 북극권으로 확대되고 있음을 암시한다.

그린란드를 둘러싼 희토류 개발권 분쟁[2]과 중국의 북극권 내 자본진출을 방어하기 위한 미국의 움직임은 인류 공동 유산의 가치를 강조했던 북극공간 조차도 미중 대립의 연장선을 피해갈 수 없다는 점을 시사한다. 2021년 4월 그린란드 신정부의 출범으로 세계 희토류 개발확보전의 판세에 변화가 일어났다. 희토류는 반도체, 초전도체, 고성능 축전지, 디스플레이, 하이브리드 자동차, 전기 모터 등 첨단산업에 필수적으로 사용되며, 4차 산업혁명시대의 발판이 되는 디지털 첨단산업에서는 핵심적으로 요구되는 원료이다. 이러한 이유로 각국은 그린란드 희토류 개발권을 둘러싸고 치열한 확보전을 치르고 있다. 그러나 그린란드는 환경보호를 중요한 가치로 내세우고 있는 야당이 주도하며, 외국의 무분별한 희토류 채굴 사업을 반대함으로써 당시 그린란드 희토류 개발에 막대한 투자를 하고 있던 중국에게 타격을 주었다. 중국은 여전히 세계 희토류 생산의 70% 이상을 보유하고 있으나, 희토류 생산의 절대적 주도권을 확보하여 무기화하기 위해서는 그린란드 희토류 개발권이 절대적으로 필요하다. 중국은 목적 달성을 위해 그린란드 정부에 거대한 인프라 자본을 제공해왔으나, 그린란드 정부의 결정에 따라 유럽연합의 대중국 희토류 의존도가 약화되었고, 중국의 희토류 주도권 확보에 대해서도 미지수에 머무르게 되었다. 그린란드 정부를 어떤 국가가 먼저 외국 희토류 개발권 해제를 설득한 것인가 그리고 어떻게 설득할 것인지가 해결의 실마리가 될 것이다. 이처럼 가시 혹은 불가시적인 대소 간의 미중 갈등이 북극공간에서 발생하고 있으며, 이 사안은 치열한 지정학적 경쟁을 향한 연장선에 놓여있다.

국제사회는 북극공간 패권 대립이 신냉전의 도래를 가리키는 화살표임을

---

2) "그린란드 야당 총선승리로 중국 희토류 장악 '타격'", 「연합뉴스」, 2021년 4월 9일.

이미 인지하고 있다. 파테이(Patey)[3]는 덴마크 국제정치학회 보고서에서 북극권에서의 미중 간 전략적 대립이 북극의 오랜 기간 동안 지속되어온 협력과 안정을 위협하고 있다고 지적했다. 그는 양국의 새로운 지정학적 긴장으로 인해 북극권 내에 적용되었던 낮은 수준의 안보긴장, 즉 안보 예외주의에 해당했던 북극지역이 변화를 겪고 있음을 명시했다. 최근 러시아의 군사력 증강과 중국의 빙상 일대일로를 통한 전략적 이해가 증가하여 북극권 내 강대국간 대립이 지역안보 위협을 초래하였기 때문이다. 실례로, 최근 몇 년 동안 그린란드의 핵심 인프라에 대한 중국의 개입을 중단하려는 미국의 움직임과 함께, 북아메리카 자본의 5G 모바일 네트워크에서 미국정부가 중국 통신 회사 화웨이와 협력하지 않도록 경고하는 범대륙적 캠페인을 추진한 것은 미중을 둘러싼 신냉전의 시작으로 보여지기도 한다. 파테이는 미국, 북유럽 국가, 캐나다의 정책결정자들이 북극권 외교, 경제 및 국방 정책 수립에 새로운 관심을 기울일 필요가 있음을 지적했다. 미국과 중국 양국이 북극의 정치적, 경제적 중요성을 인식하고 협력적인 태도로 북극전략을 세운다면, 북유럽 국가를 비롯하여 캐나다 또한 양국 대립을 완화시키고 북극권 지역의 미래를 보호할 수 있는 중요한 역할을 기대할 수 있기 때문이다.

비요르쿰(Bjorkum)은 '북극공간 전략 보고서(Arctic Space Strategy)'를 통해 중국이 북극자원의 새로운 개발 가능성에 대해 관심을 가지고 있으며, 상업적으로나 군사적으로 중국의 존재를 증가시켰다고 주장한다[4]. 중국은 대러시아 에너지 프로젝트에 막대한 투자를 함으로써, 북극 천연 자원에 대한 전략적 접근을 진척 중에 있다. 비요르쿰은 중국 정부의 북극권 항구, 공항,

---

3) L. Patey, "Managing US-China Rivalry in the Arctic", *DIIS*, 2020.

4) B. Kjetil, "Arctic Space Strategy: The US and Norwegian Common Interest and Strategic Effort", *Strategic studies quarterly*, 2021.

연구기지, 위성 지상국에 대한 투자가 역내 '자치 영역(autonomous territory)' 확보라는 목적에서 기인하며, 이는 향후 북극지역 내 미국, 중국, 러시아 간의 전략적 경쟁을 향한 시발점임을 주장한다.

2. 중견국 외교 선행 연구

21세기 심화된 미중 대립 속에서 중견국 역할과 외교적 특징에 대한 연구가 증가하고, 학자들마다 중견국 정의 작업을 위한 다양한 접근이 시도되고 있으나, 정확하고 통합적인 결과는 이뤄지지 못했다. 따라서 중견국 정의를 위한 일련의 시도는 꾸준히 지속될 것으로 예상되며, 특히 그 중요성이 증대될수록 필요성은 더욱이 강조될 것이다. 쿠퍼(Andrew Cooper)[5]는 중견국의 행동패턴을 '촉매자(catalyst)', '촉진자(facilitator)' 그리고 '관리자(manager)'로 분류하였다. 첫째, 촉매자로서의 중견국은 지능적이고 정치적인 힘을 통해 안건을 제안하고 역내 행위자들이 이것을 따르도록 한다. 둘째, 촉진자로서의 중견국은 특정 이슈에 대한 아젠다를 상정하고 협력적이고 연합적 형태로 역내 이슈에 참가한다. 셋째, 중견국은 규칙을 세우고, 공식 기구나 레짐을 설립하여 규범과 규율을 발전시키는 관리자로서의 역할을 이행한다.

이숙종(Lee)[6]은 오란 영(Oran Young)이 정의한 국가의 '기업가적 리더십(Entrepreneurial Leadership)' 개념을 이용하여, '중간'의 힘을 지닌 모든 국가는 비격식 형태의 포럼, 레짐 또는 제도를 통하여 새로운 국제 규범을 창시하

---

5) A. F. Cooper, *Niche Diplomacy: Middle powers after the Cold War*, Great Britain: St. Martin's Press, Inc., 1997.

6) S. J. Lee, *Transforming Global Governance with Middle Power Diplomacy*, New York: palgrave macmillan, 2016.

거나 유지할 수 있는 기업가 정신(Entrepreneurship)을 지니고 있다고 주장한다. 또한, 이들은 후원자의 성격을 지니며, 타 국가 행위자를 협상보드로 이끌어내고 수많은 행위자들의 이익을 중개하는 기술과 제도적 선택을 개발하는 결합적 능력을 지니고 있다고 설명한다. 중견국은 공공재 제공에는 한계를 지니고 있으나, 행위자들 간 충돌교류를 유화시켜주고 그들 간 공통된 이익을 중개함으로써 참가자들에게 국제협상(International bargaining) 과정의 공평함을 느끼게끔 돕는다.

일련의 학자들에게 21세기 중견국 외교 특징 연구는 미중 사이 헤징전략을 취하고 있는 국가가 양자택일의 순간에서 새로운 외교전략을 구상할 수 있는 과정이다. 이와 같은 관점에서 김상배 외(2020)[7]는 2010년대 중견국에 대한 연구를 글로벌 공간에 주목한 '중견국 외교 연구 1.0'으로 정의한다. 그리고 2018년 남북정상회담과 북미정상회담 이후에는 한국의 중견국 외교 역할에 대한 국내외 기대가 증대되면서 글로벌 공간과 지정학 공간을 복합적으로 엮어서 보는 '중견국 외교 연구 2.0'의 필요성을 주장한다. 그는 중견국 외교의 새로운 개념적 범주의 필요성을 강조하며, 인터넷, 우주, 환경, 보건, 인권, 난민 등의 신흥무대에서 펼쳐지는 중견국 외교의 복합적인 지정학적 요소를 분석하였다. 정성철(김상배 외 2020)은 21세기 중견국이 제시하는 외교 비전은 로컬 수준에서 벗어나 지역 수준을 무대로 상정하고 있다고 주장한다. 중견국은 강대국과의 양자외교와 동시에 다자외교를 통해 지역 안정과 변화를 추진한다. 특히 민주주의 중견국은 미중을 모두 포함할 수 있는 규칙기반의 국제질서를 고안하고자 한다. 이는 초국경 이슈의 해결을 위하여 국제 파트너십을 공고히 함으로써 지역 안정, 안보협력을 조성할 수 있는 토대를 구축할 수 있

---

7) 김상배 외, 『신흥무대의 중견국 외교』, 서울: 사회평론아카데미, 2020.

기 때문이다. 이와 같은 이유로, 중건국가의 외교정책 형태는 주로 국제정치 힘의 스펙트럼 내 '틈새 외교(niche diplomacy)'로 명명할 수 있다.

그러나 중건국이 틈새외교 전략을 적용할 수 있는 영역은 제한적이다. 냉전 체제가 붕괴한 이후, 미국의 일극체제가 장기간 자리 잡으며, 대부분의 국제 사회 규범 및 제도가 미국 주도 하에 작동해왔다. 달러가 미국의 기축통화국 지위를 보존하고, 미국 자유질서에 기반한 세계 민주주의 연대, 미국을 둘러 싼 안보 동맹, 개방경제 등 국제 질서 속 미국은 항시 중심을 잡고 있었고, 미 우방 중건국은 그 시스템을 따라가며 제한된 국력을 가지고 한정된 영역에서 지위를 보존해왔다. 20세기 들어서 중국의 고속 신장세로 인한 세력균형의 변 화 와중에도 중건국가의 위치는 크게 변화하지 않았다. 일극체제에 대항하는 중국의 부상과 그에 따른 미국의 두려움이 양국 간 전쟁으로 이어질 수 있다 는 투기디데스의 함정에서 중건국가의 외교적 중요성은 여전히 비교적 약하 게 평가되고 있다.

중건국인 대한민국이 자신만의 외교전략을 주도적으로 행사하기 위해서는 기존의 미중 중심의 국제정치 프레임을 벗어난 새로운 공간에서의 도약이 필 요하다. 미중 간 지정학적 대립의 범위가 증대될수록 이들이 감당할 수 있는 국제이슈와 지역범위 그리고 외교전략의 투시력은 약화한다. 따라서 한국을 비롯한 중건국가들은 이처럼 변화하는 국제정세의 기조를 면밀히 해석하여 신흥무대에서의 새로운 외교전략을 행사할 여지를 확보해야 한다. 북극공간 과 같은 신흥무대는 중건국 한국이 틈새외교의 활로를 개척할 수 있는 기화가 거(奇貨可居)[8]의 공간이기 때문이다. 한국 정부는 과학 워킹 그룹, 조선 개발, ODA 개발 사업, 관광 서비스 등 북극권과 네트워킹 역량을 확대시킬 수 있는

---

8) 기화가거(奇貨可居); 진귀한 물건을 사 두었다가 훗날 큰 이익을 얻게 한다는 뜻.

영역을 모색하고, 특히 제4차 산업혁명을 앞두고 강대국들이 첨예하게 대립하고 있는 5G 기술 경쟁은 기술혁신 선도국가로 자리 잡은 한국에게 경쟁력을 확보할 수 있는 쟁점 영역이다.

Ⅲ. 미중 북극전략

1. 미국과 북극전략 - 2019 북극전략보고서

2018년 중국 국무부가 북극백서를 발간한 다음 해, 미국은 '2016 미국 국방부 북극전략(2016 Department of Defense Arctic Strategy)'을 이어 '2019 신북극전략(Report to Congress Department of Defense Arctic Strategy)'을 발표했다. 미국은 북극공간이 줄곧 안보 예외주의에 해당했던 공간임을 재강조하며, 지정학적 경쟁의 틀에서 벗어난 지역임을 재확인했다. 또한, 북극 다자주의의 중심에는 북극권 국가 8개국을 중심으로 하는 북극이사회가 존재하고, 안전하고, 평화로운 북극공간의 존립을 위해서는 해당 영토 국가와 동맹국 간 협력이 가장 중요한 요소로 작용한다고 명시한다.

북극공간 내 풍부하게 매장된 석유, 가스, 광물 등의 채굴 노출 면적이 기후변화에 따라 증대하면서, 펜데믹 사태와 남북 불균형, 각종 내전 등으로 국제 공급망 위기 속 북극공간은 신자원 보유지로 이해국가들의 높은 관심을 확보하고 있다. 이러한 이유로 북극이사회의 공식 일원인 미국은 인도-태평양을 이어 북극으로까지 영향력을 확대시키고자 하는 중국의 움직임을 예의주시하며, 중국의 투자가 북극권 내로 진입함에 높은 경계심을 보이고 있다.

미국이 제시한 북극 현안은 다음과 같다. 첫째, 지구적 기후변화로 인한 북극권 환경변화. 둘째, 북극권 공동의 이익과 문제를 해결하기 위한 다자간 협력 구축. 셋째, 북극항로의 지위 변화. 넷째, 전략적 경쟁자로서 러시아와 중국의 북극권 내 군사활동 확대. 다섯째, 경제 레버리지를 이용한 중국의 북극 거버넌스 변화 시도이다.[9]

미국은 중국을 '전략적 경쟁국(strategic competitor)'으로 정의하고, 중국의 북극권 활동을 제지하기 위한 방안으로 북극권에 적용되는 국제 제도 및 규율을 재검토 하고 있다. 잠재적 위협에 대응하여 미국이 제시하는 북극전략 가치는 세 가지로 압축할 수 있으며, 이는 주권(sovereignty), 동맹국 간 다자협력(alliance multilateralism)과 전략 요충지(potential corridor for strategic competition)이다[10]. 이 중에서도 미국은 북극공간 내 주권의 가치를 거듭 강조하는데, 전략적 경쟁자이자 비북극권 국가인 중국의 북극 지위를 부정하는 단호한 입장을 표명했다. 미국이 보유한 주권의 가치란, 미국 당사국이 북극이사회의 엄연한 회원국이라는 사실과 북극공간의 영토와 해양의 영유권을 주장할 수 권리와 지위를 의미한다. 따라서 미국은 북극공간 내 미국 영토를 수호하기 위해 조기 경보와 미사일을 사용할 수 있으며, 미국의 중요 기반 시설과 지역 안보 이익을 보호하기 위한 부가 조치들을 이행할 수 있다.

보고서에 따르면, 중국과 러시아의 북극행보는 직간접적으로 미국의 국가 안보에 상당한 영향을 끼친다. 해당 보고서에는 미국의 북극전략에 있어 향후 전략적 경쟁국의 의한 위협을 사전 명시하고, 대응 방안에 대한 계획 수립도 포함되어 있다. 궁극적으로 미국 정부는 중국의 북극행보가 단순한 통행목적에서 기인하지 않으며, 러시아와 군사합동훈련을 통해 다양한 규모의 함대가

---

9) Office of the Under Secretary of Defense for Policy, *Report to Congress Department of Defense Arctic Strategy*, Washington, D.C: 2019, pp. 3-5.
10) Ibid., p.6.

이동할 수 있으며, 이는 북극공간에서조차도 지정학적 경쟁 악화를 초래할 수 있다고 예측한다.

결빙지역의 감소로 인해 북극공간이 국제사회에 열린 공간으로 공개되면서, 미국 국경선 역시 다른 북극 국가들에게 상당히 노출되었다. 미국은 중국의 북극진출의 범위가 확대되고 그 내용이 군사 및 경제 등의 복합적 가치를 내포하게 된다면, 미국 국가안보에 직간접적 위협으로 작동할 수 있음을 지적한다. 이 위협은 군사영토적 의미뿐만 아니라 중국과 러시아의 북극개발에 대응하는 데 불필요한 소비가 발생하고 경제적 손실을 야기한다는 내용도 포함한다. 미국은 유럽과 인도-태평양 지역의 지정학적 전략과 비교하여 아직 명시화된 북극전략을 개시하지 않았기 때문에 중국과 러시아의 행보는 미국에게 군사적, 경제적 부담으로 작용하고 있다. 한 예로, 양국의 북극 군사활동 및 개발활동으로 인한 자연재해나 기름 유출과 같은 우발상황이 미국 영토인 알래스카에서 발생한다면 그에 따른 추가비용 및 인명 피해는 미국 국방부가 부담해야 한다. 따라서 잠재적 도전국들이 미국 북극 본토 내에서 경제활동을 무분별하게 이어간다면 미국 국방부가 영토를 수호하기 위해 북아메리카에 주력하던 미국 본토에서 전력을 투사하는 능력을 저해할 수도 있다.[11]

둘째, 북극은 '공유지역'이다.[12] 그리고 그 중심에는 북극권 8개국이 존재하며 이 국가들은 북극공간의 공유된 과제를 건설적으로 해결하고자 한다. 북극은 '공유된 지역'이기 때문에 국가 주권과 마찬가지로 국제적으로 공인된 원칙의 기반 위에 구축된 지역협력이 요구되며, 이것은 미국의 국익에 부합하며 안전하고 안정적인 북극공간 구축에 이바지한다. 북극 본연의 가치를 보호하

---

11) ibid., pp. 5-6.
12) Ibid., p. 5.

기 위해서는 북극이사회를 비롯한 동맹국 간 파트너십 네트워크가 강화되어야 하며, 국제법이 필수적인 기반요소가 되어야 한다. 그러나 문제는 러시아와 중국이 통상적인 규범과는 다소 상이한 방향으로 북극의 규칙기반 질서를 재정비하고 있다는 사실이다. 러시아의 경우, 북극공간 내 대륙붕의 한계를 설정하는 데 있어서 일차적으로 국제법을 수용하고 있으나, 해당 법규가 자국에게 불리하게 작용할 경우, 한계점을 새로이 설정하고, 더 나아가 자국의 군사력을 이용하여 기타 국가의 북극 해역에 대한 접근을 통제하려는 의지를 표출하고 있다. 반면, 새로이 등장한 북극이해관계자인 중국 역시 신 북극전략을 제시하면서 북극이사회와의 국제법 규칙에 대한 논의와 북극항로 개발에 대한 접근선에 대한 합의 필요성을 피력한다. 미국은 인도-태평양 지역과 유럽 대륙에서 목도되듯, 중국이 미국의 동맹국에 대한 경제 레버리지를 이용한 북극활동에 대해 경고한다.

셋째, 북극공간은 강대국간 지정학적 경쟁과 그에 따른 연쇄적 안보 위협에 노출되어 있다[13]. 미국은 자국의 북극권 항행 및 상공비행의 자유 권리를 활용하여 역내에서 발생하는 잠재적 충돌에 개입가능하다. 따라서 미국은 전략적 경쟁국의 움직임에 항시 예의주시하며, 이들이 경제적, 개발을 목적으로 한 레버리지로 활용하여 북극공간을 전략적 요충지로 변화시키는 데 있어 사전에 제한하고자 한다. 미국과 잠재적 도전국 간 이해관계가 얽혀 있는 인도태평양 지역과 유럽 지역 내 영향력 경쟁이 심화하여 북극공간으로 쉽게 파급화 되는 것을 막기 위함이다.

상기 세 가지 가치를 보호하고 증진시키기 위해 미국은 세 가지 전략을 제시한다. 첫째, 북극인식을 구축(Building Arctic awareness)한다.[14] 미국은

---

13) Ibid., p.15.
14) Ibid., p.9.

우선적으로 북극공간의 전략적 경쟁자들의 활동을 억제하고, 효과적인 운영을 위해 북극 환경을 이해하는 데 주력하고자 한다. 미국의 북극환경은 유럽의 북극환경과 달리, 기후가 일정치 못하고, 광활하며, 불안정한 대기 현상으로 인해 통신이 제한된다. 따라서 기타 북극권 국가와 비교하여 강력한 물류 인프라가 부족하기 때문에 인프라의 현대화가 우선시되어야 한다. 명확한 도메인 구축, 지상전술지휘통제(C4I)[15]와 전장감시체계(ISR)[16] 통합, 기상·해양·대기 관측 데이터 확보, 해안경비대의 국토안보임무 지원 등이 해당된다.

둘째, 북극활동 강화(Enhancing Arctic operations)는 북극 지역에서 발생하는 우발상황에 신속하고 효과적으로 대응할 수 있도록 미국 국방성과 합동군의 유연성의 강화가 필요함을 의미한다[17]. 미국은 현존하는 기능은 발전시키고, 더 나아가 북극 맞춤형 훈련, 혹한기 훈련 등을 통해 북극가치 보호를 위한 새로운 기능을 선택적으로 습득하는 데 중점을 둔다. 또한 북극공간에 대한 탄력적인 인프라 지원을 통해 연합군이 본토에서 전력을 투사할 수 있는 능력을 제공하고자 하며, 민사 비상 대응에 대한 연방 부서 및 기관과의 협력도 중요한 과제로 명시하고 있다.

---

15) 지상전술지휘통제(C4I) 체계 용어 구성은 지휘통제(Command & Control), 통신(Communication), 컴퓨터(Computer), 정보(Interlligence)로서 지휘관에게 부여된 임무를 달성하기 위하여 가용한 자원을 최적의 장소에 배열하여 전투력의 상승효과를 발휘할 수 있도록 각 기능 요소를 유기적으로 연결하고, 통합하여 실시간(Realtime)에 필요한 정보를 수집, 분석, 결심, 전파가 가능하도록 모든 인원, 장비 시설, 교리, 절차로 구성된 통합된 지휘통제체계이다. 박창운·양해술, "지상전술 C41(ATCIS)체계 운용자 요구분석을 통한 효율적 발전 방안", 『한국콘텐츠학회논문지』 제8권 5호(2008), p.247.

16) ISR(Intelligence, Surveillance, Reconnaissance) 체계는 지휘관의 지휘활동을 지원하기 위해 적시적이고, 명확하며, 적절한 정보가 제공될 수 있도록 협조하고 통합된 정보 획득 및 처리체계를 말한다. 『한국전략문제연구소 월간보고』 제3권 5호, 2014, p.1.

17) Office of the Under Secretary of Defense for Policy, op. cit., p.11.

마지막으로 북극 규칙기반 질서강화(Strengthening the rules-based order)
이다[18]. 미국은 동맹 및 파트너 국가들과 함께 현존하는 북극의 국제 규칙에 기
반한 질서를 강화하고자 한다. 미국정부는 북극공간의 현 지정학적 변화가 전
략적 경쟁국에 의한 자의적 규범이해에서 기인하며, 이는 북극이사회와 동맹국
과의 협력을 통해서만 집단적 억제력과 대응 능력이 개선될 것이라고 주장한
다. 여기에는 국가 간 전략적 대화와 정보 공유가 가능해야 하며, 북극 안보 환
경에 대한 공통된 상황 인식을 제고하기 위한 지속적인 노력이 포함되어 있다.

종합해보면, 미국이 북극전략에서 가장 최우선으로 두는 가치는 바로 미국
자국의 안보이익이다. 그러나 이 안보이익에는 미국의 본토만 해당되는 것이
아닌 미국의 동맹국과 파트너십 간 네트워킹이 가장 중요한 기제로 포함된다
는 점을 간과해선 안 된다. 미국은 동맹국 네트워킹을 통한 북극공간 이해도
와 연합군의 협력도 및 능력치가 향후 북극전략의 핵심이라 주장한다. 미국은
동맹 합동군을 통해 전략적 경쟁자들과 북극권 내에서 직접적인 충돌을 피하
기 위해 군사 및 인프라 활동을 향후에도 지속적으로 구체화할 것이다.

2. 중국의 북극전략 - 2018 북극백서

중국은 2018년 1월 발간한 '북극백서(China's Arctic Policy)'를 통해 북극공
간 내 중국의 역할과 책임을 강조한다. 과거 스발바르 조약[19]을 통해 자국이
북극 인접국(Near-Arctic State)[20]이며, 중국의 북극 북극통행과 개발은 자유

---

18) Ibid., p. 12.
19) The State Council Information Office of the People's Republic of *China, China's Arctic Policy*, Beijing: 2018, p. 3.
20) Ibid., p. 5.

성에 기반함을 피력한다. 중국의 상기 외교적 입장은 다음 근거에 기반한다. 첫째, 북극의 자연환경과 과학적 변화는 중국의 기후변화와 생태계에 직접적인 영향을 끼친다. 둘째, 상기 원인으로 중국의 농업, 산림업, 어업, 해양산업 등 국가경제 및 산업에 상당한 영향을 끼치고 있다. 셋째, 중국은 북극권의 책임있는 주요국가(responsible major country)인 동시에, 유엔 안보리 이사회의 상임이사국으로서 북극의 평화와 안보구축을 위한 국제협력의 책임과 의무를 지니고 있다. 이러한 이유로 중국 정부는 북극공간의 안정적이고 지속가능한 개발을 위해서 중국의 북극권 탐험과 개발 활동은 필수적이며, 세계 최대 에너지 소비국이자 무역국인 중국이 북극전략을 주도하는 것은 정당성을 확보한 일이라고 피력한다.

중국이 북극백서를 통해 제시한 가장 중요한 가치 및 키워드는 '존중(respect)', '협력(cooperation)', '상호이익(win-win result)' 그리고 '지속가능성(sustainability)'이다[21]. 해당 키워드는 정책백서에서 각각 22번, 49번, 3번, 10번 언급되었으며, 특히 중국 북극개발활동에 대한 존중과 국제사회의 협력을 거듭 부각하고 있다.

중국이 강조하는 국제사회의 존중(respect)은 북극이 인류공동유산의 가치가 공유된 지역이기 때문에 비북극권 국가 역시 북극과학연구, 항해, 상공비행, 어업, 해저 케이블과 파이프라인 설치와 같은 인프라 구축과 자원 탐사 및 북극개발에 대한 적극적 개입이 가능함을 의미한다. 따라서 중국의 북극 인프라 구축 활동 및 과학탐사활동은 정당한 것이며 그 어느 국가도 부정할 수 없다고 주장한다.

---

21) The State Council Information Office of the People's Republic of China, op. cit., p.8.

중국은 북극개발사업의 적극적 추진을 위해 전지구적, 지역적, 다자적, 양자적 채널을 통한 국가 간 협력을 유치하고자 한다[22]. 중국은 북극전략에서 '상호이익(mutual interest)', '공동진보(common progress)', '공동이익(common interests)', '조화(harmony)', '다자(multi-)'의 용어를 자주 인용하며, 북극 공간에 대한 글로벌 거버넌스의 유치 필요성을 거듭 강조하는데, 이는 자국의 북극개발행보에 국제사회가 부정하지 않고 북극공간에서 적극적인 행위자로 인정받기 위한 일련의 전략에 해당한다.

이와 아울러 중국은 북극 과학 연구와 북극 탐사에 대한 투자를 지속적으로 확대하고 있다. 또한 현대화된 연구 인프라를 구축하고 있는데 그 범위가 방대하다. 자연과학, 기후변화, 생태환경, 물리학, 화학, 생명과학, 지구과학 영역을 비롯하여 정치, 경제, 법, 사회, 역사, 문화, 경영과 같은 사회과학의 전반적 분야까지 포괄한다[23]. 더불어 국내 북극전문인력 양성과 북극지역에 대한 국민의 인식 강화에 힘쓰고 있으며, 이미 북극 내 자연과학 및 사회과학 전문가를 파견하여 고등 연구기관 설립에 대한 지원을 적극적으로 이행중이다. 이를 통해 북극연구에 대한 국제협력을 동시적으로 끌어와, 북극환경의 개방적이고 포괄적인 국제 감시망을 추진하고 있다.

중국의 북극백서는 북극이 풍부한 천연자원을 가지고 있으나, 취약한 생태계 문제를 겪고 있음을 지적한다. 그러나 중국의 자본과 기술을 최대한 활용한다면 북극의 지속가능한 개발이 가능하며, 이를 위해서는 중국의 북극 자원 탐사와 이용에 관한 대한 국제사회의 지지가 적극적으로 이행되어야함을 강조한다. 특히 중국은 북극가치 중에서도 해양 환경을 주요 가치로 평가한다.

---

22) Ibid., p.6.
23) Ibid., p.10.

그 이유는 첫째, 중국의 빙상 실크로드 전략에서 가장 중요한 지정학적 영역을 해양이 차지하기 때문이다. 둘째, 북극항로가 활성화되면, 해양 주도권의 보유 여부에 따라 북극권 내 영향력 판도가 결정될 수 있기 때문이다.

종합적으로 중국의 북극백서는 중국의 건설적 참여를 바탕으로 한 북극 거버넌스가 수립되어야 하며, 특히 북극개발의 지속가능성을 보장하기 위해서는 중국의 기술력과 경제력이 뒷받침 되어야 함을 명시한다. 중국은 일대일로 전략의 추진력을 확보하기 위해 포괄적 협의, 공동 기여 및 공유 편익의 원칙에 따라 국제사회의 협력 강화를 도모함으로써, 북극권 정책 조정, 인프라 연계성, 안전무역, 금융통합, 긴밀한 인적 유대를 강조한다.

3. 북극 내 미중 갈등

북극안보전략에 대한 미중의 양국의 입장은 창과 방패의 대립이다. 미국의 북극전략의 첫 문장('미국은 북극권 국가')을 보면 미국 당국이 비북극권 국가이자 동시에 전략적 경쟁자인 중국의 행보를 의식하고 있음을 알 수 있다. 미국은 북극전략가치를 지탱할 기본적 틀은 철저히 국제사회가 제정한 규칙기반(rules-based)이어야 한다는 점을 거듭 강조한다. 반면 중국은 '북극이 지정학적으로 특별한 위치에 놓여있다'는 사실을 명시하며, 북극권의 가치는 미국을 비롯한 북극 이사회에게만 한정된 것은 아니며, 중국 역시 북극항로 개발에 대한 권리와 책임을 당연히 주장할 수 있음을 피력한다.

최근 기후변화로 인해 북극 얼음이 빠른 속도로 녹으면서 북극 내 미개발원유 및 천연가스, 희토류 자원 개발에 대한 국제사회의 관심이 증폭됐다. 4차 혁명의 주역인 첨단산업에서 가장 중요한 원재료가 북극권에 매장되어 있기 때문이다. 그린란드 공항 건설을 비롯한 중국의 활발한 북극 인프라 사업은 미국으로 하여금 신 북극전략 전개에 압박적 요소로 작동했을 것으로 예측한다. 바이든 대통령은 2021년 9월, 북극연구위원회를 재활성화하겠다는 의지를 밝히고 위원 6명을 임명했는데, 북극연구위원회의 고위급 회담이 지난 4년간 체류 중이었던 사실을 직시하고, 해당 회담을 재개함으로써, 미국의 북극전략에 추진력을 더하고자 했다.

중국의 북극개발 목적 기술적용 범위는 민간 및 군사의 이중적 목적을 동시에 내포하고 있다. 2021년 8월, 중국은 중앙 북극해의 높은 북극 해빙에서 그린란드와 시베리아 사이의 가켈 해령 근처 북극해 최초 자율 수중 차량(AUV) 배치에 성공했는데, 저온 환경 적응성, 고위도 및 고정밀 항법 성능으로 지형 및 지형 연구 수행을 위한 높은 첨단 기술력을 보유하고 있다. 또한, 2020년, 중국 중산대학의 연구진이 북극 해상항로를 관측하는 위성의 설계를 진행했는데[24], 이는 기존 위성에 비해 월등한 정확성을 가지며, 촬영 가능의 빈도가 이틀이라는 점을 고려한다면 획기적인 진보가 아닐 수 없다.

2019년 5월 마이크 폼페이오 전 미국 국무장관은 북극이사회 각료회의에서 중국의 북극에 대한 투자 증가와 접근의 위험에 대해 경고했다. 미국이 우려하는 것은 중국의 북극자원개발과 경제력 확대가 미국 국익과 안보문제로 직결되며, 군비경쟁으로 이어지는 것이다. 2019년 트럼프 대통령이 그린란드 구매 의사를 밝힌 데 내포된 의도는 그린란드가 국경선을 공유하고 있는 미국에 안보적으로 매우 중요한 곳이기 때문이다.[25] 그린란드 북서부 해안에 미국의 최북단 기지인 툴레기지가 배치되어 있고, 북극해와 러시아 북부 해안 상공을 레이더로 감시하여 대륙 간 탄도미사일을 추적할 수 있다. 또한, 그린란드

---

24) "중국, 북극 빙하 관측 위성 띄운다…"북극 실크로드 개척"", 「연합뉴스」, 2020년 12월 11일.
25) "중국은 옛 미군기지도 노렸다 북극 장악, 뜨거워지는 新냉전", 「중앙일보」, 2020년 7월 20일.

에는 중요 항구와 비행장이 위치하고, 미국이 잠재적 경쟁자를 대상으로 군사적 충돌을 벌일 경우 유용하게 사용할 수 있다. 2020년 5월 미국과 영국 함정이 냉전 종식 이후 처음 북극해 바렌츠해에서 합동 군사훈련을 실시했다. 당시 미 해군은 성명서를 통해 해당 지역에서의 항행의 자유를 확고히 하고, 동맹 간 완전무결한 협력을 보여주기 위함이라 밝혔다.

반면, 중국의 대 북극권 안보 움직임도 새로이 포착된다. 미국은 중국 정부 주도 하 아이슬란드와 노르웨이 일대에서의 쇄빙선 제작과 연구기지 건설이 차후 북극공간에서 중국 자국 이익을 위한 군사적 목적으로 활용될 가능성을 지적했다.[26] 북미 항공우주 방어 사령부(NORAD)는 2020년 8월, 보퍼트 해에서 방공훈련을 실시했는데, 당시 사령부는 최근 북극권의 지정학적 경쟁을 언급하며 북극권 국가와 비북극권 국가 모두 꾸준히 군사력을 증강시키고 있으며, 따라서 이 훈련은 미국의 북극공간 자주권을 확보하기 위해 필요한 훈련이었다고 성명했다.

21세기 북극공간이 강대국 간 지정학 경쟁의 장으로 변화하고 있는 와중, 중견국이 새로운 국제질서를 채택하는 데 있어 여전히 높은 수준의 제도적 어려움과 세력차가 존재한다. 그러나 북극권이 인류공동유산 보호와 안보 예외주의 우산 아래 위치해있는 만큼 한국 정부는 동아시아를 둘러싼 기존의 지정학적 갈등에 얽매이지 않고, 새로운 규범과 제도에 기초한 북극공간에 적용할 전략적 관계구도를 구축하고, 북극의 이슈별 질적 및 양적 대응을 통해 선도적 우위를 점해야만 한다. 미국과 중국 그 어느 강대국도 북극권의 최대 이해당사자가 아니기 때문에, 중견국가인 한국은 북극정치체제의 구조적 공백을

---

26) "캐나다 북쪽 끝에 위치한 엘로나이프(Yellowknife)에서 북극 군사훈련 실시", https://www.kmi.re.kr/globalnews/posts/view.do?rbsIdx=1&key=da&page=18&idx=21149. (검색일: 2021. 11. 2.).

포착하여 이해당사자 모두로부터 지역적 합의를 이끌어 내고, 어느 강대국도 부정할 수 없는 고유 개발영역을 확보해야 한다.

Ⅳ. 한국의 중견국 외교전략 모색: 북극 5G 거버넌스

미중 갈등 속 중견국가인 한국의 적합한 북극전략의 방향성과 수립 방안 모색이 필요하다. 미국은 중국을 전략적 경쟁국으로 규정하고, 북극이사회의의 일원으로서 자국에게 주권 보호라는 책임이 있음을 강조하는 반면, 중국은 북극공간이 국제사회가 공유하는 공간이므로 국제사회의 중요한 행위자인 중국이 배제되어서는 안 된다고 주장한다. 이처럼 향후 미중 간 북극권 패권 경쟁은 과열될 것으로 예상하며, 따라서 한국은 기존의 북극전략에 대한 적극적 개선의지를 바탕으로, 동북아시아의 기존 편승의 원칙을 극복해 내야만 한다.

대한민국은 2013년 5월 북극이사회 내 정식 옵서버 지위를 획득했다. 같은 해 12월 외교부는 국내 북극정책으로서는 최초로 '북극정책기본계획'을 수립했는데, 핵심추진 전략은 다음 4가지이다.[27] 첫째, 북극권과 상생하는 경제협력 성과 창출, 둘째, 책임있는 옵서버 국가로서 북극 파트너십 구축, 셋째, 인류 공동과제 해결을 위한 연구활동 강화, 넷째, 북극정책 추진을 위한 역량 강화이다. 2018년 12월 해양수산부는 제3차 북극협력주간에서 '2050 극지비전'을 공식 선언했다. 명시된 7대 정책방향은 △극지의 지속 가능한 개발과 자원

---

27) 홍규덕 · 송승종 · 권태환 · 정재호, "신냉전시대 북극의 경쟁과 한국의 국가전략", 『KIM 정책보고서』 제3권, 서울: 한국해양전략연구소, 2021, p.75.

의 합리적 활용, △극지와 상생하는 미래 신산업 육성, △극지로부터의 기후변화에 선제적 대응 극지정책 추진, △극지연구 혁신과 실용화 성과 창출, △극지환경보호를 위한 국제사회 노력에 동참, △북극 원주민 등 지역사회와 교류 확대 및 신뢰구축, 그리고 △남극 대륙 제3 과학기지와 같은 연구 인프라 확충과 전문 인력 양성 등이다.

한국의 북극전략은 그 역사가 길지 않으며, 구체적인 방안을 제시하는 대신, 북극공간을 둘러싼 강대국간 이해가치를 분석하고, 개발영역을 탐색하는 과정에 있다.

과거 한국의 북극전략이 행동반경을 넓히지 못했던 이유는 첫째, 제한적 투자이다. 한국은 2013년 북극이사회에 옵서버 국가로 중국과 일본과 함께 가입한 이후, 가장 먼저 북극정책을 수립함으로써 동북아시아 역내북극전략의 선도국으로 성장하여 그 위상을 승격시키기 위한 방안을 명시했다. 그러나 한국의 대외전략에서 북극공간은 중요 외교거점으로 평가하는 데 있어 물리적 거리와 직접적인 이해관계의 공백으로 대외전략 투자 비율이 현저히 낮다.

둘째, 한국만의 독자적인 북극개발 영역 모색에 대한 투시성이 부족했다. 강대국간 지정학적 대립이 심화되면, 북극권 내 안보영역과 산업영역 등은 특정 이해당사자에 의해 빠르게 장악될 가능성이 높다. 해당기점에서 중견국인 한국으로서는 이미 형성된 북극개발 기류에서 벗어나는 데 막대한 기회비용을 지불해야할 것이며, 자국의 이익을 선제적으로 확보하고 보호하는 데 어려움이 따를 것이다. 따라서 한국 정부와 북극 전문가는 북극항로 개발 현황에 대해 면밀히 분석하여, 북극권 개발 전반에 있어 쟁점 현안이 무엇인지, 미중 양국의 이해가 교차하는 매개체는 무엇인지 사전 파악해야 한다.

마지막으로 북극권 개발에 대한 국민인식제고 노력이 부족하다. 기후변화에 따른 환경변화로 북극은 북극항로 개방과 광물자원 노출 등 그 효용가치가 기하급수적으로 증가할 전망이다. 문제는 북극에 대한 국민의식 수준이 낮은 정도에 머무른다면, 국가 차원의 북극전략에 추진력을 가하는 데 있어 어려움이 따른다. 미국을 비롯한 북극권 국가들과 중국은 이미 국민외교의 일환으로, 자국의 북극개발사업의 함의를 국민들에게 알리고 있다. 북극권 국가 국민들은 당초 자국이 북극 공간 내 이해관계를 지니고 있고, 이 지역이 차후 자국의 국익에 중요한 정치적, 외교적 쟁점을 제공할 것임을 학습한다. 중국은 북극 인접국이라는 고유 용어를 적극 사용함으로써, 국민들에게 중국의 북극활동의 정당성을 설명하고, 선도적인 북극전략 수립을 위해 국민들의 지지를 장려 중이다. 반면, 미국은 전략적 경쟁국의 등장과 이로 인해 복잡하게 얽힌 북극이해가 향후 미국 안보에 위협이 될 수 있다는 사실을 국민들에게 알리고, 과거 미국의 그린란드 구입 시도처럼 북극공간 개발 및 선점 중요성에 대해 거듭 강조하고 노출시켜 왔다.

그러나 한국의 경우, 2013년 북극이사회의 옵서버 국가로 가입한 이후에도 국내 교육기관의 북극 교육은 지구온난화와 기후변화 등의 환경적 요소에 제한되어 왔으며, 여전히 북극공간 개발에 대한 범국민적 관심도는 현저히 낮은 수준에 머무르고 있다. 따라서 한국의 북극전략이 경쟁력을 확보하고, 북극전략 미래에 대한 한국만의 주체적 견인을 도모하기 위해서는 국민들이 능동적 국제사회 구성원으로 다가갈 수 있도록 국가차원의 시스템이 구축되어야 한다.

한국 정부는 이 세 가지 문제를 해결할 수 있는 방안을 모색해야만 한다. 핵심가치는 미중 간 지정학적 경쟁으로 인한 중견국 딜레마에서 완벽히 벗어나는 것이다. 한국만의 신 북극전략 분야는 인류 공통 관심사인 북극환경, 교육, 소수민족, 북극문화, 인프라 구축, 관광 서비스, 문화 사업 등이 있다. 그러나 세계 패권 경쟁이 군비경쟁과 무역전쟁을 넘어 첨단기술 경쟁에 이르고 있는 현 시점에서, 한국의 첨단기술 우위국 지위는 한국의 신 북극전략을 구상함에 있어 핵심가치로 작용한다. 특히, 대한민국이 선도국가로 성장하고 있는 영역은 5G 통신이다. 2019년 4월, 세계 최초 5G 상용화를 성공시킨 대한민국은 5G 세계 시장 선점을 위한 '5G 플러스 전략'을 발표했다. 대한민국은 국제사회가 인정하는 IT 강국으로 최고 수준의 통신기술을 가지고 세계 선도국가로 꾸준히 성장해 왔는데, 2019년 1월, 글로벌 컨설팅 기업인 아서 디리틀(Arthur D. Little)이 진행한 '5G 상용화 국가별 리더십 평가'에서 대한민국은 '글로벌 5G 리더십 1위'로 선정됐다.[28] 해당 보고서는 5G 상용화와 관련하여 국가별 기술 인프라 및 서비스 현황을 기준으로 평가됐으며, 해당 평가 항목은 5G 주파수 할당, 설비투자현황, 5G 시범서비스 현황 및 성공 수준, 그리고 GDP 대비 연구개발(R&D) 투자율 등이 고려됐다. 특히 2018 평창동계올림픽을 통해 한국이 선보인 세계 최초 5G 시범 서비스는 이 평가에서 높은 점수를 받았다.

5G 통신기술은 국제사회가 제4차 산업혁명을 앞두고 대외전략에서 핵심 영역으로 상정하는 분야이다. 21세기 국제사회는 하드 파워의 군사안보적 가치를 추구하기 보다는 문화, 경제, 사회, 첨단 기술과 같은 소프트 파워를 통한 글로벌 영향력 확대에 더 높은 비중으로 외교적 노력을 이행한다. G7, 쿼드, 인도-태평양 경제프레임워크(IPEF) 그리고 칩4(Chip4)는 대표적인 미국 주도의 기술협력 메커니즘이다. 이들은 5G 통신, 기술협력, 4차 산업혁명 등을 주 가치로 상정하고, 체계적인 기술 워킹그룹 등을 구축하는 등 향후 패권 대립 공고화에 대비하여 대응방안을 모색하는 중에 있다. 2012년 10월 미국은 '중국 통신사 화웨이와 ZTE가 제기하는 미국 국가안보 문제에 대한 조사 보고서(Investigative Report on the U.S. National Security Issues Posed by

---

28) "한국, '글로벌 5G 선도국가'로 선정됐다", 「매일경제」, 2019년 3월 7일.

Chinese Telecommunications Companies Huawei and ZTE)[29]'를 통해 중국의 5G 그룹사인 화웨이가 미국 시장으로 진입하는 데 있어 국제 비즈니스 법을 위반하고 있음을 지적했다. 화웨이 그룹을 중국 공산당의 지령을 받는 회사로 지목했는데, 이 기업이 중국 정부의 명령에 따라 기밀정보 수집 같은 정치공작을 시도할 뿐만 아니라, 첨단기술을 절도하고 매수하여, 미국 내 기업들의 지식재산권을 침해한다는 것이다. 결국 화웨이 사태는 미국과 미국 동맹국 대 중국의 갈등으로 확대되었는데, 미국이 동맹국들에게 화웨이 입찰을 배제할 것을 요청했기 때문이다. 실제로 몇몇 서유럽 국가들은 5G망 구축 사업에 화웨이 장비를 제외시켰으며, 호주는 5G 사업에 화웨이를 배제시켰다.

그러나 상기 5G 통신 기술을 둘러싸고 세계 기술 패권 대립의 양상이 공고화 될 경우, 첨단기술력을 보유하고 있는 한국과 공유이익을 증대하고자 하는 국제사회의 움직임으로 인해 한국에게 돌아가는 반사이익은 증대된다. 2020년 전 세계 5G 통신장비 시장에서 화웨이(31%), 에릭슨(29.2%), 노키아(18.7%), ZTE(11%)에 이어 삼성전자가 7.2% 점유율로 5위를 기록했는데[30], 미국의 동맹국들이 화웨이와 ZTE 같은 중국 통신기업을 배제한다면 한국의 통신 기업은 경쟁력을 확보하게 되고 기존에 다른 기업이 자리 잡고 있던 시장을 새롭게 탐색할 기회를 모색할 가능성이 높아지기 때문이다. 화웨이와 ZTE에 대한 미국 동맹의 압력이 가해질 때, 에릭슨과 노키아 같은 중국 내 생산공장을 보유하고 있는 다른 통신 기업들이 중국으로부터 반사 보복을 받

---

29) U.S. House of Representatives, *Investigative Report on the U.S. National Security Issues Posed by Chinese Telecommunications Companies Huawei and ZTE* (Washington D.C: 2012) p.22.

30) "Dell'Oro Group", https://www.delloro.com/key-takeaways-the-telecom-equipment-market-1h20/ (검색일: 2021.11.20).

을 가능성이 높은데, 한국 기업의 경우에는 보복 범위로부터 물리적 거리가 존재한다. 국내 기업들은 2017년 사드 사태 이후 동북아시아의 지정학적 변화가 역풍으로 해외시장에 진출한 한국 대기업에게 막대한 경제손해를 입힐 수 있다는 점을 학습했다. 그러한 이유로, 대부분의 국내 기업들은 중국 공장의 대체원을 확보하기 위해 동남아시아로 방향을 설정했는데, 한국의 통신기술 선도 기업인 삼성전자의 경우 베트남과 한국 공장에서 5G 통신장비를 생산 중이다.

상기 국제정치 프레임은 한국이 향후 북극전략을 수립하는데 있어 왜 5G 통신기술에 초점을 맞춰야하는 지에 대한 근거를 제시한다. 물론, 미중 간 5G 기술 갈등이 심화된다면, 미국의 동맹국인 한국으로서는 정치적 부담을 안을 수밖에 없지만, 5G 분야에서만큼은 한국 역시 독자적인 행보를 나아갈 수 있다는 점을 간과해선 안 된다. 2021년 6월, 삼성전자는 5G 네트워크 솔루션과 핵심칩을 공개했는데, 기지국용 차세대 핵심칩, 차세대 고성능 기지국 라인업 등이 포함되었고, 신규 5G 네트워크 솔루션을 대거 공개하면서 5G 기술 주도권 강화에 나섰다.[31] 또한, 6G 기술 투자에도 선제적으로 도약하기를 기대하고 있는데, 삼성전자는 "6G 시대가 도래하면 확장현실(XR), 초고해상도 렌더링, 디지털 복제 등 산업의 물리적 · 기술적 한계를 뛰어넘어 사용자 손끝에서 모든 게 이뤄지는 시대가 도래할 것"이라고 밝혔다. 이처럼 한국의 글로벌 5G 통신기술 선도국가로의 성장 가능성은 현저히 높다.

한국의 향후 북극전략의 핵심가치를 5G 통신기술로 설정한다면, 과거 한국의 북극전략이 지녔던 한계점을 타파할 수 있다. 그 이유는 첫째, 5G 통신기

---

31) "5G 차세대 핵심칩 3종 공개한 삼성 ⋯ 6G도 선제적 투자", 「한국경제TV」, 2021년 6월 23일.

술에 대한 범국가적 투자로 인한 높은 수익성 보장이다. 북극 IT 전략을 내포하는 포괄적 5G 통신전략을 구축한다면, 국가차원의 통신기술투자 유치는 설득력을 얻는다. 또한, 한국의 쿼드 워킹그룹에 대한 기술 협력의지와 칩4 가입 등 글로벌 기술 협력에 대한 한국의 외교전략을 비춰볼 때, 향후 북극 IT 전략은 협력 파트너국과 동맹국으로부터 안정적인 투자 확보를 기대할 수 있다.

둘째, 한국정부는 5G 기술 선도국가가 되어 북극권 내 국제사회와 상호 소통적인 관계 형성을 꾀할 수 있다. 한국 주도의 5G 기술이 북극권에 상용화된다면, 북극권 전 산업 영역에 새로운 가치를 제공하여 신흥 시장 건설을 기대할 수 있다. 더 나아가 5G 통신기술을 대외전략에서 핵심 분야로 상정한 미국과 중국을 포괄하는 범국가적 거버넌스 구축을 기대할 수 있으며, 궁극적으로는 대한민국 첨단기술 시장을 중점으로 새로운 국제질서를 구축하여 대한민국 첨단기술 외교의 위상을 증대시킬 수 있다.

셋째, 앞의 두 시나리오가 실현되기 위해서는 무엇보다 북극 통신기술 사업에 대한 범국민적 관심 제고가 필요하다. 한국 북극전략에 대한 인지도는 현저히 낮은 편에 속하는데, 특히 초등 교육기관의 경우 북극에 대한 교육은 환경 및 과학 분야만을 중점적으로 다루고 있으며, 고등 교육기관에서는 이마저도 미비하다. 따라서 청소년 대상의 북극 지속가능 개발에 대한 국가차원의 교육 플랫폼의 설정이 높이 요구된다. 행정부, 교육부 그리고 해양수산부 등의 국가기관이 현 북극교육에 대한 문제점을 인지하고 건설적인 해결방안을 고안하기 위한 공동 프로젝트를 적극적으로 추진한다면 북극 교육에 대한 범국민적 관심 제고는 빠른 시간 내 실현 가능할 것으로 기대된다. 2019년을 시작으로 초등학교 5-6학년의 컴퓨터 코딩 교육이 의무화되었고, 교육과정 인공지능(AI) 기초 소양과 기후·환경 관련 교육이 전면에 등장했다. 고등 교육

기관에서도 필수적으로 이수해야 하는 교과목에 '정보'가 포함됐다.[32] 초등학교는 2024년, 중·고등학교는 2025년부터 학생들이 학교에서 여러 과목에 걸쳐 AI 소양을 기르고, 기후·환경 내용을 배울 수 있게 된다. IT 교육이 의무화되기 이전부터 한국은 국제사회 내 IT 선도국가로 성장했는데, 코딩 교육이 의무화된 한국의 교육환경이 가져올 앞으로의 5-10년이 4차 산업혁명 대전환 시대를 앞두고 어떻게 진척해나갈지 기대된다.

이처럼 한국이 북극 정보통신 기술 전략을 구축하기 위해서는 대외적인 역량도 중요하지만 동시에 범국민적 관심과 통합적 협력이 가장 기본적 요소로 작동되어야 한다. 한국이 적극적으로 5G 통신을 비롯한 북극 기술 전략을 수립하기 위해서는 안정적인 투자가 요구되는 데 결국 이는 국민 지지가 확보되어야 실현 가능하기 때문이다. 과거 북극전략의 문제점을 재빠르게 개선하고 정보통신 및 첨단기술을 활용한 북극전략을 적극적으로 추진해 나간다면, 기타 북극교육, 북극환경, 그리고 북극원조 등 관련 영역까지 중요한 요소로 작용할 것이다. 한국이 5G 기술을 북극으로 투입하여 상용화시킨다면 북극권 원격 교육 모델, 시공간 제약 없는 외부 정보 교류, 초대량 데이터를 이용한 자율주행 운행수단 등 기대할 수 있는 북극 신흥시장의 범위가 다양하다.

이것이 실현된다면 미국과 중국을 포함하는 한국 주도의 IT 글로벌 거버넌스 구축을 기대할 수 있다. 물론, 양국을 하나의 거버넌스에 포함시키는 일은 쉽지 않고, 심지어는 물리적으로 불가능해 보인다. 그러나 실현시키기만 한다면, 한국의 글로벌 리더십은 북극공간 뿐만 아니라 더 크게는 국제사회의 중요한 행위자로 자리매김할 수 있다.

---

32) "[2022 교육과정]AI 기초 소양, 기후·환경 교육 전면에 등장. 미래사회 대비", 「전자신문」, 2021년 10월 24일.

V. 결론

북극개발을 둘러싼 강대국 간 타협 없는 이해관계는 방휼지세(蚌鷸之勢)의 처지에 놓여있다. 북극이사회의 공식 일원이자 북극 영토 주권을 보유하고 있는 미국은 비북극권 국가인 중국의 북극항로 개발에 대한 움직임을 경계하여 북극전략 가치를 지탱하는 기본적 틀은 국제사회가 제정한 국제법임을 거듭 강조한다. 반면, 중국은 북극이 지정학적으로 특별한 위치에 놓여있기 때문에 북극공간의 가치 및 발전 가능성이 북극권 국가에게만 한정된 것은 아니며, 중국 역시 북극 개발 권리와 책임을 가지고 있음을 피력한다. 기후변화에 따른 북극환경조성, 북극항로 개발 그리고 미중 간 지정학 경쟁이 유럽 대륙과 인도-태평양 지역을 이어 북극공간까지 확대되면서 북극개발 이슈도 다변화하고 있다.

무엇보다도 북극항로 개척과 북극 내 미개발 원유 및 천연가스, 우라늄, 희토류 자원 개발에 대한 강대국들의 관심이 증폭된 것은 이 자원들이 4차 산업혁명의 주역이 될 첨단산업에서 가장 필요한 요소이기 때문이다. 북극개발권을 둘러싼 이해국가 간 대립을 목도한 미국은 그린란드 영사관 업무를 47년 만에 재개했고, 그린란드 자치정부의 천연자원개발과 교육분야에 매년 1,210만 달러의 경제원조를 약속했다[33]. 또한, 2021년 9월, 북극연구위원회를 재활성화 하겠다는 의지를 밝혔으며 주요 위원 6명을 임명했다[34].

북극공간의 정치외교 정세마저 강대국에게 유리한 방향으로 전개되는 상황

---

33) "북극 전략자원 패권경쟁 … 미 · 중 · 러의 '극지경제학'", 「아시아경제」, 2020년 6월 18일.

34) "中, 30년 전부터 阿 구애 … 美는 '천연자원 보고' 북극에 눈독", 「서울경제」, 2021년 10월 15일.

에서 한국이 특정 북극분야의 개발 추진력을 확보하는 것은 쉽지 않다. 따라서 한국은 신냉전이 도래한 북극권 정세에 대응하기 위해 북극과제 해결형 형태로 기존 북극전략의 부족함을 채워나가고, 과거의 안보편승의 원칙을 따르기보다는 한국만의 북극개발 독자노선을 구축하여 그 어떤 국제행위자도 부정할 수 없는 북극분야에서 경쟁 우위를 선점해야 한다.

한국의 북극 5G 통신개발협력은 한국 중심의 북극경제안보 환경을 조성할 수 있는 가장 실현 가능한 방안 중 하나이다. 한국의 통신 기술은 이미 국제사회에서 높은 수준의 경쟁력을 확보하고 있는데, 2019년 1월, 글로벌 컨설팅 기업인 아서디리틀(Arthur D. Little)은 '5G 상용화 국가별 리더십 평가'에서 대한민국을 '글로벌 5G 리더십' 1위로 선정했다.[35] 같은 해 4월, 세계 최초로 5G 상용화를 성공시킨 대한민국은 5G 세계 시장 선점을 위한 '5G 플러스 전략'을 발표했다. 무엇보다 한국이 특정 북극개발영역의 선도지위를 점하려면 미중 간 헤징딜레마를 피해야 하는데, 반도체의 경우 중국 내 공장을 보유하고 있지 않은 한국 입장으로서는 상호경제보복의 고리에서 벗어날 수 있고, 쿼드 기술 워킹그룹에 참여의지를 보인 한국으로서는 인도-태평양 메커니즘의 협력을 바탕으로 해당 딜레마를 전략적으로 피할 수 있다. 한국이 차후 북극 IT 전략을 내포하는 포괄적이고 종합적인 5G 북극 정보통신 전략을 수립하고, 5G 기술을 접목한 북극 신흥산업분야 논의가 진행된다면, 국내외 적극적이고 안정적인 투자가 실현될 것이다.

한국이 5G 기술을 북극으로 투입하여 상용화할 시, 기대되는 북극 신흥시장의 범위는 매우 다양하다. 주민차원에서는 통행이 자유롭지 않은 북극권에서 원격 교육 모듈 제작하여 북극권 초·중등 교육 문제를 해결할 수 있다.

---

35) "한국, '글로벌 5G 선도국가'로 선정됐다", 「매일경제」, 2019년 3월 7일.

5G 기술을 엮은 네트워크 연결기기를 통해 시간과 공간에 제약 없이 외부 정보를 획득할 수 있는데 이를 통해 북극 주민들은 외부와 실시간 상호 소통하는 사회건설을 기대할 수 있다. 동시에 도시화로 인한 사회격차 감소 역시 기대 가능하다. 이동이 불편한 북극에서 웨어러블을 통한 북극주민 원격 건강진료도 기대해볼 수 있다. 북극개발이 활발히 진행되고 있는 가운데 5G 기술이 상용화된다면 초대량 데이터를 통한 자율주행 선박 제작하여 북극 연구원들이 빙산 속에서 안전 운행 할 수 있으며, 지속가능한 개발을 위한 북극 생태계 공원을 설치하고 북극곰 안전지대 확보할 수 있다. 또한, 스마트 팩토리 및 원격 사냥 역시 가능하다.

한국 정부가 이처럼 5G 기술을 통해 북극 신흥시장의 새로운 기조를 열기 위해서는 당면한 과제가 무엇인지 파악하여 선결해야만 한다. 바로 러시아가 대한민국을 중요한 외교적 파트너로 인식하고, 한국의 5G 산업이 러시아 북극개발의 중요한 파트너 요소로 활용되어야 한다는 사실이다. 북극에 매장된 석유와 가스 중 국제법적으로 러시아가 관할하고 있는 지역은 60%를 초과한다. 또한, 지구온난화로 북극해의 결빙해역이 감소하면서, 그간 부동항을 얻고자 영토 확장을 시도해왔던 러시아는 북극개발에 대한 투자를 지속적으로 증가시킬 것이다. 이를 통해, 러시아는 독자적인 국제해운항로를 확보하고, 서양 해양강대국으로부터의 간섭에서 벗어날 수 있을 것이다. 결국 이 모든 예측이 북극공간 내 러시아의 영향력을 급속도로 증가하는 데 가능성을 부여할 것이며, 무엇보다 북동항로의 약 70%를 점유하고 있는 러시아가 서방 해양국의 대중국 첨단기술 제재에 동참하지 않는다면 한국의 북극 시장 접근 역시 한계가 따른다. 따라서 러시아와의 협력은 한국의 5G 기술이 북극으로 진입하는 데 있어 최우선 과제이다.

러시아와의 협력을 적극적으로 추진하여, 한국이 5G 기술을 통한 북극 신

홍시장으로의 접근이 가능해진다면 한국의 북극 5G 개발권 착수와 발전 속도는 오래지 않은 기간 내 가능할 것으로 예상한다. 2013년 옵서버 가입 이후 북극전략에 대한 한국의 전략적 행보는 더뎠지만, 북극전략의 새로운 도약과 국민 관심 제고를 위해 한국정부는 지속적으로 북극개발 정책 및 프로그램을 발전시켜 왔다. 예를 들어, 비북극권 국가 중 유일하게, 2016년을 시작으로 외교부가 주최하고 한국해양수산개발원과 극지연구소가 주관하는 '북극협력주간(Arctic Partnership Week)'을 개최해왔다. 국내 북극 관련 최대 규모의 국제행사이며, 매년 북극 전문가들이 모여 북극 관련 정책, 산업, 과학, 문화, 산업 등의 현안을 논의하고, 북극현안에 대해 국민들과 소통한다.

또한, 포스트 코로나 시대의 지속가능한 북극개발 추진을 위한 국제사회의 새로운 대응 전략에 한국 역시 한국만의 진취적인 북극 전략 발전에 대해 고민해왔다. 2021년 7월, 국내 유일 쇄빙 연구선인 아라온호가 북극항해를 위해 출발했고, 코로나로 인해 취소되었던 해저탐사 역시 재개됐다.[36] 아라온호 북극항해 연구팀은 북극 온난화와 해양생태계의 변화를 관찰하고, 대기와 해양의 종합적 관측을 위한 베링해 내 장비 설치 계획과 북극해 어족자원 보존을 위한 기초조사 역시 수행계획이다.

북극 IT 전략을 구축하기 위해서는 대외적인 역량도 중요하지만 동시에 범국민적 관심과 통합적 국민협력이 국가 북극전략의 최종적인 원동력과 추진력을 기여할 것이다. 한국이 적극적으로 5G 통신을 비롯한 북극 IT전략을 수립하기 위해서는 안정적인 투자가 요구되는 데 결국 이는 국민 지지가 확보되어야 가능하기 때문이다.

---

36) "'아라온' 코로나19 뚫고 다시 북극간다…해저탐사 재개", 「헬로디디」, 2021년 7월 1일.

〈참고문헌〉

고삼석, 『5G 초연결 사회, 완전히 새로운 미래가 온다』, 서울: 메디치, 2019.

김민수 · 이혜영 · 박동현, "중국 '북극백서' 공식화로 북극투자 증가할 듯", 『KMI 동향분석』, 부산-한국해양수산개발원, 제73호, 2018.

김상배 · 정성철 · 이승주 · 유인태 · 유준구 · 김성진 · 조한승 · 김헌준 · 이신화, 『신흥무대의 중견국 외교』, 서울: 사회평론아카데미, 2020.

박영민, "중국의 해양 정책과 북극 전략 연구", 『대한정치학회보』 제26권 제3호, 2018.

박창운 · 양해솔, "지상전술 C41(ATCIS)체계 운용자 요구분석을 통한 효율적 발전 방안", 『한국콘텐츠학회논문지』 제8권 5호, 2008.

신영순, "정보 · 감시 · 정찰(ISR) 체계", 『한국전략문제연구소 월간보고』 제3권 5호, 2014.

정규재 · 최영선, "중국의 북극개발 진출전략과 전망", 『세계 에너지시장 인사이트』, 에너지경제연구원, 제14-15호, 2014.

홍규덕 · 송승종 · 권태환 · 정재호, "신냉전시대 북극의 경쟁과 한국의 국가전략", 『KIM 정책보고서』, 한국해양전략연구소, 제3권, 2021.

Bjorkum, K. "Arctic Space Strategy: The US and Norwegian Common Interest and Strategic Effort". *Strategic studies quarterly*, 2021.

Cooper, Andrew F. *Niche Diplomacy: Middle powers after the Cold War*. Great Britain: St. Martin's Press, Inc., 1997.

Cooper, David A. *Challenging Contemporary Notions of Middle Power Influence: Implications of the Proliferation Security Initiative for "Middle Power Theory"*. Foreign Policy Analysis 7, 2011.

Lee, Sook Jong. *Transforming Global Governance with Middle Power Diplomacy*. New York: palgrave macmillan, 2016.

Office of the Under Secretary of Defense for Policy. *Report to Congress Department of Defense Arctic Strategy*. 2019.

Patey, L. "Managing US-China Rivalry in the Arctic". *DIIS*, 2020.

The State Council Information Office of the People's Republic of China. *China's Arctic Policy*, 2018.

U.S. House of Representatives. *Investigative Report on the U.S. National Security Issues*

Posed by Chiense Telecommunication Companies Huawei and ZTE. Washington D.C: 2012.

"미중 정상, 유엔총회 화상연설서 코로나19 확산책임론 충돌", 「연합뉴스」, 2020년 9월 23일.

"그린란드 야당 총선승리로 중국 희토류 장악 '타격'", 「연합뉴스」, 2021년 4월 9일.

"中, 30년 전부터 阿 구애 … 美는 '천연자원 보고' 북극에 눈독", 「서울경제」, 2021년 10월 15일.

"중국은 옛 미군기지도 노렸다 북극 장악, 뜨거워지는 新냉전", 「중앙일보」, 2020년 7월 20일.

"중국, 북극 빙하 관측 위성 띄운다 … "북극 실크로드 개척"", 「연합뉴스」, 2020년 12월 11일.

"한국, '글로벌 5G 선도국가'로 선정됐다", 「매일경제」, 2019년 3월 7일.

"5G 차세대 핵심칩 3종 공개한 삼성 … 6G도 선제적 투자", 「한국경제TV」, 2021년 6월 23일.

"[2022 교육과정]AI 기초 소양, 기후ㆍ환경 교육 전면에 등장.. 미래사회 대비", 「전자신문」, 2021년 10월 24일.

"북극 전략자원 패권경쟁 … 미ㆍ중ㆍ러의 '극지경제학'", 「아시아경제」, 2020년 6월 18일.

"'아라온' 코로나19 뚫고 다시 북극간다 … 해저탐사 재개", 「헬로디디」, 2021년 7월 1일.

"China Deploys First Autonomous Underwater Vehicle in Arctic Ocean", JAPAN Forward, Nov. 3, 2021.

"[시사기획 창] 바이든 시대, 불 붙은 미중 패권경쟁", https://www.youtube.com/watch?v=4dd13jxN9ZU. (검색일: 2021.1.23.)

"Middle power", https://www.britannica.com/topic/middle-power. (검색일: 2021.11.1.).

"[주간 인사이트] 그린란드가 中에 공항 건설 요청하자 美 매티스 국방장관이 직접 나서 저지 - 트럼프 '그린란드 사고 싶다' 발언 배경엔 '中 자본의 북극 진출'이 있다.", https://www.yeosijae.org/research/745. (검색일: 2021.10.2.).

"캐나다 북쪽 끝에 위치한 옐로나이프(Yellowknife)에서 북극 군사훈련 실시", https://www.kmi.re.kr/globalnews/posts/view.do?rbsIdx=1&key=da&page=18&idx=21149. (검색일: 2021.11.2.).

"Dell'Oro Group",https://www.delloro.com/key-takeaways-the-telecom-equipment-market-1h20/. (검색일: 2021.11.20.).

러시아 지도자의 북극에 관한 인식과 정책

이주연*

Ⅰ. 서론

러시아 입장에서 북극 지역의 전략적 가치는 점차 높아지고 있다. 특히 해당 지역에서 석유 및 LNG 생산과 북극항로를 이용한 새로운 물류 루트는 북극 지역의 전략적 잠재성을 높이고 있다. 이에 러시아는 2008년 '2020 러시아 북극정책 기본원칙'을 통해 본격적으로 북극 정책을 수립하기 시작했다. 그리고 2020년 북극 정책 만료로 인해 '2035 러시아 북극정책 기본원칙'을 새롭게 채택했다. '2035 러시아 북극 정책 기본원칙'은 2020 기본원칙과 많은 유사점을 보이는 것은 사실이다. 그러나 2035년 기본원칙인 2020 기본원칙과 비교하여 보다 정교화되고, 구체적인 전략을 제시하고 있다.

2035년 기본원칙의 특징을 살펴보자면 다음과 같다. 첫째, 2035년 기본원칙을 통해 러시아는 북극 영토와 해역에 대한 주권 강화의 필요성을 제기했다. 물론 2035 기본원칙 채택 이전부터 러시아는 북극 지역에 대한 군사력을 증강했다. 가령 러시아 국방장관 쇼이구는 2019년 4월경 북극함대에 현대무

※ 이 글은 2021년 12월 6일부터 10일까지 개최된 '2021 북극협력주간'에서 발표한 논문을 수정, 보완하였음.
 * 한양대학교 아태지역연구센터 학술연구교수

기의 59%가량을 배치할 것이라고 언급하기도 했다.[1] 그러나 2020 기본원칙과 마찬가지로 북극을 갈등의 지역이 아니고, 평화와 안정의 지역으로 만들겠다는 내용이 포함하는 것을 생각한다면, 북극 지역을 군사적 갈등이 충돌하는 지역으로 조정되는 것에 러시아 정부가 부담감을 느끼고 있는 것으로 예상된다.

둘째, 경제적 측면에서 2035 기본원칙은 기존과 마찬가지로 북극항로와 북극 개발을 통한 경제성장의 중요성을 강조하고 있다. 다시 말해 러시아 정부는 국제 물류 루트로 북극항로가 발전하고, 북극에서 생산되는 에너지 자원이 북극항로를 통해 수출되는 구조가 안정화하는 계획을 제시하고 있다.

셋째, 2035 기본원칙은 사회적 측면에서 북극 지역의 인구감소 문제를 심각하게 받아들이는 것으로 보인다. 왜냐하면 비교적 북극 지역 주민과 원주민에 대한 삶의 질 개선의 중요성을 강조했기 때문이다. 이와 같은 북극 주민의 삶의 질 개선을 강조한 이유는 북극 지역의 인구감소가 이루어지고 있기 때문이다.[2] 즉, 러시아는 북극 개발에 있어 장애 요소인 노동력 부족 현상을 해결해야 할 필요성을 강하게 느끼고 있는 것으로 판단된다.

결국, 2035 기본원칙에서 중요하게 제시되고 있는 점을 요약하자면, 러시아는 북극 지역의 경제적 가치를 향상하고, 안정적인 가치 향상과 보호를 위한 안정적인 안보의 필요성을 강조하고 있다. 그렇다면 이처럼 러시아가 북극 지역에 대한 경제 향상과 안정적인 안보 구축의 필요성을 강조하는 이유는 무엇

---

1) 이영형·박상신, "러시아 북극지역의 안보환경과 북극군사력의 성격,"『시베리아 연구』24권 1호, 배재대학교 한국-시베리아센터, 2020, p.17.
2) 최우익 "러시아의 북극개발과 노동력 감소 대안으로서의 교대 노동 정책", https://www.emerics.org:446/issueDetail.es?brdctsNo=317740&mid=a10200000000&systemcode=04, (검색일 : 2021.10.28.)

인가? 본 연구는 이와 같은 문제의식을 바탕으로 러시아의 2035 러시아 북극 정책 기본원칙 채택의 원인을 브레처(Brecher) 모델을 통해 밝히는 것을 목적으로 한다.

현재 국내에서 러시아의 북극 정책에 관한 연구는 다양한 관점에서 이루어지고 있다. 안보 관점에서 러시아의 북극정책을 분석한 주요 연구로 윤지원은 북극지역에서 러시아의 군사확장 현황을 분석하면서 군사확장의 동기와 함의를 분석했다.[3] 그리고 이영형과 박상신은 북극 지역에서 나타나고 있는 러시아의 군사증강을 살펴보면서 러시아의 군사력 증강의 원인이 군사안보 영역보다는 경제안보 영역에 관심을 가지고 추진되고 있다고 주장하며, 러시아는 북극지역에서 국제경제협력을 추진하는 것이 목적이라고 분석했다.[4]

한편, 경제 관점에서 북극 정책을 분석한 주요 연구로 변현섭은 '2035 북극 정책 기본원칙', '2035년까지 북극 개발 및 국가안보 전략', '북극 기업 활동 국가지원법', '2021~2024년 러시아 북극 지역 사회 · 경제발전 국가프로그램' 그리고 '2035 북극항로 인프라 개발계획' 등 러시아의 주요 북극 정책을 분석을 토대로 한국의 북극 정책과의 접점을 찾아 한-러 북극 협력의 시사점을 도출해냈다.[5] 또한 김엄지외 2명은 문재인 정부의 9개 다리 정책이 북극항로 분야를 제외한 극동지역에 초점이 맞추어져 있는 한계를 보완하고자 점-선-면 전략 관점을 기반으로 러시아 북극지역에서 한러의 실질적인 협력 가능성과 추진 방향을 제시했다.[6]

---

3) 윤지원, "러시아의 북극 안보정책과 군사기지 구축의 함의,"『국제정치연구』제23권 4호, 동아시아국제정치학회, 2020, pp.167-192.

4) 이영형 · 박상신, op. cit., pp.1-34.

5) 변현섭, "러시아의 북극 개발 정책과 한-러 북극 협력의 사서점,"『슬라브연구』제37권 3호, 한국외국어대학교 러시아연구소, 2021, pp.69-91.

6) 김엄지 · 유지원 · 김민수, "점-선-면 전략 기반 러시아 북극개발전략 분석 및 한러협력

기존의 선행연구들은 대체적으로 2035 기본원칙 채택 이후의 시사점 혹은 한국과의 협력 방향을 제시하는 것에 초점을 맞추고 있다. 즉, 2035 기본원칙 채택 주요 요인에 관한 연구 비교적 부족하다. 반면 본 연구는 기존 연구가 다루지 못했던 2035 기본원칙의 채택의 주요 결정요인을 분석한다는 점에서 연구의 차별성이 있다. 특히 본 연구는 브레처 모델에 따른 외교정책의 분석을 위해 러시아의 대내·외 환경을 분석함과 더불어 러시아의 주요 외교정책결정자인 푸틴 대통령과 라브로프 외무부 장관을 중심으로 북극에 대한 외교신념을 VICS 기법을 통한 계량분석을 실시하기 때문에 학술적 가치가 있다.

〈표 1〉 2020 · 2035 러시아 북극정책 기본 원칙 요약[7]

'2020 러시아 북극 정책 기본원칙 (Basic Principles of Russian Federation State Policy in the Arctic to 2020)'	'2035 러시아 북극 정책 기본원칙 (Basic Principles of Russian Federation State Policy in the Arctic to 2035)'
-러시아 북극 지역을 전략적 자원 기반으로 사용하여 국가의 사회 및 경제 발전 문제 해결. -북극을 평화와 협력의 지역으로 유지. -북극의 생태계 보존. -북극해에서 북극항로 이용	-러시아의 주권과 영토 보전. -안정적이고 상호 유익한 파트너십을 통해 북극을 평화의 지역으로 보존. -러시아 북극 지역 사람들의 삶의 수준 개선. -러시아 북극 개발을 통한 국가 경제성장. -북극항로를 세계적으로 경쟁력 있는 회랑으로 발전. -북극 환경과 러시아 북극 원주민의 전통적인 생활 방식을 보호.

방향", 『중소연구』 제45권 3호, 한양대학교 아태지역연구센터/중국문제연구소, 2021, pp. 215-269.

7) Ekaterina Klimenko, "Russia's new Arctic policy document signals continuity rather than change", https://www.sipri.org/commentary/essay/2020/russias-new-arctic-policy-document-signals-continuity-rather-change, (검색일 :2021. 10. 28.)

Ⅱ. 분석의 틀과 연구범위

브레처 모델은 외교정책 결정에서 정책 결정 환경과 정책결정자 인식 사이의 상호작용을 분석하는 연구방법으로 제시됐다. 브레처 모델의 주요 시사점으로 정책 결정 과정에서 작동환경(Operational Environments)과 심리적 환경(Psychological Environments)이 구분된다는 점이다. 먼저 작동환경은 국제, 지역, 양자관계 등과 같은 외적환경과 군사, 경제, 정치 상황 등과 같은 내적 환경으로 나누어진다. 그리고 심리적 환경은 작동환경을 인식하는 태도 프리즘으로 정책결정자의 개인적 특징에 기인한 인식을 의미한다. 또한 브레처 모델은 다양한 작동환경이 정책결정자 개인의 심리적 환경 프리즘에 투영되어 정책이 수립된다고 가정한다.[8]

브레처 모델은 다양한 연구에서 사용되었지만, 몇 가지 한계점을 가지고 있다. 가령 브레처 모델은 작동환경과 심리적 환경 사이의 상호작용을 실증적으로 분석하기 어려운 점이 있다. 또한 분석에 있어서 특정 국가의 특수성을 반영하지 못한다는 한계점도 있다.[9] 따라서 러시아의 특수성을 반영하여 분석의 틀을 재조정할 필요가 있다.

본 연구는 러시아의 특수성과 요인들 간의 중복을 회피하여 모델을 재구성하여 사용한다. 먼저 외적환경은 국제정세, 러시아와 연안국과의 관계와 같은 국제환경 요인으로 구성한다. 이처럼 외적환경에서 지역 수준의 분석을 제외하는 이유는 북극 지역의 경우 북극 지역과 관련되어 있는 국가들이 명확하

---

8) Michael Brecher, "Elite Images and Foreign Policy Choices : Krishna Menon's View of the World," *Pacific Affairs*, Vol. 40, No. 1/2, 1967. pp. 60-63.
9) 허성우, "김대중 정부의 대북 포용정책 결정에 관한 연구 : 최고 정책결정자의 심리적 요인 중심으로", 『경희대학교 박사논문』, 2008, p. 22.

기 때문에 지역과 양자 차원의 분석에서 중복되는 부분이 많아 분리하는 것이 어렵기 때문이다. 또한 내적환경 중 군사 분야는 국제환경과 중복되기 때문에 제외하고, 국내 정치, 경제, 사회 상황으로 구성했다.

심리적 환경은 정책결정자의 심리적 변화를 측정하고, 보다 정확한 지도자의 성향을 파악하는 방법으로 VICS 기법을 통한 정책결정자의 운영코드 분석으로 선정했다. VICS 기법은 정책결정자의 연설문, 기자회견문, 인터뷰 등의 내용을 바탕으로 정책결장자의 신념체계를 분석하는 방법[10]으로 분석의 효율성을 위해 프로파일러플러스(Profilerplus)에서 제공하는 소프트웨어를 사용하여 자동계량하여 계산했다.[11] 마지막으로 정책 산출물은 2035 러시아 북극 정책 기본원칙으로 구성했다.

본 연구의 공간적 범위는 북극 지역으로 설정하지만, 환경요인을 분석하기 위해 국제정세를 포함해야 하기 때문에 완전히 북극 지역의 범주를 벗어나지 않는 것은 아니다. 시기적 범위는 전반적인 추세를 살펴보기 위해 소련 붕괴 이후 1990년대부터 2020년까지 살펴보지만, 구체적인 연구 범위는 푸틴 정부 3기 시작인 2012년부터 2020년까지로 한정한다. 왜냐하면 푸틴 집권 3기부터 러시아는 서방과 갈등이 시작되었고, 특히 2014년 크림병합 이후 현재까지 자주적이고, 공세적인 외교정책이 수립 및 실시되고 있기 때문이다. 마지막으로 러시아의 주요 정책결정자는 푸틴과 라브로프로 설정하여 운영코드를 분석한다.

---

10) 운영코드와 VICS 기법에 관한 구체적인 분석 방법과 의미는 Walker Stephen G. Mark Schafer and Michael D. Young, "Profiling the Operational Codes of Political Leaders", in Jerrold M. Post(eds.), *The Psychological Assessment of Political Leaders: With Profiles of Saddam Hussein and Bill Clinton* (University of Michigan Press, 2005)을 참조.

11) Nick Levine, Michael Young, "Leadership Trait Analysis and Threat Assessment with Profiler Plus", *Proceedings of ILC 2014 on 8th International Lisp Conference*, (2014).

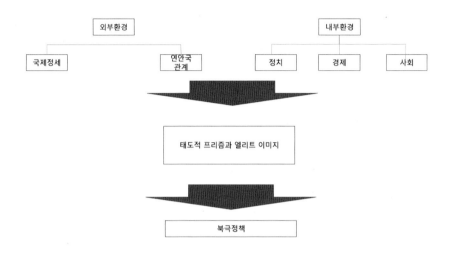

[그림 1] 재구성된 연구모형

III. 작동환경 분석

1. 국내환경

러시아 경제는 2012년부터 2019년까지 평균 약 1.4%로 저성장 기조를 보이고 있다. 물론 2012년에는 4%로 비교적 준수한 성장세를 보였지만, 세계 유가 하락과 서방의 대러 제재의 영향으로 2015년에는 -2.0%까지 하락하기도 했다. 2014년 러시아가 크름 반도를 병합한 이후 미국은 적극적으로 러시아에 경제제재를 부과했다. 가령 미국은 러시아 엘리트를 대상으로 미국 입국금지, 미국 기업과의 거래 금지, 미국 내 자산동결 등과 같은 제재를 실행했다. 또한 대러 제재는 개인 이외에도 러시아 금융, 에너지, 방위산업 등 주요 산업 부문에 대한 경제제재로 확대되었다. 특히 금융기관에 대한 제재로 인해 러시아는 에너지, 군수 부문에 대한 외국 자본 도입이 어려워지게 되었다.

대러 제재 이후 엑손모빌(ExxonMobil), 토탈(Total), 쉘(Royal Dutch Shell) 등은 러시아 자원 개발투자를 중단 혹은 연기했다. 특히 엑손모빌은 2012년부터 로스테프트와 공동으로 북극해와 흑해에서 공동으로 에너지 개발 프로젝트를 추진 및 공동 투자 합의서를 작성했지만, 제재 이후 논의되었던 10여개의 공동 개발 프로젝트를 취소했고, 기존에 30%의 지분을 가지고 있었던 사할린-1을 제외하고 러시아 에너지 개발을 철회했다. 물론 서구 에너지 기업들이 투자를 철회함에 따라 사업추진이 어려워진 야말 LNG의 경우 중국 기업이 참여함에 따라 개발을 마무리했지만, 북극해 등 자원 개발에 서방의 첨단 장비 동원이 제대로 이루어지지 못해 개발에 어려움이 따르고 있다.[12]

[그림 2] 러시아 경제성장률

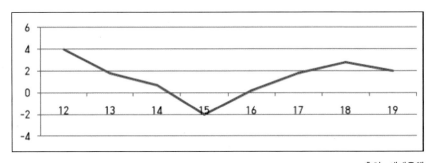

출처 : 세계은행

---

12) 조영관, "미국의 대러 제재가 러시아 경제에 미친 영향", 『슬라브학보』 35권 3호, 한국 슬라브유라시아학회, 2020, pp. 261-278.

한편, 이와 같은 러시아 경제 악화는 정치적 안정성을 저해하는 요인으로 작용하기도 한다. 푸틴의 지지율을 추이를 살펴보면, 2013년 말까지 60% 초반의 지지율을 보였고, 2014년에는 크림병합의 영향으로 2015년 6월에는 최대 89%까지 지지율이 상승했다. 그러나 2018년 이후에는 다시 지지율이 60%대로 하락하는 모습을 보인다. 물론 푸틴의 지지율만 살펴보았을 때 경제가 악화되어 있는 상황임에도 불구하고, 비교적 정치적으로 안정적이라고 판단할 수 있다. 그러나 총리에 대한 지지와 정부에 대한 지지는 2014년과 2015년을 제외하고 모두 부정적인 것으로 집계되었다.[13] 따라서 푸틴 정부는 안정적이고, 수월한 국정운영을 위해 안정적인 정치 기반 구축의 필요성이 높아지고 있다.

기후변화에 따른 국내문제로 지구 온난화의 영향으로 시베리아 지역의 환경변화는 새로운 문제를 만들고 있다. 가령 야쿠티아(Yakutia)의 지리얀카(Zyryanka) 지역의 경우 산업화 이전보다 3도씨 이상 따뜻해졌고, 이로 인해 농업이 가능했던 지역이 늪, 호수와 같은 지역으로 바뀌며 농업에 적합하지 않은 지역으로 변했다. 이와 같은 시베리아 지역의 기후변화는 경작지의 절반 이상을 감소시키고, 약 540만 명의 러시아 국민의 삶의 질을 하락시키는 결과를 보이고 있다.[14]

한편, 러시아는 지역 불균형으로 인한 지역 갈등의 문제도 나타나고 있다. 우랄산맥을 기준 동쪽 지역은 러시아 연방의 2/3를 차지함에도 불구하고, 인구는 1/5에 불과하다. 게다가 해당 지역에서 막대한 천연자원이 생산되지만,

---

13) https://www.levada.ru/en/ratings/

14) Radical warming in Siberia leaves millions on unstable ground, "https://www.washingtonpost.com/graphics/2019/national/climate-environment/climate-change-siberia/", (검색일 : 2022.09.27.)

이익이 해당 지역에서 재분배되지 않고, 모스크바를 비롯한 주요 도시로 보내지는 문제가 있다. 또한 시베리아 지역은 역사적으로 독립을 시도하려는 움직임이 있었고, 중국 기업의 진출로 인한 중국 자본의 잠식은 시베리아 지역에서 지역주의와 분리주의를 조장하기 시작했다.[15]

요약하자면, 러시아의 경제성장 둔화는 러시아의 경제적 어려움과 더불어 러시아 정치체제의 불안정성을 발생시키는 요인으로 작용한다. 따라서 러시아 정부는 이와 같은 문제를 해결하기 위해서는 새로운 성장동력을 찾을 필요가 있다. 이와 같은 관점에서 북극에서 새롭게 개발되고 있는 에너지 자원과 북극항로는 새로운 경제적 이득을 창출할 수 있다는 점에서 러시아에 효용성이 높다고 평가할 수 있다.

또한 시베리아 지역에서 나타나는 기후환경의 변화와 지역주의 · 분리주의 움직임은 중앙정부의 새로운 해결과제로 부상하고 있고, 이를 해결하기 위해 시베리아 지역 개발의 필요성이 높아지고 있다. 즉 시베리아 서쪽 지역과 비교하여 낙후되어있는 동쪽 지역의 개발과 환경파괴로 인한 삶의 질 문제 개선 요구 필요성이 증가하고 있고, 이를 위한 하나의 대안이 북극 지역 개발이다.

2. 국제환경

북극정책 수립에 있어서 투영되는 작동환경은 경제영역은 개방성을 반대로 안보영역은 폐쇄성을 높이는 것으로 판단할 수 있다. 러시아는 경제 악화를

---

15) Paul Goble, "Siberian Regionalism a Growing Threat to Moscow", *Eurasia Daily Monitor*, Vol. 17, No. 114. https://jamestown.org/program/siberian-regionalism-a-growing-threat-to-moscow/

해결하고 새로운 성장동력을 얻기 위해 북극 지역으로 경제영역의 개방성을 확장해야 할 필요성이 높다. 반면, 북극해 연안국이 모두 NATO 가입국이고, 서방의 가치관에 동조하며, 러시아의 크림병합에 강하게 비판하고 있다. 물론 북극해에서 정치문제를 분리하고, 국제공조를 높이려는 시도가 있는 것은 사실이다. 그러나 NATO는 러시아의 안보불안 심리를 높이는 요인으로 작용하기 때문에 북극 지역에서 안보 우위를 높여 향후 나타날 수 있는 위기에 대비해야 할 필요성이 높다.

(1) 국제정세

국제정세에서 눈에 띄는 변화는 기후변화 따른 북극항로의 가치 상승일 것이다. 왜냐하면 기존에는 북극항로가 7월부터 11월까지 5개월만 운항이 가능했지만, 지구온난화의 영향으로 5월부터 다음 해 1월까지 7개월간 운항이 가능해지기 시작했기 때문이다. 또한 해운 산업에서도 탈 탄소화가 진행되고 있는 상황 속에서 북극항로는 운항 거리, 시간, 연료 소비량, 오염물질 배출량 등을 감소시키기 때문에 기후문제에 긍정적 영향을 줄 수 있다.[16] 따라서 기존의 항로를 보완 혹은 대체하는 새로운 물류 루트로써의 가치가 증가하고 있다.

이에 따라 러시아는 러시아는 2024년까지 북극항로 물동량을 8,000만 톤까지 늘리고, 2030년에는 연중 운항하는 북극항로 개발을 통해 1억 5,000톤까지 확대하고, 2035년에는 국제적인 해상 화물 환적지 조성을 목표로 하고 있다.[17] 즉, 기후변화에 따른 세계 각국의 북극항로의 수요 증가에 빠른 대처를

---

16) 김엄지, "해운의 탈 탄소화 : 러 북극지역 LNG 활용과 전망", KMI 북방물류리포트 전문가칼럼, 2021, 13쪽.
17) 황연수, "러시아 북극항로 개발 어디까지 왔나?", https://news.kotra.or.kr/user/

[그림 6] 북극항로 화물 운송 계획

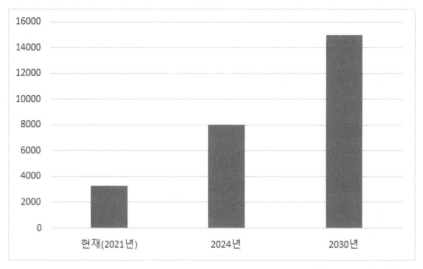

출처 : KOTRA 해외시장뉴스

러시아가 실행하고 있는 것이다.

북극 지역 개발과 관련하여 미국, 러시아, 캐나다, 노르웨이, 덴마크 등 북극해 연안국들은 UN해양법협약(United Nations Covention on the Law of Seas, UNCLOS)를 바탕으로 북극해 개발에 비연안국들이 참여하는 것을 반대하는 입장을 보이고 있다. 그러나 북극해의 정치 · 경제적 가치 상승으로 인해 비연안국들의 개발 참여 의지는 점차 커지고 있다. 예를 들어 중국은 스발바르 조약(Svalbard Treaty)를 근거로 북극해 연안국과 마찬가지로 북극 지역 개발 참여가 가능하다고 주장하고 있고, 북극이사회(Arctic Council)를 중심

globalBbs/kotranews/3/globalBbsDataView.do?setIdx=242&dataIdx=190269 (검색일 : 2021.11.01.)

으로 북극해 연안국 및 비연안국들과의 협력을 구축하고 있다.[18]

특히 중국은 2018월 1월 26일 '북극정책백서'를 공식적으로 발표함에 따라 일대일로를 북극 지역까지 확장하는 '빙상실크로드(Polar Silk Road)'를 공식화했다. 중국은 빙상실크로드 정책은 북극 인프라 및 자원개발 투자 확대, 북극권 국가와의 국제협력 강화, 북극연결성 강화 등을 중점으로 두고 있고, 이를 바탕으로 중국-북극해-유럽대륙을 연결하는 블루경제통로(Blue Economy Passage)건설을 단계적으로 추진하고 있다.[19]

마찬가지로 한국은 북극 지역 개발 및 참여를 위한 정책을 수립·실행하고 있다. 2013년 북극 이사회 옵서버 지위 획득 이후 해양수산부는 '범부처 북극 정책기본계획'을 발표했고, 2018년에는 '북극활동진흥기본계획'을 후속계획으로 수립했다. 또한 2018년 12월 '2050 극지비전'을 수립함에 따라 5년 단위로 북극 기본계획의 장기 방향성을 제시할 수 있게 했다.[20] 결국 북극해 연안국을 비롯하여 비연안국들도 북극 지역의 가치를 인식하고 있고, 자국의 이익을 극대화하기 위한 북극 정책을 수립하는 것을 알수 있다.

두 번째 변화로 기후변화에 대응하기 위해 세계 각국은 탄소 배출량을 줄이려는 계획을 수립·실행하고 있다는 점이다. 국제사회에서 기후위기에 관한 공감대가 형성되어 국제사회는 탄소중립(Net Zero)를 위한 국제적 합의가 이루어지고 있다. 1992년 기후변화협약이 채택된 이래로 2005년 교토의정서가 발효되었고, 1.5℃ 온도상승 억제를 목표로하는 파리협정이 2016년에

---

18) 정규재·최영선, "중국의 북극개발 진출 전략과 전망", 『세계에너지시장 인사이트』 제14-15호, 2014, pp.6-11.

19) 김민수외 2명, "중국 '북극정책백서 공식화로 북극 투자 증가할 듯", 『KMI 동향분석』 제73호, 2018, p.1.

20) 서현교, "한국의 북극정책 과제 우선순위에 대한 평가와 분석", 『한국 시베리아 연구』 23권 1호, 한국 시베리아연구센터, 2019, pp.45-46.

발효되었다. 또한 영국에서 개최된 26차 당사국총회(Conference of Parties, COP)에서 글래스고 기후 합의(Glagow Climate Pact)가 채택됨으로써 2050년 탄소중립을 성공할 수 있도록 2030년 국가온실가스감축목표를 보다 강화하기로 했다.

주지하듯 국제사회는 지구온난화로 인한 기후변화 문제를 심각하게 인식하고 있고, 이를 해결하기 위한 국제적 합의가 이루어지고 있다. 게다가 이와 같은 기후변화에 대한 국제협력의 필요성에 관해 러시아도 입장을 일정 부분 공감하고 있다.[21] 탄소 중립을 위한 시나리오는 다양하게 존재하고 있지만, 공통으로 탄소 중립을 위한 중간 단계에서 천연가스 사용의 필요성을 제기하고 있다. 즉, 석유 및 석탄과 비교하여 탄소 배출량이 낮은 천연가스의 수요가 증가하고 있다.

이와 같은 관점에서 북극 에너지의 가치는 더욱 증가하고 있다. 미국 USGS(U.S. Geological Survey)는 전세계 미발견 화석연료 탐사량의 22%가 북극 지역에 매장되어 있을 것으로 추산하고 있다. 또한 USGS는 25개의 북극 지역의 탐사자원량에서 러시아가 차지하는 비중이 47% 이상일 것이라고 발표했다.[22] 또한, 기후변화로 인해 북극항로를 통한 LNG 운송이 효율적으로 가능하게 되었다. 대표적인 사례로 야말반도에서 생산되는 LNG는 야말반도 사베타(Sabetta)항에서 북극항로를 통해 아시아와 북유럽 지역으로 LNG를 운송을 들 수 있다.[23]

---

21) 푸틴 "기후변화 문제, 트럼프 대통령에 협조해야", https://www.voakorea.com/a/3884549.html (검색일 : 2021.11.09.)
22) 이성규, "북극지역 자원 개발 현황 및 전망", 『에너지경제연구원』 수시연구보고서 10-03, 2010, pp.3-7.
23) 유철종, "러, 야말 LNG 공장 첫 가동 …세계 최대 LNG수출국 노린 사업", https://www.yna.co.kr/view/AKR20171209001200080 (검색일 : 2021.10.29.)

요약하자면 지구온난화로 인한 기후변화는 북극의 환경변화를 초래하고 있다. 특히 북극항로 사용 기간이 늘어남에 따라 북극항로 이용하고자 하는 수요가 증가하고 있다. 또한 탄소중립을 통한 기후변화를 대처하기 위한 중간 단계에서 천연가스의 수요가 증가하고 있고, 특히 북극 지역에서 생산되고 있는 천연가스의 경우 북극항로를 통해 운송이 가능하다는 점에서 가치를 인정받고 있다.

(2)연안국과의 관계

a.미국

미국과 러시아 관계는 메드베데프 시기의 경우 소위 '리셋'외교로 인해 양국가 사이의 갈등이 완화되었지만, 2014년 크림병합 이후로 첨예한 갈등 관계가 형성되었다. 러시아는 미국이 NATO를 통해 러시아를 전방위적으로 압박하고 있다고 비판하고 있고, 미국은 인권, 자유주의 가치를 이유로 러시아에 대한 비판적 자세를 취하고 있다. 트럼프 시기 비교적 갈등이 완화될 것이라는 전망도 있었지만, 미국 의회의 반발로 인해 미러관계는 회복되지 못했다.[24]

비교적 미국은 냉전 이후 북극 정책에 적극적인 모습을 보이지 않았다. 왜냐하면 미국 국가 안보 우선 순위에서 북극 지역은 유럽, 아시아 그리고 중동보다 낮은 우선 순위였고, 자원 개발에 대해서도 적극적인 정책 방향을 보이지 않았기 때문이다. 그러나 우크라이나 사태 이후 미러 관계가 경색되고, 북극 지역에 대한 중국의 적극적인 진출로 인해 트럼프 행정부는 보다 능동적인

---

24) 현승수, "트럼프 시대 미러관계 전망과 한반도에 대한 함의", 『통일연구원』, Online Series CO 17-04, 2017, pp.1-3.; 고상두, "미러 외교관 추방의 정책적 함의와 국제관계 전망", 『제주평화연구원』, JPI PeaceNet, 2018, pp.2-3.

북극 정책을 수립하기 시작했다. 가령 2019년 폼페이오 국무장관은 북극에서 미국의 환경적 책임, 과학적 연구, 원주민 생계 개선, 이산화탄소 배출 감축 등 북극 지역에서 미국이 지향하는 방향을 발표하기도 했다.[25]

요약하자면 북극 지역에서 러시아와 미국은 트럼프 행정부 이전에는 마찰이 거의 없었던 것은 사실이다. 그러나 우크라이나 사태 이후 미국과 러시아 사이의 관계가 급속도로 나빠지고, 북극 지역에서 중국의 영향력이 커질 수 있다는 우려감으로 인해 과거와 다르게 트럼프 행정부 시기부터 적극적인 북극 정책을 수립하고 있다. 이와 같은 미국의 정책변화는 러시아 입장에서 미국의 북극 전략을 견제할 필요성이 점차 증가함을 예상할 수 있다.

b. 캐나다

캐나다는 러시아와 경제적 연계는 거의 없고, 미국과 긴밀한 관계로 평가할 수 있다. 미국은 캐나다 총수출의 73%, 총수입의 56.9%를 차지하고 있기 때문이다. 그리고 수출품목의 20% 이상이 에너지 자원으로 에너지 판매에 있어 러시아와 경쟁적 관계에 있다. 캐나다는 NATO 창립 국가이고, 다양한 NATO 작전에 정기적으로 참여하고 있다. 소련 시기 캐나다는 조기경보레이더와 북부 방공시스템을 통해 미국과 소련 사이의 전략적 완충지대 역할을 수행해왔다. 냉전 이후 캐나다는 영토 방어에 초점을 맞추지 않고, 민주적 가치, 인권 보호 그리고 테러와의 전쟁에 적극적으로 참여했다. 특히, 크림병합 이후 캐나다는 우크라이나를 적극적으로 지원하면서 동유럽과 흑해 지역으로 러시아가 군사적 침략을 하지 못하도록 억제하는 군사적 조치를

---

25) "US Policy Towards the Arctic: Adapting to a Changing Environment", https://icds. ee/en/us-policy-towards-the-arctic-adapting-to-a-changing-environment/ (검색일 : 2022.09.30.)

취하기도 했다.[26)]

캐나다의 북극 외교정책을 살펴보면, 캐나다는 북극에 대한 주권 행사를 중요시 간주하고, 이를 위한 적극적인 對북극 외교정책을 수립·실행하고 있다. 캐나다는 북부 사회 및 경제 개발을 촉진과 원주민 기술 및 고용 개선을 위한 조치로 북부 경제 개발청(Northern Economic Development Agency)을 구성했다. 캐나다 정부는 북극 지역에서 에너지 및 북서항로 개발, 북극 국가들과의 무역 관계 구축 그리고 북극 주민들의 삶의 개선을 목표로 설정하고 있다. 더불어 북극 지역 환경변화에 대응하여 북극 국가들과의 긴밀한 협력을 강조하고 있다.[27)]

결국, 캐나다와 러시아는 상호 반대되는 정체성을 가지고 있고, 특히 우크라이나 사태 이후 양국의 관계는 부정적으로 변하고 있다. 물론 기후변화에 대한 공동대응이 필요한 만큼 완전히 협력 지점이 없는 것은 아니지만, 에너지 개발과 북극항로와 같은 경제적 분야는 다소 경쟁적 관계에 놓여 있다고 판단할 수 있다.

c. 노르웨이

노르웨이는 2006년 북극전략(The Norwegian Government's High North Strategy)을 발표했고, 북극의 탈정치화를 주장하고 있다. 러시아와 노르웨이 관계는 2000년 8월 바렌츠해에서 러시아 쿠르스크 잠수함 침몰 사건에서 노

---

26) Benjamin Schaller *Trust and Distrust in Defence&Security Politics*, UiT, 2020, pp. 141-144.
27) "Statement on Canada's Arctic Foreign Policy", https://www.international.gc.ca/world-monde/assets/pdfs/canada_arctic_foreign_policy-eng.pdf (검색일 : 2022.09.29.)

르웨이가 적극적으로 협조함에 따라 관계가 좋아졌었다. 특히 "바렌츠해 및 북극해 경계획정 및 협력 협정"이 2011년 7월 7일 발효되었고, 이로 인해 양 국관계의 최대 외교 현안이 해결되었다. 물론 스발바르 제도 문제는 해결되지 않았기 때문에 영토분쟁의 여지가 있는 것은 사실이다.[28] 2010년과 2013년에 노르웨이는 러시아와 노르웨이와 바렌츠 해 지역에서 해적 방지 작전, 탑승 훈련, 사격 및 공중 훈련, 수색 및 구조 훈련 등의 포모르(Pomor)훈련을 실시 했다. 그러나 크림병합 이후 계획된 2015년 훈련이 취소되었고, 비교적 소원 한 관계가 형성되었다.[29]

일반적으로 노르웨이는 북극 지역에서 러시아의 군사 현대화를 비롯한 민 간 및 군사 시설 확장에 위협을 느끼고 있고, 이에 적극적으로 대처하고 있다. 가령 차세대 전략 잠수함, F-35 전투기, P-8 해상 초계기 등 군사력을 증강했 다.[30] 즉, 군사안보 측면에서 러시아와 노르웨이는 상호 경쟁적 관계로 사실 상 양국의 협력을 증진하는데 안보문제라는 큰 장애물이 있다.

결국, 양 국가는 외교 관계 진전이 있었지만, 노르웨이는 NATO의 창립 국 가로 사실상 서방의 가치와 이익에 가치관을 두고 있기 때문에[31] 러시아 입장 에 노르웨이는 잠재적인 위협요소로 작용할 수 있다. 물론 북극 기후환경 변 화에 공동으로 대처의 필요성을 상호 인식하고 있는 것은 사실이다. 그러나

---

28) 외교부, "노르웨이 개황(2019.05)", p. 42, https://www.korea.kr/archive/expDocView.do?docId=38516

29) "Innsikt: Norway and Russia: a long-standing partnership through a historic lens" https://www.yata.no/innsikt-norway-and-russia-a-long-standing-partnership-through-a-historic-lens/ (검색일 : 2021.11.07.)

30) "The Norwegian Government's Arctic Policy", https://www.regjeringen.no/en/dokumenter/arctic_policy/id2830120/#tocNode_16 (검색일 : 2022.10.01.)

31) "Global Perspectives | Norwegian-Russian Relations" https://www.wilsoncenter.org/event/global-perspectives-norwegian-russian-relations (검색일 : 2021.11.07.)

러시아와 서방의 갈등 관계가 해결되지 않는다면, 노르웨이와의 안보 경쟁이 쉽게 해소되지 않을 것으로 보인다.

d. 덴마크

덴마크와 러시아의 무역 관계를 살펴보면, 덴마크는 러시아 총수출의 0.69%, 총수입의 0.59%를 차지하고 있다. 반대로 러시아는 덴마크 총수출의 1.34%, 2.85%를 차지고 하고 있다. 수출품목은 에너지 자원 위주이고, 수입품목은 식료품 위주로 구성되어 있다. 즉, 러시아와 덴마크의 경제 관계는 다른 연안국과 마찬가지로 큰 비중을 차지하고 있지 못하다. 덴마크는 NATO 창설 국가로 냉전 이후에도 NATO를 적극적으로 지지하는 모습을 보였다. 심지어 1990년대에는 NATO가 확장되어야 한다고 주장하기도 했다. 2014년 크림병합에 대응하는 대러 제재에 참여했고, 러시아 이스칸데르 미사일 배치에 대응하기 위해 국방비 늘리기도 했다.[32] 덴마크의 강한 NATO 지향성은 러시아와 갈등을 발생시키기도 했다. 가령 2015년 덴마크의 NATO 미사일 방어 시스템 합류에 대해 러시아는 강력한 경고 메시지를 보이기도 했다.[33]

한편, 덴마크는 북극 지역에 대한 중국 영향력 확대를 경계하는 경향을 보이고 있다. 가령 덴마크 국가 정보국(DDIS)는 위험평가 보고서를 통해 북극 지역에서 중국 영향력 강화에 대한 위험을 평가하기도 했다.[34] 이와 같은 덴

---

32) Maddy Ghose, "Tinderbox: Danish-Russian Relations, 1989-2019", *University of San francisco*, Master's Theses (2020), pp. 32-54.

33) "Russia threatens to aim nuclear missiles at Denmark ships if it joins NATO shield", https://www.reuters.com/article/us-denmark-russia-idUSKBN0MI0ML20150322 (검색일 : 2021.11.08.)

34) "China's Central Role in Denmark's Arctic Security Policies", https://thediplomat.

마크 정부의 입장은 미국이 북극 지역에서 중국 영향력 확장을 저지하려는 입장과 동일한 것으로 사료된다. 즉, 북극 지역에서 덴마크와 미국의 협력적 관계가 공고화되는 상황이기 때문에 러시아와는 관계 개선의 여지가 부족한 것으로 판단된다.

결론적으로 덴마크와 러시아는 경제적으로 연계성이 높다고 평가하기 어렵고, 심지어 안보영역에서는 협력의 여지보다 갈등의 소지가 더 많다. 또한 미러 관계가 경색되고 있는 상황에서 덴마크는 중국과 러시아의 영향력에 대응하기 위해 미국과의 관계 증진을 추구할 수 밖에 없는 상황이다. 따라서 북극 지역에서 러시아와 덴마크의 협력은 비교적 기대하기 어려울 것으로 보인다.

3. 심리적 환경 분석

운영코드 분석 결과 푸틴과 라브로프는 북극 지역에 대한 협력적인 외교 성향을 가지고 있는 것으로 나타났다. 전략의 방향을 의미하는 I-1의 경우 푸틴은 0.64로 북극 지역에서 우호적 외교 전략이 높은 수준으로 필요하다고 인식하고 있었다. 그리고 라브로프는 I-1 지수가 0.87로 매우 높은 수준으로 우호적인 외교 인식이 있는 것으로 분석되었다. 가중치를 나타내는 I-2의 경우 푸틴은 0.34이고, 라브로프는 0.38로 나타났음. 따라서 러시아는 우호적인 외교정책을 수립할 가능성이 있는 것으로 보인다. 결국, 두 외교정책결정권자는 북극 지역에서 우호적인 외교정책 수립이 필요하고, 적절한 방향이라고 판단

com/2019/12/chinas-central-role-in-denmarks-arctic-security-policies/ (검색일 : 2022. 10. 02.)

하고 있는 것으로 예상된다.

한편, 두 정책결정자는 모두 북극 지역에 대한 긍정적인 인식이 있는 것으로 보인다. 북극 지역에 세계관을 나타내는 P-1의 경우 푸틴은 0.44, 라브로프는 0.46으로 분석되었다. 즉, 두 외교정책결정권자는 북극 지역에 대한 중간 수준의 긍정적인 인식이 있는 것으로 파악된다. 가중치를 나타내는 P-2의 경우 푸틴은 0.21, 라브로프는 0.24로 낮은 수준이지만, 우호적인 태도에 대해 낙관적인 성향을 보이는 것으로 분석되었다. 결국, 푸틴과 라브로프는 북극에 대한 정치적 신념이 우호적이고, 이와 같은 우호적 태도가 유지될 가능성이 있는 것으로 분석되었다.

북극 지역에 대한 통제의식을 살펴보면, 푸틴이 0.3, 라브로프는 0.33으로 통제의식이 비교적 낮다고 인식하고 있었다. 결국, 러시아는 북극 문제에 있어서 러시아가 주도적인 역할을 하지 못하고, 다른 연안국이 더 많은 영향력을 행사하고 있다고 인식하고 있는 것으로 판단된다.

〈표 2〉 푸틴과 라브로프 운영코드 지수[35]

	I-1 (전략의 방향)	I-2 (전략의 선호)	P-1 (세계관)	P-2 (가치 실현)	P4a (통제 의식)
푸틴	0.64	0.34	0.44	0.21	0.30
라브로프	0.87	0.38	0.46	0.24	0.33

---

35) I-1은 -1~+1로 계산되고 점수가 높을수록 협력성향이 높다. I-2은 -1~+1로 계산되고 점수가 높을수록 실현 가능성이 높다. P-1은 -1~+1로 계산되고 점수가 높을수록 긍정적인 이미지를 가지고 있다. P-2의 경우 -1~+1로 계산되고 점수가 높을수록 실현 가능성에 낙관적이다. p-4는 통제의식으로 해당 문제에 대해 자신의 역할의 정도를 나타낸다. 0~1까지 계산되고 점수가 높을수록 통제 능력이 높다.

푸틴과 라브로프는 북극에 대한 외교 유형은 A유형[36]으로 일반적으로 협력적 성향을 가지고 있고, 상대적으로 낮은 역사적 통제 의식을 가지고 있었다. 특히 보상의 전술을 선호하는 것으로 나타났다. 따라서 두 외교정책결정자는 외교정치 결과가 해결(Settle), 교착(Deadlock), 지배(Dominate), 항복(Submit) 순서로 해결되는 것을 선호하는 특징을 가지고 있다. 즉, 러시아는 북극 지역에서 실질적인 경제·안보의 성과를 얻기 위해 높은 협력적 정책을 수립할 가능성이 높을 것으로 보인다.

심리적 환경에서 나타나는 러시아의 입장을 요약하자면, 러시아 외교정책 결정자들은 북극 지역에서 협력적이고, 우호적인 성향의 외교정책을 선호하는 것으로 분석되었다. 따라서 연안국들과 갈등을 발생시키는 전략을 먼저 수립하는 것이 아니고, 비교적 협력을 지향하는 외교정책 수립을 우선시할 가능성이 있다.

Ⅳ. 결론

연구의 결과를 간략하게 요약하자면 다음과 같다. 러시아의 국내·외 환경 요인들은 북극 정책 수립의 필요성을 높이는 기능을 하는 것을 알 수 있다. 특히, 러시아 국내 상황의 불안정은 새로운 성장동력의 필요성을 높이고, 기후 환경 변화는 북극 지역 개발의 가능성을 높이는 요인으로 작용한다. 또한, 러

---

36) A유형은 일반적으로 유화(Appease) 외교선략의 형태로 갈등은 일시적이고, 인간의 오해와 착오로 발생한다고 판단함. 그리고 공동의 이익을 추구하고, 갈등의 조정기회가 발생했을 때 신속한 대처를 통해 확산을 방지하여 위험을 통제하는 성향임. 또한, 협상과 타협을 통한 해결을 선호하고, 초기에 무력 사용을 회피함.

시아 외교정책결정자 북극 지역에 대한 긍정적인 인식과 이미지는 북극의 유용성을 높이기 때문에 경제성장을 위해 북극의 개발 및 활용의 필요성을 강조한 것으로 보인다.

문제는 러시아를 제외한 북극해 연안국은 러시아와 경제·안보영역에서 디커플링되어 있고, 서구의 가치관을 공유하고 있다는 점이다. 특히 이들은 나토 창립 국가로 크림병합 이후 러시아와 갈등 관계에 놓여 있어서 협력의 저해하는 요인으로 작용했다. 그러나 푸틴과 라브로프 모두 우호적이고, 협력적인 외교정책의 유용성을 더 높게 인식하고 있기 때문에 갈등을 유발하는 정책을 수립하기 보다는 비교적 부드러운 외교정책을 수립한 것으로 보인다. 즉, 북극 지역을 갈등의 공간보다는 평화의 공간으로 창출하고, 북극 지역의 영토보전과 주권은 러시아 국민의 숫자를 유지 혹은 늘리는 방식을 통해 확보하려는 것으로 예상된다.

이와 같은 관점에서 이영형과 박상신이 주장한 것과 마찬가지로 러시아의 북극군사력 증강이 국경보호와 경제안보를 위한 선택이기도 하지만, 북극 지

[그림 7] 러시아 북극정책 결정 과정 모형도

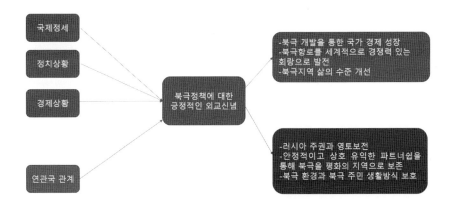

역에서 공존과 협력을 위한 다차원적 안보환경 조성을 위한 선택으로 해석할 수 있다.[37] 즉, 아래 그림 7과 같이 국제정세, 정치상황, 경제상황은 북극협력의 추동하는 환경요인으로 작용하여 북극정책에 대한 호혜로운 외교신념에 투영되어 경제성장, 북극항로 개발, 북극지역 삶의 수준 개선 등의 정책으로 산출되었을 것이다. 한편, 연안국과의 불편한 관계는 북극 지역에서 협력의 부정적인 환경요인으로 작용하지만, 북극정책에 대한 호혜적인 정책결정자 인식으로 인해 자국의 국익을 추구하면서, 연안국과의 마찰을 기피하는 형식의 정책으로 산출된 것으로 판단된다.

---

37) 이영형 · 박상신, op. cit., pp. 19-25.

〈참고문헌〉

1. 국문자료

고상두, "미러 외교관 추방의 정책적 함의와 국제관계 전망", 『제주평화연구원』, JPI PeaceNet, 2018.

김엄지, "해운의 탈 탄소화 : 러 북극지역 LNG 활용과 전망", KMI 북방물류리포트 전문가칼럼, 2021.

김엄지 · 유지원 · 김민수, "점-선-면 전략 기반 러시아 북극개발전략 분석 및 한러협력 방향", 『중소연구』 제45권 3호, 한양대학교 아태지역연구센터/중국문제연구소, 2021.

변현섭, "러시아의 북극 개발 정책과 한-러 북극 협력의 사서점," 『슬라브연구』 제37권 3호, 한국외국어대학교 러시아연구소, 2021.

이영형 · 박상신, "러시아 북극지역의 안보환경과 북극군사력의 성격," 『시베리아 연구』 24권 1호, 배재대학교 한국-시베리아센터, 2020.

이성규, "북극지역 자원 개발 현황 및 전망", 『에너지경제연구원』 수시연구보고서 10-03, 2010.

윤지원, "러시아의 북극 안보정책과 군사기지 구축의 함의," 『국제정치연구』 제23권 4호, 동아시아국제정치학회, 2020.

조영관, "미국의 대러 제재가 러시아 경제에 미친 영향", 『슬라브학보』 35권 3호, 한국슬라브유라시아학회, 2020.

허성우, "김대중 정부의 대북 포용정책 결정에 관한 연구 : 최고 정책결정자의 심리적 요인 중심으로", 『경희대학교 박사논문』, 2008.

현승수, "트럼프 시대 미러관계 전망과 한반도에 대한 함의", 『통일연구원』, Online Series CO 17-04, 2017.

2. 영문자료

Schaller, Benjamin., *Trust and Distrust in Defence&Security Politics*, UiT, 2020.

Goble, Paul., "Siberian Regionalism a Growing Threat to Moscow", *Eurasia Daily Monitor*, Vol. 17, No. 114. (https://jamestown.org/program/siberian-regionalism-a-growing-threat-to-moscow/)

Levine, Nick & Young, Michael., "Leadership Trait Analysis and Threat Assessment with Profiler Plus", *Proceedings of ILC 2014 on 8th International Lisp Conference*,

(2014).

Ghose, Maddy., "Tinderbox: Danish-Russian Relations, 1989-2019", University of San Francisco: Master's Theses, 2020.

Brecher, Michael., "Elite Images and Foreign Policy Choices : Krishna Menon's View of the World," *Pacific Affairs*, Vol. 40, No. 1/2, (1967).

Walker, Stephen G., Schafer, Mark and Young, Michael D., "Profiling the Operational Codes of Political Leaders", in Jerrold M. Post(eds.), *The Psychological Assessment of Political Leaders: With Profiles of Saddam Hussein and Bill Clinton* University of Michigan Press, 2005.

3. 기타자료

"러, 야말 LNG 공장 첫 가동 ⋯ 세계 최대 LNG수출국 노린 사업", https://www.yna.co.kr/view/AKR20171209001200080 (검색일 : 2021.10.29.)

외교부, "노르웨이 개황(2019.05)", 42쪽. https://www.korea.kr/archive/expDocView.do?docId=38516

"러시아의 북극개발과 노동력 감소 대안으로서의 교대 노동 정책", https://www.emerics.org:446/issueDetail.es?brdctsNo=317740&mid=a10200000000&systemcode=04, (검색일 : 2021.10.28.)

"러시아 북극항로 개발 어디까지 왔나?", https://news.kotra.or.kr/user/globalBbs/kotranews/3/globalBbsDataView.do?setIdx=242&dataIdx=190269 (검색일 : 2021.11.01.)

"푸틴 "기후변화 문제, 트럼프 대통령에 협조해야", https://www.voakorea.com/a/3884549.html (검색일 : 2021.11.09.)

"Russia's new Arctic policy document signals continuity rather than change", https://www.sipri.org/commentary/essay/2020/russias-new-arctic-policy-document-signals-continuity-rather-change, (검색일 :2021.10.28.)

"Innsikt: Norway and Russia: a long-standing partnership through a historic lens", https://www.yata.no/innsikt-norway-and-russia-a-long-standing-partnership-through-a-historic-lens/ (검색일 : 2021.11.07.)

"Global Perspectives | Norwegian-Russian Relations", https://www.wilsoncenter.org/event/global-perspectives-norwegian-russian-relations (검색일 : 2022.11.07.)

"Radical warming in Siberia leaves millions on unstable ground", "https://www.

washingtonpost. com/graphics/2019/national/climate-environment/climate-change-siberia/,(검색일 : 2022. 09. 27.)

"Russia threatens to aim nuclear missiles at Denmark ships if it joins NATO shield",
 https://www. reuters. com/article/us-denmark-russia-idUSKBN0MI0ML20150322
 (검색일 : 2021. 11. 08.)

"The Norwegian Government's Arctic Policy", https://www. regjeringen. no/en/
 dokumenter/arctic_policy/id2830120/#tocNode_16 (검색일 : 2022. 10. 01.)

"Statement on Canada's Arctic Foreign Policy", https://www. international. gc. ca/world-
 monde/assets/pdfs/canada_arctic_foreign_policy-eng. pdf (검색일 : 2022. 09. 29.)

"China's Central Role in Denmark's Arctic Security Policies", https://thediplomat.
 com/2019/12/chinas-central-role-in-denmarks-arctic-security-policies/ (검색일 :
 2022. 10. 02.)

러시아 북극의 전략적 발전 지역 : 쎄베로-야쿠스키 중심

양정훈*

Ⅰ. 서론

기후온난화로 북극에서 일어나고 있는 해빙은 오래전부터 국제사회가 예측 준비했던 상황이 현실화 된 것이다. 이러한 해빙은 북극을 "국제 경제 전쟁"의 장으로 만드는 새로운 서막이 열리고 있음을 알 수 있다. 일명 '북극 콜드 러쉬(Arctic Cold Rush)'라 불리 울 수 있다. 미국 '콜드 러쉬'[1] 현상이 '북극 콜드 러쉬 Cold Rush'로 연결되는 듯하다. 하지만 '북극 콜드 러쉬'는 생각과 달리 북극의 생태계를 위협할 수 있다.

오늘날 이상기온에 의해 찾아온 해빙은 극지방의 주요 지형이 드러날 정도로 빙하가 빠르게 퇴빙 현상을 보이고 있다. 다급해진 국제사회는 북극 환경보존이란 명분으로 북극을 둘러싸고 있는 국가들이 모이기 시작했다. 1996년에 북극 이사회(AC: The Arctic Council)를 설립하면서 이들의 주된 목적은 '환경 보호'라고 하지만 또 다른 명분을 찾을 것이다. 북극 개발이다. 기후변화와 지

※ 『한국 시베리아연구』 2021년 제25권 4호에 실린 논문을 수정 및 보완한 글임
 * 수원대학교 외국어학부 교수
1) 19세기 미국에서 금광이 발견된 지역으로 사람들이 몰려든 현상을 콜드 러쉬(Cold Rush) 라고 한다. 1848~49년 캘리포니아 주에서 금이 발견 되었다. 많은 사람들은 금을 채취하기 위해 몰려들기 시작했다. 정착해 살아왔던 삶의 터전을 버리고 금 채취를 위해 캘리포니아 주로 이주해 새롭게 정착해서 새로운 성공 사례를 볼 수 있었던 현상을 말 한다.

구온난화에 의해 북극(Arctic)의 해빙현상은 인류의 생활공간이 북쪽으로 확대되는 주요 요인이 되기도 한다. 하지만 북극은 생태계 변화, 항행 이용, 심해 시추 등으로 야기되는 불확실성이 높은 수준에 직면하고 있는 공간이다. 이에 새로운 환경 조성을 목적으로 다각적인 접근과 연구가 필요시 되고, 더불어 이 지역에 대한 공동연구와 협력이 절실하다. 이유는 북극 지역의 전체적인 균형 발전과 원주민들의 완만한 경제적 생활환경 조성 및 투자가 경제적 효과를 낼 수 있도록 환경을 조성하는 것이 가장 중요한 목적이기 때문이다.

북극과 관련한 기존의 연구 성과들은 대부분 기후변화, 지구온난화, 자원개발, 북극항로(Arctic Route), 물류, 해양경계획정, 과학기술, 자원, 환경 및 생물종 다양성 보존, 지속가능한 개발 등의 분야에 집중되어 있다. 본 연구자 또한 이러한 환경에서 러시아 정부 차원의 북극 개발 정책 지원들이 제시되고 있는 과정에서 '세베로-야쿠스키(Северо-Якуске)' 지역의 개발과 교통, 물류 변화를 중심으로 연구하고자 한다. 이를 위해서는 러시아 북극의 균형 있는 개발을 위해 지역 분석이 먼저 이루어져야 한다. 다시말해 전략적 접근에 의한 지역의 발전이 우선 되어야 하지 그렇지 않은 접근이 전체적인 발전을 이어져 불필요한 여건을 만들 수 있다는 것을 알아야 한다.

최근 들어 러시아는 북극을 경제 성장 동력으로 활용하고 적극적인 북극개발 정책을 추진하고 있다. 특히 대규모 투자계획과 법률 개정 등 정책 실행이 전방위적으로 이뤄지고 있다고 한다. 2021년 5월부터 아이슬란드에 이어 러시아가 2년간 북극 이사회 의장국으로서의 역할을 하게 되면서 더욱 강조 될 것으로 보고 있다. 국제사회의 북극권 쟁점의 상당 부분은 '북극 이사회의 논의 구조에 수렴되고, 북극 이사회가 국제사회의 가장 영향력 있는 북극의 위상이며 오늘날 러시아는 북극 이사회 의장국으로 건재하고 있음을 알아야 한다. 이러한 행보와 더불어 북극 이사회에서 러시아 중심으로 논의 되고 있는 것을 보면 '러시아 연방 북극 지역의 발전에 대한' 국가 안보 및 북극 주요지역 개발이다. 그리고 북극 전 지역에의 사회-경제적 발전의 보완을 목적으로 하는 지역 발전에 중점을 두고 있다.

본 연구와는 분석 수준과 단위에 있어 상당한 차이를 지님에도 불구하고 북극권에 대한 전략적 가치를 다룬 국내의 대표적 연구를 두 방향으로 나누어 볼 수 있다. 첫 번째 연구 방향은 과학분야 중심의 연구로 북극 환경과학 기술과 자원개발, 해양경계획정 등의 연구가 진행되고 있다. 두 번째 연구 분야는 북극의 정치·경제적 잠재력을 비롯해 지정 및 지경학적 관점을 기준으로 국가적 안보적 측면에서 연구가 진행되고 있다. 본 논문은 두 번째 연구 방향 중심으로 접근하고자 한다. 김기순(2011) 북극해의 자원개발과 환경문제. 김정훈(2020) 북극의 역사적 배경과 오늘날 북극 지역 개발에 따른 문제점에 대한 국제적 관심. 라미경(2019) 북극 이사국 및 옵서버 국가들 간의 국제조약 특히 해양법을 중심으로 연구를 하고 있다. 박종관(2018) 변화하는 북극 기후와 더불어 글로벌 차원의 에너지 안보 문제 등 개발에 따른 영향력이나 탐사에 대한 내용 중심으로 연구하고 있다. 서현교(2018) 극지연구소에서 북극연구 활동과 성과를 바탕으로 외교부와 함께 옵서버 가입 준비 등 가장 중요한 행정적 부분부터 통상적인 북극연구에 지속가능성 과제를 가지고 연구하고 있다. 이성우(2011) 북극항로 개설에 따른 해운항만 여건 변화 및 물동량 전망. 이영형, 박상신(2020)의 연구에서는 러시아 북극지역의 안보환경과 북극군사력의 성격에 대해 밝히면서 러시아의 북극개발 및 북극군사력 강화움직임이 더 많은 관심을 두고 있다. 박영민(2019)은 바렌츠해 지역은 러시아와 노르웨이의 배타적 경제수역(EEZ)과 대륙붕 수역이 겹쳐져 있어 지리적 특성상 영유권 분쟁의 실마리를 제공하고 있다, 예병환(2015) 북극의 지경학적 연구영역에서 북극양의 자원경제 북극항로와 북국양 항만을 중심으로 하는 물류경제, 생태관광을 중심으로 하는 환경경제의 영역이 주요 연구 영역이었다. 예병환 배규성(2016) 연구자들은 러시아의 북극전략으로 북극항로와 시베리아 거점항만 개발에 따른 2020 에너지 전략과 교통전략을 중심으로 연구. 그 외 Press. Gail Osherenko & Oran R. Young. 2005. "The Age of the Arctic: Hot Conflicts and Cold Realities," Cambridge University Press. Kathrin Keil. 2010. "The EU in the Arctic 'Game' - The Concert of Arctic Actors and the EU's Newcomer Role," Berlin Graduate School for Transnational Studies. Robbie Andrew. 2014. "Socio-Economic Drivers of Change in the Arctic," AMAP Technical Report, No.9 등이다.

본 연구의 구성은 다음과 같다. 제1장에 이어 제2장에서는 북극 전략 2030에서 항만과 물동량을 중심으로 연구했고, 여기에 현재와 내일 북극 현황과 변화의 방향을 간략하게 진단하고 제3장과 제4장은 본 연구의 중심으로 이루는 부분이다. 제3장에서는 동북극 교통상황을 중심으로 협력 관계를 형성할 수 있는 비연안국의 실태와 정책 방향을 살펴보았다. 제4장에서는 동북극항 화물 수송량에 따른 전략적 접근 가능성을 진단 분석하고 이를 토대로 구체적으로 어떻게 연계 될 수 있는지를 중심으로 설명되고 마지막 제5장 결론에서는 3, 4, 장에서 논의에 얻어진 결과를 토대로 방향성에 대해 논의 하고자 한다.

II. 푸틴정부의 북극 전략 2030

1. 러시아 항만물동량 변화 추이

러시아 정부의 경제적 접근에 의한 공세적 전략 추진의 성과로 북동항로의 물동량은 증가 추세를 가져오고 있고, 항만물동량 증가는 신규 인프라 개발 및 확충의 필요성까지 가져오고 있다. 이에 러시아 정부는 증가하는 항만물동량 처리 및 인프라 개발수요에 적극적인 양상을 보였다. 지난 5년(2015-2019)간 약 5.6%대의 성장세를 보이며, 2015년에 6억 7천만 톤이었던 러시아 전체 항만물동량은 지난해 8억 4천만 톤을 기록했다. 2016년 전년대비 6.7% 성장을 가져왔으며 7억 2천만톤에 달한다. 2019년 러시아 항만의 화물회전량은 전년대비 2.9% 증가한 8억 4천만톤에 달한다.[2] 2015년 6억7천만톤, 2019년 8억4천만톤 성장하며 지난 5년간 약 24%대의 성장세를 보이고 있으나 2019년도만을 보았을 경우 북극항로에 항해 허가를 받은 선박은 799대(외국선박 100대 포함)이며, 이는 전년도와 비슷한 수준이지만, 화물운송량은 약 56% 성장한 3,150만 톤에 달했으며, 이 중 70만 톤이 환적화물로 집계되고 있다. 하지만 2020년 COVID-19으로 인해 마이너스 성장을 가져왔음을 볼 수 있다.

〈표 1〉 러시아 항만물동량 변화 추이

(단위: 백만 톤, %)

	2015	2016	2017	2018	2019	2020	2021
	전년대비	전년대비	전년대비	전년대비	전년대비	전년대비	전년대비
전체항만	676.7 (+5.7%)	721.9 (+6.7%)	786.97 (+9.0%)	816.5 (+3.8%)	840.3 (+2.9%)	611.5 (-2.7%)	- (+2.0%)
수출	539.1 (+7.7%)	567.3 (+5.3%)	606.5 (+6.9%)	623.8 (+3.0%)	654.0 (+4.9%)	480.6 (-1.8%)	-
수입	33.3 (-23.3%)	31.7 (-5.0%)	36.1 (+14.2%)	37.3 (+3.2%)	37.2 (+2.8%)	26.9 (-3.5%)	-
환적	48.2 (+1.2%)	51.0 (+5.8%)	58.2 (+14.0%)	64.0 (+9.8%)	67.2 (+4.5%)	46.2 (-6.5%)	
연안운송	56.1 (+15.6%)	71.9 (+27.4%)	86.0 (+19.5%)	91.4 (+6.2%)	81.8 (-11.9%)	57.8 (-6.1%)	-

출처 : https://www.morport.com; 한은영, 서종원. 2020. 『동북아 북한 교통물류 이슈페이퍼』. 제2020-19
호 (서울: 한국교통연구원, 2020), p.13

---

2) 한은영 · 서종원, 『동북아 북한 교통물류 이슈페이퍼』 제2020-19호, 서울: 한국교통연
구원, 2020, pp.13-14

COVID-19, 저유가 등의 영향으로 물동량 성장세가 크게 둔화될 것으로 예상되었던 2020년 기준 러시아 항만물동량[3]은 전년동기대비 -2.7% 감소한 6억1,150만톤에 달한다고 한다. 해역별 물동량 특성에 있어 러시아 항만 중 건화물 처리량이 가장 많은 항만은 극동해역으로, 1억990만톤에 달했으며, 이는 전년 동기대비 +8.1% 증가한 수치이다. 2021년 1-10월까지 러시아 항구의 화물 매출액[4]은 작년 같은 기간에 비해 +2.0% 증가했다. COVID-19 사태 이후

---

3) ≪Ассоциация морских торговых портов≫(2020. 10. 13.), "Грузооборот морских портов России за 9 месяцев 2020г.", https://www.morport.com/rus/news/gruzooborot-morskih- portov-rossii-za-9-mesyacev-2020-g (검색일: 2020. 10. 22.); 한은영·서종원, 2020,『동북아 북한 교통물류 이슈페이퍼』제2020-19호, p.8

4) 건조화물선 환적량은 석탄 - 1억 7,220만톤(+10.9%), 컨테이너화물 -5,060만톤(+6.3%), 곡물 -35를 포함하여 3억 4,650만톤(+4.0%)에 달했습니다. 60만톤(-11.8%), 철금속 - 2,440만톤(+9.6%), 광물비료 - 1,530만톤(-2.7%), 광석 - 960만톤(-13.2%). 액체화물환수량은 원유 1억9,580만톤(-1.6%), 석유제품 등 3억4,890만톤(+0.1%)에 달하며, 1억 2,270만톤(+3.9%), 액화가스 -2620만톤(-1.8%), 식품차고 330만톤(-14.2%)에 달했다. 수출화물은 5억 5,140만톤(+3.0%), 수입화물 3,320만톤(+10.5%), 대중교통 5,250만톤(+2.1%), 해안화물 5,820만톤(-10.1%)으로 과부하 되었다. 북극 유역의 화물 매출액은 7,870만톤(-1.7%)에 달했으며, 그 중 건조화물 환적량은 2,450만톤(-1.7%), 액체화물-5,420만톤(-1.6%)에 달했다. 무르만스크 항만의 화물 매출액은 4,590만톤(-1.7%), 사베타 -2,290만톤(-0.7%), 바랜디 -390만톤(-8.2%), 아르헨젤스크-270만톤(+0.7%)에 달했다. 발트 해 분지의 항구의 화물 회전율은 2,082만 톤(+3.8%)에 달했으며, 그 중 건식 화물 환적량은 9,810만 톤(+6.8%), 액체 화물 -1억 1,010만톤(+1.3%)에 달했다. 우스트루가 항구의 화물 매출액은 8,940만톤(+5.1%), 상트페테르부르크 의 빅 포트 - 5,180만톤(+4.9%), 프리모르스크 - 4,320만톤(+3.4%), 비소츠크 -1,420만톤(-5.4%)에 달했다. 아조프-흑해 분지 의 항구의 화물 회전율은 2억 1,390만 톤(+2.7%)에 달했으며, 그 중 건조화물 환적량은 9,540만톤(+4.7%), 액체화물 -1억 1,850만톤(+1.1%)에 달했다. 타만 항만의 화물 매출액은 2,940만톤(1.7배 증가), 투압세-2,170만톤(-1.1%), 코카서스 -1,470만톤(-21.7%), 로스토프온돈-1,330만톤(-9.9%)에 달했다. 노보로시스크 항구의 화물 매출액은 같은 수준에 머물렀으며 1억 1,750만 톤에 달했습니다. 카스피 분지 의 항구의 화물 회전율은 600 만 톤 (-13.1%)에 달했으며, 그 중 건조화물 환적량은 210 만 톤 (-28.2 %), 액체화물 - 390 만 톤 (-1.8 %)에 달했습니다. 마하흐칼라 항구의 화물 환적량은 370만톤(-12.1%), 아스트라칸은 190만톤(-6.5%)으로

북극항로 물동량 변화추이는 비춰 보았을 때 2025년도에 7천5백만 톤, 2030에는 1억4백만 톤 정도 성장할 것으로 보고, 북극항만 물동량에 있어서는 지난 5년간의 기준으로 보았을 때 2030년에는 6천7백만 톤 정도의 성장이 이어질 것으로 추정하고 있다.

<표 2> 북극항로 및 항만 예상 물동량

(단위: 백만 톤)

	북극항로 물동량			북극항만 물동량	
	2020	2025	2030	2020	2030
석유	19.7	31.7	36.7	5.9	6.2
LNG	16.5	19.1	32.7	28	51.4
금속 철광석	1.0	1.0	1.0	0.5	0.5
석탄	8.0	20.0	30.0	1.8	5.4
기타	2.5	3.2	4	2.5	4
총합계	47.7	75	104.4	38.7	67.5

출처 : WWF, Prospects and opportunities for using LNG for bunkering in the arctic regions of russia, 2017; KMI 동향분석. 한러 북극협력 2.0' 시대를 여는 신북극전략 수립 필요. 통권 제175호 (한국해양수산개발원, 2021년 2월), p.5

감소했다. 극동 유역의 항구의 화물 매출액은 1억 8,860만톤(+1.4%)에 달했으며, 그 중 건조화물 환적량은 1억 2,640만톤(+3.3%), 액체화물 6,220만톤(-2.2%)에 달했다. 보스토치니 항구의 화물 매출액은 6,430만톤(-0.9%), 바니노 - 3,040만톤(+8.1%), 블라디보스토크 - 2,470만톤(+22)에 달했다. 5%), 나코드카 - 2,260만톤(+2.1%), 프리고로드노예 - 1,170만톤(-12.1%), 샤흐티오르스크 - 970만톤(-4.5%). 2021년 1-10월까지 197만 여객선(+40.6%)이 항구에서 제공되었고, 항구에서 발송된 승객 수는 8억9061만 명으로 2841만 명으로 해양여객터미널에서 9195.5,000명이 제공되었다. 환승 승객의 서비스는 530,000명에 달했다. 상업용 해항협회. 2021년 10개월 동안 러시아 항구의 화물 매출액 2021.11.12. 자료. https://www.morport.com/rus/news/gruzooborot-morskih-portov-rossii-za -10-mesyacev-2021-g

2. 2030 러시아 해운 항만 전략

북극개발 전략 2020은 북극지역에 대한 국가적 이해와 영토주권 보호를 위해 마련되었으며, 러시아 북극지역의 안정적인 사회-경제 개발을 위한 전략이었다. 북극해 항로 또한 러시아 북서쪽의 카라 해협에서 동쪽의 추코트카지역까지 이어지는 총 5600km가량의 항로이다.[5] 러시아 극동개발부에 따르면 북극항로 노선이 환성되면 유럽에서 아시아까지의 해상운송 물류비가 약

〈지도 1〉 북극해 항로 발전 노선도

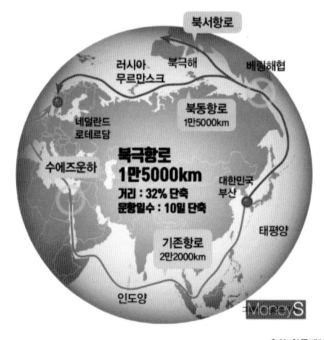

출처: 한국해양수산개발원

---

5) "한러 북극협력 2.0 시대를 여는 신북극전략 수립 필요,"『KMI 동향분석』통권 제175호 (한국해양수산개발원, 2021년 2월), p. 4

30% 절감 될 것이며, 북극항로가 수에즈 운화를 대체할 수 있을 것이다.

현재 수에즈 운하를 통해 러시아 서쪽에서 아시아 지역에 가스를 공급하는 데 걸리는 기간은 최대 45일이다. 북극항로 활용시 일본까지는 18일, 중국까지는 20일이 소요돼 2배 이상 운송기간이 줄어들 예정이라 2030년 이후 국제사회의 여러 기업들은 북극항로 이용을 기대하고 있다고 한다.

2030 러시아 해운항만 인프라 개발전략(이하 '2030 항만전략)은 2012년 9월에 러시아 국영항만 공사 로스모트(Rosmorport)에 의해 입안된 문서로 항만 개발 프로젝트 및 확장 예측 등의 내용을 포함하고 있다. 러시아 항만 인프라 개발을 통해 2020년 및 2030년까지 항만의 처리가능용량 증대 등을 목표로 추진 될 것으로 본다[6].

푸틴 대통령이 '해양 독트린'을 발표한 이후 이곳에서의 북극 운송량이 서서히 증가해 2018년에는 그 규모가 2,000만 톤으로 급증했다. 2019년에는 3,100만 톤에 이르렀다. 러시아 푸틴 대통령은 북극지방의 '전략적 자원 보고'를 소개하면서, 극지방 권역을 넘어선 재정투자를 장려하는 새로운 법까지 제안했다. 향후 목표는 2035년까지 2,160억 유로 이상, 2025년에는 운송량 8,000만 톤, 10년 후에는 그 2배를 달성하겠다는 제안이다. 이유는 북극항로가 겨울에 바다가 어는 관계로 2019년까지는 7월부터 11월까지 5개월만 운항이 가능하였으나 2020년에는 운행기간이 늘어나 5월부터 다음해 1월까지 7개월간 운항이 가능해지면서 새로운 환경이 조성되어 달성하고자 하는 목표가 늘어날 수밖에 없다는 것이다.[7]

---

6) Глав палуба(2020. 03. 25.), "Принято решение об объединении портов Ванино и Советская Гавань", https://glavpaluba.ru/ports/1292-prinyato-reshenie-ob-obedinenii-portov-vanino-i-sovetska yagavan (검색일: 2020. 10. 07.)

7) SIPRI(2020. 04. 06.), "Russia's new Arctic policy document signals continuity rather

러시아 연방 부총리 A. Belusov도 북극해 항로개발에 2030년까지 투자가 이루어 질 것이라고 밝혔다. 2024 종합계획은 현대화 및 확장을 위한 종합계획의 일환으로 2018년 9월에 승인 이후 해운·항만뿐만 아니라 철도, 도로, 항공 등 관련된 인프라 확장을 통해 러시아 영토의 연결 수준을 높이는 것을 목표로 하고 있다. 항만처리용량 증대 역시 큰 과제로 무르만스크 수송허브 종합개발계획(석탄터미널 '라브나' 건설 등), 보스토치니-나호트카(Восточини-Находка) 수송허브 개발, 무치카 만의 환적특화단지 운영 등의 항만인프라 시설 확충 핵심 프로젝트를 추진 및 계획 중임을 알 수 있다. 종합적으로 본 계획에서는 극동항만, 북서항만, 볼가-카스피해 항만 등을 포함한 러시아 항만처리능력을 향후 증대시킬 계획도 가지고 있다고 했다.[8]

<표 3> 2024년 러시아 항만 개발 활용 예산

(단위: 백만 루블)

러시아 항만 관련							
구분	2019	2020	2021	2022	2023	2024	'19-24
연방예산	34,916	37,282	66,234	36,387	36,778	25,685	236,285
연방예산 외	103,053	179,067	172,291	129,728	67,092	39,541	690,775
총액	137,969	216,349	238,525	166,115	103,870	65,226	927,060

출처 : 「Комплексный план модернизации и расширения магистральной инфраструктуры на период до 2024」, pp.24-26; http://static.government.ru/ media/files/ MUNhgWFddP 3UfF9RJASDW9VxP8zwcB4Y.pdf

---

than change," https://www.sipri.org/commentary/essay/2020/russias-new-arctic-policy-docu mentsignals-continuity-rather-change; 한은영·서종원, 2020, 『동북아 북한 교통물류 이슈페이퍼』 제2020-19호, p.5

8) ibid., p.4

〈표 4〉 2024년 러시아 북극항로 개발 활용 예산

(단위: 백만 루블)

구분	2019	2020	2021	2022	2023	2024	'19-24
북극항로 관련							
연방예산	34,916	37,282	66,234	36,387	36,778	25,685	236,285
연방예산 외	103,053	179,067	172,291	129,728	67,092	39,541	690,775
총액	137,969	216,349	238,525	166,115	103,870	65,226	927,060

출처 : 「Комплексный план модернизации и расширения магистральной инфраструкт
уры на период до 2024」, pp.24-26; http://static.government.ru/ media/files/ MUNhgWFddP
3UfF9RJASDW9VxP8zwcB4Y.pdf

러시아 연방은 2030년까지 경쟁력 있는 북극해양로 발전을 위해 적극적인 인프라 건설 계획에 들어갔다. 북극개발 산업은 여러 가지 배합에 의한 형태를 원칙으로 진행 될 것이다. 새로운 산업은 북극 지역을 기반으로 지리-전략적 접근에 의한 발전을 규정하고 있다. 현재 논의된 프로젝트는 러시아 연방법 '러시아 연방 북극 지역의 발전에 대한'에서 국가의 안보 및 북극 주요지역 개발 그리고 북극 전 지역에 따른 사회-경제적 발전의 보완을 목적으로 하는 지역 발전 이해를 제시하였다. 북극 지역 자원[9]개발 및 수송을 위한 대규모 인프라 건설사업의 대상지역은 탄화수소 주요 매장지역인 바렌츠해, 페조라해, 카라해, 야말 반도 및 Gydan 반도 등이다.

최근 러시아는 지방균형정책의 일환으로 북극 지역도 ADT(선도개발구역)[10]로 지정해 개발을 본격화했다. 북서구 연방구의 북극 해안에서 가장 발

---

9) 미국지질조사국(Unlied States Geological Survey, USGS) 자료에 의하면 전세계 북극해 탐사자원량 4,120억boe 중에서 러시아 북극해 탐사자원량은 2,400boe이라고 한다.

10) 러시아 선도개발구역(ADT) 추진 현황; 러시아 연방정부가 지방균형발전 대상으로 지정하는 곳은 대부분 동부 시베리아와 극동, 북극 지역으로 약 40개 지역 단위 및

달된 도시인 무르만스크를 "북극 수도(Arctic Capital City)"라는 ADT로 지정 (2019년 12월)했다. 북극 ADT 지정으로 1200억 루블(약 19억 달러) 투자유 치와 1만 5000개의 일자리 창출로 경제효과를 볼 것이라고 한다. 특히 북극 ADT의 배경에는 러시아 최대 글로벌 기업 Novatek이 가스 개발 생산과 조선 업 프로젝트로 지원하고 있기 때문에 이러한 러시아 정부의 자신감 있는 추진 이 가능한 것으로 보고 있다.

한편 지방균형정책의 가장 좋은 사례로 부각된 극동 사례가 ADT 추진에 있어 외국인 투자가 양호하지 못했던 점을 반면교사 삼아야 한다. 2018년까 지 극동은 ADT와 '동방경제포럼'이라는 국제적 이벤트를 통해 큰 주목을 받았 고 330개의 외국인 투자 가능 프로젝트들이 제시됐다. 그러나 실질적으로 추 진된 프로젝트 수는 66건에 불과하다. 외국인들이 쉽게 접근하기 힘든 부분은 1) 러시아 정부 지원사업 인프라 부족, 2) 지방 정부의 외국인 투자유치를 위 한 법적 환경 개선 속도 다소 미흡, 3) 중국의 대단위 투자 진출에 따른 상대적 인 빈곤감, 4) 국제적인 마인드 또는 실력을 갖춘 현지 인재 고용의 어려움, 5) 원활한 물류운송을 위한 도로 인프라 부족 등이다. 이러한 외국인 투자 유치 한계가 북극 ADT 추진으로 산업 다변화, 지역 다변화, 기후 및 환경 이슈 반

7300만 인구가 분포된 곳이다. 지하자원이 집중 매장된 지역들을 포함하고 있는데 2000년대 이후부터 인구와 도시 수가 줄고 있는 곳이다. 교통인프라로 범지역 고속 도로 회랑, 고속철도, 산업 특화 및 특별경제지구 구축, 거주 환경 개선 등으로 목표 를 세워 '러시아 연방 지적 공간 발전 전략 2025'를 전개하고 있다. 러시아 연방정부가 추진 중인 ADT는 총 110개 구역으로 극동 지역에 포함된 구역은 22개이고 지역 크기 상 ADT 분포도가 가장 높다. 극동이 가장 높은 ADT 분포도를 보유하고 있는 이유는 극동의 지정학적 위치 때문이며, 한중일이라는 3대 동북아 강국들과 인접해 있기 때 문이다. 극동 외 볼가 연방구에 30개, 중앙 연방구에 16개, 시베리아 연방구에 14개, 우랄 연방구에 11개, 북서 연방구에 10개, 남부 연방구에 4개, 북 코카서스 연방구에 3개 구역이 지정돼 있다.

영 등이 포함돼 극복될지는 세간의 주목을 받고 있는 상황이다. 러시아 비즈니스 행정 연구소의 Dmitry Katalevsky 교수도 ADT와 SEZ는 지방 경제 발전에 매우 중요한 역할을 수행하고 있으나 외국인 투자가 부진한 주요인을 지방 기업들을 통한 소비시장 형성 미흡과 지방 공공기관과의 파트너십 채널 부족으로 보고 있다.

<그래프 1> 북극해 항로 통한 화물 운송 계획

단위: 만 톤

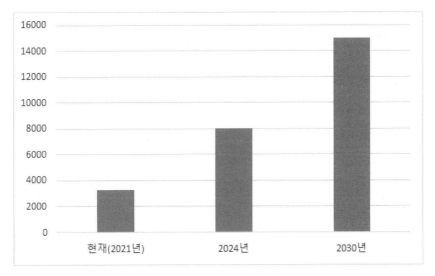

출처: Vedomosti; 황연수. 러시아 북극항로 개발 어디까지 왔나?
Kotra 해외시장 뉴스. 2021.09.06.자

이에 따라 북극해 항로 개발 프로젝트에 Rosatom(러시아 원자력공사)가 총 1조 루블(약 15조9000억원) 이상의 투자액이 투입될 예정이라고 밝혔다. 2030년까지 7160억 루블이 투입될 것이며, 이 중 4000억 루블 이상이 2021-2024년에 쓰일 예정이다. Rosatom(러시아 원자력공사)가 약 2500억-2600억 루블을 투자할 예정이며, 1300억-1400억 루블을 국고 및 국부재단에서 조달할 것이라고 러시아 연방 부총리 A. Belusov가 밝혔다. 이러한 항로는 3단계에 걸쳐 개발 될 것으로 본다. 1단계 2024년 화물 운송량을 2020년 3300만톤에서 8000만톤까지 증량, 2단계 2030년 연중 운항하는 북극 항로를 개통해 운송량을 환적 3000만톤 포함 총 1억5000만톤 으로 확대 3단계 2035년까지 국제적인 해상 화물 환적지로 조성하는 것이다.[11]

현재 전문가들은 경로 개발에 필요한 투자 금액을 150억 달러로 예상한다. 러시아 정부도 2030년까지 화물 운송량을 연간1억5000만 톤 달성 목표를 고려하면 2030년 연간 총 화물가치는 55억 달러, 수익은 연간 약 9억 달러가 될 것으로 예상하고 있다. 즉 프로젝트는 단기간에 투자금액을 회수하지는 못하지만 이를 통한 새로운 일자리 창출이 항로 관련 지역들의 경제 성장의 형태로 반환 될 예정이라고 전망하고 있다.

변화하는 북극 환경 속에 한국도 북극 비연안국으로서 2013년도 5월 AC 옵서버(permanent observer)의 지위를 획득하였다. 그러나 옵서버 국가가 지닌 권한으로는 의제 설정과 의사 결정에 주도적 역할을 수행하는 것에는 한계가 있다. 그래도 옵서버 역할을 하게 된 한국으로서는 러시아 극동 시베리아와 한반도와의 경제협력이라는 다면적 협력체계의 구축 강화를 더 절실히 필요함을 느낀다. 이를 대비 하듯 한국도 차세대 쇄빙연구선 건조사업 예비타당성 조사 심의 · 의결이 '21년 6월부터 시작 되었다. '22년부터 총 2천 774억을 투입하고, '27년부터는 새로운 쇄빙선이 운항 될 계획이다. 이를 통해 한반도 경제권과 유라시아 경제권의 협력 및 남 · 북 · 러 삼각협력을 이끌어 내보고자 함도 있다. 이는 더불어 북극항로 및 항공로 개항에 따른 물류환경 변화의 대

---

11) 황연수, 러시아 북극항로 개발 어디까지 왔나? Kotra 해외시장 뉴스, 2021년 9월 6일자.

비와 한반도 교통망 연결을 준비하여 러시아 북극권 및 시베리아 자원을 내륙을 통한 물류수송 연결망으로 구축하자는 것이다.

Ⅲ. 동북극 교통 상황

러시아 북극과 북쪽 지역의 발전을 위해서는 교통-생산적 골조의 건설과 위도-경도 경제 조직 기반 하의 지역 개발이 필수적 이다. 〈위도 상〉 지역 설정은 불편한 북쪽들의 지역 하에 (북극, 완전히 안정되지 않은, 냉대 기후, 극한적으로 불편한, 북쪽의 극 지역, 상대적으로 불편한) 이루어진다. 〈경도 상〉 조직은 북극 지역에 동쪽 부분의 공간 구조에서 교통 골격은 트란스-시비리스키와 레나 강으로부터 바이칼-아무르스키의 철도에 횡단의 형태로서 경도 상은 커다란 북쪽 강과 해로가 결합 되어 있는데, 북쪽 강들인 아나바르(Анабар), 오레뇩(Оренек), 야나(Яна), 인디기르카(Индигирка), 콜리마(Колыма)들과 연결 되어 있다. 더구나 극한 기후로 인해 지역에서의 생활에는 매우 높은 비용이 들 수밖에 없고 이를 보완하지 않으면 안된다는 것이다. 불완전한 도로-교통 인프라, 온상-분산에 따르는 인구 분포의 특성들과 같은 러시아 북극 공간의 특수한 환경들은 인프라 및 주된 인구 분포적 공간에 있어서의 발전에 따르는 원천들에 전념하는 목적들이 이 지역의 주된 것이 될 것이다.

이러한 발전과 연결하여 러시아 연방 정부는 북극의 전 지역에서 8개의 주요 발전 지역을 나누었고 그 중에서도 "쎄베로-야쿠스키" 발전에 관심이 더욱 증폭되고 있다. "쎄베로-야쿠스키" 지역에서의 경제 활동에는 일정한 혜택에 의한 발전은 가져오지만 일방적인 특혜를 주는 지엽적 의미로서의 지역이 아니다. 예초에는 "쎄베로-야쿠스키" 발전을 위한 방법으로 몇몇 사업체를 선정해 개발을 진행하고자 하였으나 이는 북극 개발이라는 초심의 원칙에 벗어나는 것이라 북극 전체를 균형 있게 바라보고 접근해서 개발이 진행되어야 한다는 것이다. 이와 같은 "쎄베로-야쿠스키"의 지역 형성 요인으로는 교통로의 결합이다. 이 지역에 연결되는 사하(야쿠티야) 공화국(Республика Саха Якутия)의 북극과 북쪽 지역들은 아나바르스키(анабарский), 쁘리렌스키(Приленский), 우스 얀 스키(Уш-Янский), 이니디기로스키(Инидигироски)와 꼴림스키(Колёвский) 그룹이며 그리고 센트랄나야 야쿠티야(Центральная Якутия)의 교통 교차점은 거대한 북쪽 강

〈지도 2〉 쎄베로-야쿠스키(Северо-Якуске)의 교통 항로

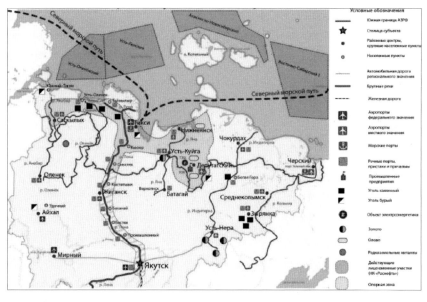

출처 : Республики Саха. 2016. "Постановление Правительства Республики Саха(Якути я) № 455.(26.12.2016г); ≪О проекте Стратегии социально-экономического развит ия Республики Саха (Якутия) на период до 2030 года с определением целевого видения до 2050 года≫.

들 삼각주들이 위치하고 있는데 - 레나(Лена), 콜리마(Колима), 인디기르카(Индигирка), 야나(Яна) 그리고 북 해양 로와 연결된 것들, 해양 항만 "틱시(Тикси)"이다. 분지한 강들의 망은 이 지역에 항해, 어업, 수력발전의 발달을 가지고 오는 역할을 하며 또한 독특한 생물 권들에 따르는 기반적 동·식물 보호지역이다.[12]

"쎄베로-야쿠트스키"은 2030년에서 2050년까지에 기반적 방향은 사하(야쿠티야) 공화국의 사회-경제적 발전으로 전략 프로젝트들 중에서 하나의 주요한 것이다. 이 지역에 주요 구조의 배분 및 강화, 항로 발전, 자동차 도로 건설, 지속적인 철도 건설과 함께 새로운 교통로의 발생은 북극 지역에 거대한 양의 천연 유용 광물 매장 전의 채굴을 용의하게 한다. "쎄베로-야쿠스키" 공간은 북극해양로부터 이루어진, 내부의 수로, 항로와 자동차 도로와 같은 교통 인프라 이다. 이러한 인프라의 모든 요소들은 교통에 있어서 경제생활을 보완하는 화물 및 북극에서 채굴되는 유용 광물이 포함되며, "쎄베로-야쿠스키"의 기능을 수행하는 역할을 한다. 이는 북극의 완고한 사회-경제적 발전과 러시아 연방 국가 안보에 보완, 북 해양 로 동쪽 지역의 운영, 러시아 연방 북극 지역의 학술적 탐사 등이다.

"쎄베로-야쿠스키" 개발에 따른 지역들 간의 관계 및 협력이 긍정적인 영향으로 미칠 것으로 본다(북-동쪽에 크라스노야르스키 지역, 북-서쪽에 추코트스키 자치 지역, 동쪽에 마가단스키 주). "쎄베로-야쿠스키"의 기반시설 프로젝트는 현대화와 렌스키 수역에서 내부적 수상 화물 수송의 보완을 위한 선박

---

12) Российской Федерации(Якутск). 2016. "Концепция формирования Северо-Якутской опорной зоны социально-экономического развития Арктической зоны Российской Федерации," Якутск: Правительство РС(Я), 2016. с. 54

건조가 가장 중요한 산업으로 주목 받고 있다. 좌타이스키 지역 선박 수리-선박 건조 공장과 조선소의 선박 건설에서의 높은 기술력을 염두에 둘 수 있다. 예상되는 것은 40억 루블에 이르는 연방 예산 집행이다. 즉 좌타이스키 조선소의 건설 사업의 투자이다. 이를 통해 2019년 첫 번째 선박의 생산과 2022년 프로젝트 총 생산량에 이르게 되어 강을 주로 운영하는 매년 10척의 선박이 건설될 것으로 예상된다.

<지도 3> 북극권 종단 신루트

출처 : PhD 'Russian participation in operation and development of intermodal transport and logistics systems of the North-East Asia' Consultant for the Development programs Department, (Alexander S. OLEYNIKOV); 러시아 교통부 소속, UNESCAP 전문가 회의(2013) 발표자료를 토대로 작성하였음. 김석환. 나희승. 박영민. 2014. 『한국의 북극 거버넌스 구축 및 참여 전략』 대외경제정책연구원 전략지역심층연구 14-11. p.145

러시아 경제발전부[13], 러시아 산업상공부, 그리고 그 밖의 관심을 가지고 있는 기관들은 북극에 대한 필수적 화물에 대한 지속적 공급에 대한 보완, 투자 사업에 대한 실현, 러시아 안전부와 보안부들의 기반 지점에 있어서 기반 환경으로 높은 기술력의 좌타이스키 조선소를 구축하는 것에 대해서 모두 한 목소리를 냈으며, 그 밖의 선택은 없다는 결론을 내렸다.

해양 항만 '틱시' 즉 북극 해양로 동쪽 부분의 주요 목적 지점으로 선박들이 정박할 수 있고 그 밖의 핵 기관을 갖춘 선박들이 정박할 수 있는 곳으로 러시아의 해양 항만 목록에 들어가 있다. 그리고 이 항구는 러시아 연방의 군 해양 함대의 선박과 배들이 기반으로 하는 항구 이다. 또한 이 항구는 10m 이상의 깊이를 가져 선박의 안전을 보완하는 등의 항구 설비를 재구축 하는데 약 20억 루블의 연방 예산의 투자가 요구되고 이후 화물 순환 양은 매년 30만 톤으로 증가 할 것이다.

또한 언급하고자 하는 것은, 이 '틱시' 지역은 그 지리적 위치에 의해 북극에 견고한 발전과 기후 변화의 관측을 수행함에 있어서 유용한 위치를 차지하고 있다. 매년 '틱시' 지역에서만 15곳 이상의 러시아 및 국제적 단체의 탐사가 이루어지고 있다. 사하(야쿠티야) 공화국 정부와 사하 공화국 학술원은 야쿠티야 학술 센터 CO PAH과 함께 '틱시' 지역에 러시아 북극 동쪽 지역의 자연 환경에 대한 종합적 학습을 위한 연방 북극 학술 센터를 설립하는 것을 주장하였다.

벨카키트-톰모트-야쿠스크(Беркакит-Томмот-Якутск)을 연결하는 철도 도입, 레나 강을 횡단하여 야쿠스크 시에 이르는 다리 건설과 '틱시' 해양 항구 재 설비는 아-태지역으로 부터 대륙의 유럽 부분에 화물을 수송함에 따르는 비용과 수송 기간을 줄일 수 있는 아시아로부터 유럽에 이르는 교통로를 구축

---

13) Российской Федерации. "Концепция пространственного развития Российской Федерации на период до 2030года" (проект).

하는 것을 전제로 하는, 도시 '야쿠스크'는 항공로와 함께 자동차 도로들의 통합의 거대한 현대적이고 통합적인 교통 분기점을 형성하는 기능을 하게 된다.

IV. 동북극항 화물 수송량

학술원은 연방 극동 주에 중국-야쿠스크-틱시-북극해양로-유럽에 이르는 새로운 교통로의 건설에 따른 사전 타당성 조사를 수행하였다. 타당성 조사의 결과에 따르면 2030년에 주요 지역 "쎄베로-야쿠스키"에 화물 수송량은 9십9만5천6백 톤(2016년에 3배)에 이를 것으로 보고 있다. 2021년-2025년에는 보다 활력 있는 성장을 갖게 되는데 이는 프로젝트들이 종합적 상호관계를 갖게 되는 결과로 예상된다.

"세베로-야쿠스키" 지역 개발에 따른 필수적 투자 지출은 16억 미국 달러로 예상된다. 투자 환경을 보면 3-4억 달러가 격납고를 현대적 강-해양 쇄빙선 급으로 바꾸는데 50-70억 루블(천만 달러)가 준설 작업 100-150억 루블(2억1십3백만 달러)가 야쿠츠크 시 및 니쥐니이 베스쨔흐(Нижний Бешях,) 마을에 현대적 실행 계획 센터를 만드는데 500-600억 루블(8억5천2백만 달러)가 "틱시" 항구를 현대화 하는데 있어 투자가 요구되는 것이다.[14] 이 프로젝트 투자의 원천 중에 니쥐니이 베스쨔흐 마을에서 콘테이너를 부리는 터미널에서 항구의 특별 경제 구역 설치에 메커니즘의 이용과 함께하는 외국인 투자자들의 투자환경을 살펴 볼 수 있다.

---

14) Концепция пространственного развития Российской Федерации на период до 2030 года (проект). http://government.ru/news/25686/.

<표 5> "세베로-야쿠스키" 지역에 화물 수송량 및 화물 순환량

	2016	2017	2018	2019	2020	2025	2030
반출	0.20	0.30	0.30	1.40	7.50	156.30	290.60
화물 순환, 백만 톤-km	0.85	1.28	1.28	6.07	32.80	212.38	386.86
주석 채굴에 따른 생산, 천 톤	0.00	0.00	0.00	0.90	7.00	7.00	7.00
성장, %					800.00	100.00	100.00
톰토르, 쩬트랄나야, 니쥐나야 매장전 채굴, 천 톤	0.00	0.00	0.00	0.00	0.00	144.30	278.60
성장, %	-	-	-	-	-	-	193.10
우스츠얀스키 지역 매장전 금 채굴, 천 톤	0.20	0.30	0.30	0.50	0.50	5.00	5.00
성장, %	-	156.30	120.00	166.70	100.00	1000.00	100.00
반입	322.10	329.00	344.20	343.50	406.60	682.90	705.00
화물 순환, 백만 톤-km	938.19	965.45	981.30	1016.49	1278.55	1666.03	1728.12
주석 채굴 및 생산	0.00	3.20	3.60	4.80	10.30	122.90	155.80
성장, %	-	-	111.30	133.20	216.80	1093.40	102.50
톰토르, 쩬트랄나야, 니쥐나야 매장전 채굴, 천 톤	0.00	0.00	0.00	0.00	0.70	12.00	16.00
성장, %	-	-	-	-	-	1714.30	133.30
우스츠얀스키 지역에서 금 채굴	2.60	3.30	5.10	10.20	63.90	211.80	211.80
성장, %	-	128.30	155.00	199.10	625.00	331.30	100.00
다이아몬드 사광 채굴	51.40	51.70	52.00	52.30	52.60	52.90	53.20
성장, %	-	100.60	100.60	100.60	100.60	100.60	100.60
북쪽 반입	268.10	270.80	273.50	276.20	279.00	293.20	308.20
성장, %	-	101.00	101.00	101.00	101.00	105.10	105.10
총 화물량, 천 톤	322.20	329.30	334.50	344.90	414.10	839.20	995.60
성장, %	-	102.20	101.60	103.10	120.10	202.70	118.60
화물 순환, 백만 톤-km	939.04	964.73	982.58	1022.56	1311.36	1878.41	2114.98
성장, %	-	102.74	101.85	104.07	128.24	143.24	112.59

출처 : Республики Саха(Якутия). "Анабарский, Оленекский, Булунский, Жиганский, Алл аиховский, Абыйский, Момский, Усть-Янский, Верхоянский, Эвено-Бытантайский, Нижнеколымский, Среднеколымский, Верхнеколымский".

출쁘느아(Чуппеной), 데뿌타트스키(Депутатский), 티레흐탸흐(Тырехтах) 매장 전을 지나가는 것과 주석 사암, 텅스텐 중석 광석, 인듐 채굴이 성행하였다. 매년 5-6톤에 이르는 금 채굴에 '큐추스(Кучус)' 금광석 매장 전에 채굴 이외의 프로젝트들이 관심을 끌었던 약 1천만톤 이상의 석유와 160억m3 이상의 가스 매장량을 가지고 있는 쟈빠드노-아나바르스키(Запад-Анабарский) 지역의 채굴이 있다. 채굴 허가권이 있는 아니신스코-노보시빌스키(Анисинско-Нововильский), 우스-오렌 스키(Уш-Ореншкский), 우스-렌스키(Уш-Ленский) 지역의 석유 채굴은 1억5천만 톤 이상의 자원 광물과 함께 희귀 금속들의 톰토르스키(Томторский) 매장전의 채굴이며, 사하(야쿠티야) 공화국, 마가단스키 주(Магаданская область), 추코트스키(Чукуддинский) 자치 지역의 석탄 소비에 따른 공급의 보완을 위한 나데쥐딘스키(Надезинский) 지역에서 작업이 진행되곤 했다.

다른 산업에 있어서 증대 효과를 볼 수 있는 것은 야쿠티 북극 지역들의 광산 산업의 발전으로서 여기서 1500여개 이상의 새로운 일자리의 생산 및 수반하고 따르는 산업에 따라 3000여개 이상의 일자리가 생산될 것으로 추정된다. 러시아는 주석 수출입에 있어서의 자립 및 드물고 희귀한 철물들에 대한 수출 잠재력을 높일 것이다. 그리고 지방 예산과 자신들의 수입이 늘어남에 따라 북극권의 인구 또한 늘어날 수 있는 계기가 되는 것이다. 경제적 여건이 활성화됨으로써 이곳에서 원하는 생활수준을 갖추게 되는 것이다. 더 나아가 이곳에 대한 관광 수요의 증가를 이룰 수 있다.

V. 결론

북극이사회 8개국과 옵서버 12개국 등 많은 나라들이 유엔의 깃발을 앞세운 채 극지방으로 향한 행보를 지속하고 있는 중이다. 그 동안 북극에 대해서는 지정학적 관점을 위주로 중요성을 인정받았던 북극권의 거대 공간이 질적으로도 새로운 지위를 확보해 국제사회의 집중적인 관심을 받는 가장 핫한 지역으로 변모하고 있다. 그 중요성에 있어서는 천연자원, 북극항로, 부동항, 원주민들 삶의 터전 보존 등에 관련된 기여 등에 힘입어 세계 경제 부분에서 크게 부각되고 있는 것이다.

2013년도에 북극이사회에서는 선박이나 항공기의 조난 구조 및 연구에 관한 합의도 도출했다. 2019년 3월 15일부터는 최소 16년 간 북극해의 공해에서 모든 상업적 조업 행위를 금지하는 국제조약도 체결되었다. 이유는 환경보존의 차원이다. 다시말해 생태계에 미치는 막대한 영향만 보더라도 중립 지대 설정이 불가피하다는 것이다. 극지방개발계획과 환경보존에는 수많은 실무적 어려움이 존재하기에 환경보존과 생태계 존속을 위한 중립 지대 설정이 불가피 한데 어떠한 방법으로 해결해 나가야 하나가 큰 숙제로 남아 있다. 그럼도 불구하고 아직까지 중립 지대 설정에 대한 논의조차 진행되지 않고 있고, 2019년 5월 핀란드에서 개최된 북극이사회에서도 이 문제를 다루지 않았다고 한다. 이 논문에서 가장 중요한 포인트는 북극 보존과 개발을 위한 상충된 문제를 어떻게 해결해야 나가야 할 것인가이다. 결론부터 말하면 여러 가지 해결 방안 중 첫 번째로 진행 되어야 할 것은 북극권에서 중립지대를 설정하는 것이다. 이를 위해 8개국 북극 이사회의 합의가 필요하고, 특히 북극이사회 의장국인 러시아가 이 지역 보존과 개발을 위해 일정부분 양보와 양해(경계선)가 우선이 되어야 해결책이 나올 것으로 보인다. 그 외에도 극지방에 대한 개발계획에는 수많은 실무적 어려움이 존재한다. 가장 중요하고 우선적인 문제해결은 북극 지역 전반의 발전에 있어서 북극의 여러 원주민들 각각의 혈통과 문화 보존 및 생물 서식지 등에 따른 환경보호의 요구와 과제를 고려해야 한다. 러시아 연방 정부는 온정적 관심을 기울여 관계적 시스템으로, 극한적 환경에서 생활하는 주민들의 요구를 정부가 귀 기울여야 하는 것이며, 북극 소수 원주민 전통적 문화 및 환경적 생물군 서식지 보호를 이루어야 할 것이다.

특히 북극 세베르-야쿠트 지역을 중심지역으로 형성하는데 있어서 모든 활동은 주변 환경을 고려하는 종합적인 성격을 가지고 접근해야 한다. 예를 들면 교통, 보안, 채굴, 산업적 습득, 북극 인구의 증가, 기존 원주민들 보호, 자연 보호 및 소수 원주민들 문화 보호이다. 〈러시아 연방의 북극 지역의 발전에 대한〉 법은 세베르-야쿠트 지역뿐만 아니라 북극의 모든 지역의 여러 방면에 따른 발전으로 정부의 정책이 올바른 기준으로 정착되고 나타나는 문제들을 해결할 수 있도록 하는 것이다.

최근 러시아는 전 총리 메드베데프를 위원장으로 임명하며 새롭게 북극위원회를 창설하는 등 북극항로를 무역로 역할 이상으로 국가적 안보이슈 차원에서 접근하고 있다. 하지만 COVID-19 확산 등의 여파로 러시아 항만인프라 개발협력 방향은 항만운송량의 증가세가 둔화되고, 예산활용 등의 문제로 인프라 개발 사업의 속도에 진척이 더딘 상황이다. 하지만 이것은 일시적인 현상으로 팬데믹에 대처하는 환경이 조성되면 계획한 개발 진척이 있을 것으로 본다.

북극항로 활용시 아시아에서 유럽까지, 유럽에서 아시아까지 소요되는 운송기간이 2배 가까이 줄어들 예정이라는 분석에 따라 2030년 이후 우리 기업들의 북극항로 이용이 기대되고 있는 것이다. 북극항로의 연중 운항에 필요한 쇄빙선의 추가 구매도 이어질 것으로 보이고 있어 관련 기업들의 수주 노력도 요구되고 있다. 특정 비율 이상을 러시아 내 생산 시 수주에 참여할 수 있는 기회가 주워지는 러시아 현지화 정책으로 인해 우리 선박 유지보수 기업들의 무르만스크주를 포함한 유망 투자 지역 진출을 통한 사업 기회 발굴 노력이 필요할 것으로 보인다.

지난해 5월 아르항겔스키 시에서는 러시아 정부가 주최하는 포럼이 열렸다. 이 포럼에서 〈북극-대화의 장〉이라는 주제를 가지고 북극 발전에 대한 열띤 논의가 있었던 것이다. 참석한 주요 인문들은 북극과 관련이 깊은 인문·사회 학자, 자연과학 학자, 전문가, 북극 개발 산업체의 대표자들이 참석하였다. 다각적인 방향에서의 열띤 토론이 북극 지역의 의미 있는 발전 및 북극인의 생활의 질을 향상시키는 다양한 정책과 방식들이 논의 되었고 앞으로도 발전된 논의가 진행 될 것이라 보고 있다.

〈참고문헌〉

김기순,『북극해의 자원개발과 환경문제』, Dokdo Research Journal 제9호, 2010.

김석환 · 나희승 · 박영민, 2014,『한국의 북극 거버넌스 구축 및 참여 전략』, 대외경제정책연구원 전략지역심층연구 14-11, 2014.

김정훈, "북극권 인문지리 현황 분석: 러시아를 중심으로," 한국시베리아연구 제24권 4호, 2020.

라미경, "북극해 영유권을 둘러싼 캐나다-미국 간 갈등의 국제정치," 해양안보논총 제3권 1호, 2020.

박영민, "북극해 영유권 갈등의 정치학," 대한정치학회보 제27권 3호, 2019.

박종관, "한국의 북극정책의 현황과 문제점," 2021 북극연구 공동학술대회 발표, 2021. 10. 29.

박종관, "러시아의 시베리아 북극권 에너지자원 개발전략과 한러 에너지산업 협력방안에 관한 연구," 한국시베리아연구 제22권 1호, 2018.

박종관, "한국의 북극정책의 현황과 문제점," 2021 북극연구 공동학술대회 발표, 2021. 10. 29.

서현교, "우리나라의 북극정책 역사 성찰과 발전 방향,"『러시아 북극공간의 이해』서울: 학연문화사, 2018.

예병환, "북극-지경학적 연구영역과 방법론" 비교경제연구 제22권 제1호, 2015.

예병환 · 배규성, "러시아의 북극전략: 북극항로와 시베리아 거점항만 개발을 중심으로," 한국 시베리아연구 제20권 1호, 2016.

이성우 외,『북극항로 개설에 따른 해운항만 여건변화 및 물동량 전망』, 해양수산개발원 2011.

이영형 · 박상신, "러시아 북극지역의 안보환경과 북극 군사력의 성격," 한국 시베리아연구 제24권 1호, 2020.

한은영 · 서종원,『동북아 북한 교통물류 이슈페이퍼』제2020-19호, 서울: 한국교통연구원, 2020.

황연수, 러시아 북극항로 개발 어디까지 왔나? Kotra 해외시장 뉴스. 2021. 09. 06. 자

"한러 북극협력 2.0 시대를 여는 신북극전략 수립 필요"『KMI 동향분석』통권 제175호, 한국해양수산개발원, 2021년 2월.

Ассоциация морских торговых портов. "Грузооборот морских портов России за 9 месяцев 2020г."(2020.10.13.)

Борисов, Е.А. Состав территорий Арктической зоны как основа системы стратегического планирования; Е.А. Борисов. Экономика Востока России. №.1(03). 2015г сс.7-10.

Дмитрий Рогозин провёл заседание Государственной комиссии по вопросам развития Арктики

Концепция пространственного развития Российской Федерации на период до 2030г (проект).

「Комплексный план модернизации и расширения магистральной инфраструктуры на период до 2024」, pp.24-26;

Глав палуба. "Принято решение об объединении портов Ванино и Советская Гавань", (2020.03.25.)

Лаженцев, В.Н. Пространственное развитие (примеры Севера и Арктики) / В.Н. Лаженцев. Известия Коми научного центра УрО РАН. Выпуск 1. 2010г. cc.99-101.

Республики Саха. "Постановление Правительства Республики Саха(Якутия) № 455. (26.12.2016); «О проекте Стратегии социально-экономического развития Республики Саха (Якутия) на период до 2030 года с определением целевого видения до 2050 года». 2016г

Республики Саха(Якутия). "Анабарский, Оленекский, Булунский, Жиганский, Аллаиховский, Абыйский, Момский, Усть-Янский, Верхоянский, Эвено-Бытантайский, Нижнеколымский, Среднеколымский, Верхнеколымский".

Российской Федерации. "Концепция пространственного развития Российской Федерации на период до 2030года"(проект);

Российской Федерации(Якутск). 2016. "Концепция формирования Северо-Якутской опорной зоны социально-экономического развития Арктической зоны Российской Федерации," Якутск: Правительство РС(Я), 2016. с.54

Gail Osherenko & Oran R. Young, "The Age of the Arctic: Hot Conflicts and Cold Realities," Cambridge University Press. 2005г

Kathrin Keil. "The EU in the Arctic 'Game' - The Concert of Arctic Actors and the EU's Newcomer Role," Berlin Graduate School for Transnational Studies. 2010г

Ph. D. 'Russian participation in operation and development of intermodal transport and logistics systems of the North-East Asia' Consultant for the Development programs Department, (Alexander S. OLEYNIKOV)

Robbie Andrew. "Socio-Economic Drivers of Change in the Arctic," AMAP Technical Report, No.9. 2014r

SIPRI. "Russia's new Arctic policy document signals continuity rather than change," (2020.04.06.)

WWF, Prospects and opportunities for using LNG for bunkering in the arctic regions of russia, 2017r

http://government.ru/news/25686/.

https://glavpaluba.ru/ports/1292-prinyato-reshenie-ob-obedinenii-portov-vanino-i-sovetska yagavan (검색일: 2020. 10. 07.)

https://www.morport.com

https://www.morport.com/rus/news/gruzooborot-morskih-portov-rossii-za-9-mesyacev-2020-g

https://www.morport.com/rus/news/gruzooborot-morskih-portov-rossii-za-10-mesyacev-2021-g

http://static.government.ru/media/files/MUNhgWFddP3UfF9RJASDW9VxP8zwcB4Y.pdf

https://www.sipri.org/commentary/essay/2020/russias-new-arctic-policy-docu mentsignals-continuity-rather-change;

한국의 러시아 북극개발 협력 가능성 모색: 일본과 한국의 대 러시아 정책 비교분석을 중심으로

백영준*

I. 서론

지구온난화로 새로운 북극항로와 북극 지역의 개발 등의 가능성이 점점 높아지고 있는 추세에서 한국은 북극항로와 북극 자원의 개발로 반사 이익을 볼 수 있는 지정학적 위치를 가지고 있으며, 따라서 그 중요성은 가시화되고 있으며, 러시아는 2014년 우크라이나 사태 이후 서방의 경제제재가 벌써 7년째 이어지고 있다. 서방의 경제제재로 러시아의 북극개발은 차질을 빚게 되었으며 기존의 국가 주도의 개발 계획에서 국제 컨소시움을 통한 북극개발로 방향성을 바꾸었다.

러시아 정부는 북극항로와 주변지역의 자원을 적극적으로 개발하기 위해서 2014년 8개의 북극 거점지구를 지정하였다. 그 8개의 거점지대 중에서 가장 활발한 활동을 보이는 지역이 야말로-네네츠 거점지대(Ямало-ненецкая опорная зона)이며, 이 지역은 러시아에서 생산되는 천연가스의 약 80%가 생산되고 있으며 그 매장량은 전 세계 매장량의 5분의 1에 해당한다.

※『한국 시베리아연구』 2021년 제25권 3호에 실린 논문을 수정 및 보완한 글임
 * 러시아 시베리아연방대학교, 조교수

동시에 이 지역은 현재 국제사회에서 큰 관심이 집중되고 있는 북극항로와 북극개발의 중심이 되고 있으나, 이 지역과 연관된 한국, 중국, 일본의 각종 전략과 정책 방향성은 다르게 나타나고 있다.

중국은 러시아와 이해관계가 일치하여 북극지역 자원개발에 공격적인 투자를 진행하고 있으며, 한국과 일본은 미국 주도의 러시아 경제제재에 직접적으로 포함되는 국가는 아니지만, 미국의 영향을 강하게 받는 국가들이다.

한국은 러시아에 LNG 수송선만 판매하는 등 소극적으로 그리고 간접적으로만 북극 개발사업에 참여하고 있지만,[1] 반면에 일본은 북극 개발사업에 간접적인 투자 형태로 프로젝트에 참여하였고,[2] 나아가 현재 진행중인 '아르티카 LNG II 프로젝트'에서는 직접투자로 참가하는 모습을 보이고 있다 이렇게 러시아 북극개발에서 한국과 일본의 접근방법이 다르게 나타나고 있다.

이 글은 한국과 비슷한 국제 관계를 맺고 있는 일본이 자유롭게 러시아 북극지역에 투자를 할 수 있는 이유에 대해서 알아보고자 함에 있다.

이러한 맥락에서 2장에서는 선행연구를 진행하고 3장에서는 현재 러시아의 북극개발전략과 '야말 LNG 프로젝트'에 대해서 알아보고 4장과 5장에서는 각각 일본과 한국의 대 러시아 외교정책 대해서 분석해 보고 6장에서는 도출된 내용을 바탕으로 비교분석을 하여, 향후 한국의 러시아와 협력방법과 그 가능성에 대해 이야기 해 보고자 한다.

---

1) 조선일보, "대우조선해양, LNG운반선 1척 수주…"올해 목표 32% 달성"" https://biz.chosun.com/site/data/html_dir/2019/06/12/2019061201644.html(검색일: 2021년 5월 15일).
2) 치요다코퍼레이션, "야말 LNG 프로젝트 개요", https://www.chiyodacorp.com/jp/projects/yamal-nenets.html(검색일: 2021년 5월 15일).

Ⅱ. 선행연구

우선, 한국에서 연구된 '북극 개발' 관련 사회과학 분야 연구는 6건의 연구가 있었고 그 연구는 다음과 같다. '서방의 경제제재와 러시아의 북극개발: 천연가스를 중심으로'(김상원: 2017)[3], '중·러 석유·가스 협력 강화요인과 장애요인: 중국의 국내적 요인을 중심으로'(조정원: 2018)[4], '러시아 에너지 전략과 한러 천연가스 협력의 가능성 및 제약요인'(김정기, 이상준, 강명구: 2018)[5], '러시아의 시베리아 북극권 에너지자원 개발전략과 한·러 에너지산업 협력방안에 관한 연구'(예병환, 박종관: 2018)[6], '러시아 북극권 철도 회랑 연구: 벨코무르(Belkomur Corridor)와 북위도 철도 회랑(Northern Latitudinal Railway)을 중심으로'(박종관: 2019)[7], '러시아와 중국의 천연가스 사업협력:배경과 전망'(안상욱, 임준석, 김현정: 2020)[8]

중국과 러시아의 에너지 협력에 대한 논문 2편(조정원: 2018, 안상욱: 2020)이 있었고, 본 연구와 직접적으로 관련이 있는 연구는 4편의 연구내용은

---

3) 김상원, "서방의 경제제재와 러시아의 북극개발: 천연가스를 중심으로", 『슬라브학보』 Vol. 32(4), pp. 27-58, 2017. 12.
4) 조정원, "중·러 석유·가스 협력 강화요인과 장애요인: 중국의 국내적 요인을 중심으로", 『현대중국연구』 Vol. 19(4), pp. 45-81, 2018. 03.
5) 김정기, 이상준, 강명구, "러시아 에너지 전략과 한러 천연가스 협력의 가능성 및 제약요인", 『러시아연구』 Vol. 28(1), pp. 33-63, 2018. 05.
6) 예병환, 박종관, "러시아의 시베리아 북극권 에너지자원 개발전략과 한·러 에너지산업 협력방안에 관한 연구", 『한국시베리아연구』 Vol. 22(1), pp. 81-118, 2018. 05.
7) 박종관, "러시아 북극권 철도 회랑 연구: 벨코무르(Belkomur Corridor)와 북위도 철도 회랑(Northern Latitudinal Railway)을 중심으로", 『한국시베리아연구』 Vol. 23(1), pp. 109-150, 2019. 05.
8) 안상욱, 임석준, 김현정, "러시아와 중국의 천연가스 사업협력:배경과 전망", 『아태지역연구센터』 Vol. 43(4), pp. 161-192, 2020. 02.

다음과 같다:

(김상원: 2017) 이 논문에서는 2014년 우크라이나 사태 이후 일어난 서방의 러시아 경제제재 상황에서 러시아의 북극개발정책 변화에 대해서 다루고 있다., (김정기: 2018) 이 논문은 에너지 안보 측면에서 러시아의 가스 공급능력의 향상과 한국의 에너지 수입 다각화에 대해서 심도 있게 다루고 있다., (예병환: 2018) 이 논문은 러시아 북극권의 자원에 대한 소개와 개발 가능성에 대해서 심도 있는 연구가 진행되었다. 특히 현재 슈토크만, 야말, 네네츠, 페초라 등에 위치한 유전과 가스전에 대해서 자세하게 소개하고 있다., (박종관: 2019) 이 논문은 현재 진행중인 야말로-네네츠 자치구의 가스전 개발과 자원의 육로운송 가능성에 대한 러시아의 계획 특히 벨코무르와 북위철도의 개발 가능성에 대해서 심도 있게 다루고 있다.

다음으로 일본의 '북극 개발' 관련 사회과학 분야 연구에 대해서 검색해 보았고 그 결과로 대표적인 논문 4편을 찾았다:

ロシア北極圏の石油・ガス開発の現状(러시아북극권의 석유・가스개발의 현황)(本村 眞澄: 2017)[9]., '北極海航路の動向と展望'(북극해항로의 동향과 전망)(大塚 夏彦: 2018)[10]., '地政学的リスクとエネルギー'(지정학적리스크와 에너지) (小宮山 涼一:2018)[11]., '認知構造図と計量テキスト分析を用いたロシアのガス開発・対日輸出の構造分析 - ヤマルLNGプロジェクトを対象として'(인지구조도와 계량 텍스트 분석을 이용한 러시아의 가스 개발 대일수

---

9) 本村 眞澄, "ロシア北極圏の石油・ガス開発の現状", 『海洋開発論文集』Vol. 33, pp.31-35, 2017.
10) 大塚 夏彦, "北極海航路の動向と展望", 『海洋開発論文集』Vol. 34, pp.1034-1039, 2018.
11) 小宮山 涼一, "地政学的リスクとエネルギー", 『解説シリーズ』Vol. 60, pp.157-161, 2018.

출의 구조분석 야말 LNG프로젝트를 대상으로) (武田 健吾, 池上 雅子, HööK Mikael, 時松 宏治: 2019)[12].

이 논문들의 연구내용은 다음과 같다:

(本村 眞澄: 2017) 이 논문에서는 러시아 북극의 석유 및 천연가스 개발 동향에 대해서 소개하고 그 의의에 대해서 이야기 하고 있다., (大塚 夏彦: 2018) 이 논문에서는 지구온난화와 급격하게 변화하는 북극상황에 대해서 북극해 항로의 최신 동향 항로 이용과 북극을 둘러싼 국제 관계 북극해의 석유·천연 가스 개발 동향, 북극해 항로 관련 문제에 관한 일본의 연구 동향을 소개하였다., (小宮山 涼一:2018)이 논문은 우크라이나 사태로 촉발된 국제정세와 일본과 러시아의 에너지 안보에 대해서 종합적인 분석을 하였다., (武田 健吾:2019)이 논문은 후쿠시마 원전사태 이후 일본에 요구되고 있는 에너지 안보와 공급다각화 측면에서 러시아 야말 LNG 프로젝트를 4개의 일본 주요 신문사에 게재된 원고 분석을 통하여 분석하였다.

이렇게 한국과 일본에서의 '북극 LNG 개발'을 키워드로 해서 선행연구를 진행하였고, 그 결과 대부분의 논문이 자국과 러시아의 자원개발 협력 가능성에 대해서 논의하고 있다. 이 글은 일본과 한국의 정책을 비교 분석하는 것에서 연구독창성을 갖는다.

---

12) 武田 健吾, 池上 雅子, HööK Mikael, 時松 宏治, "認知構造図と計量テキスト分析を用いたロシアのガス開発・対日輸出の構造分析 - ヤマルLNGプロジェクトを対象として", 『エネルギー・資源学会論文誌』Vol. 40, pp.129-137, 2019.

Ⅲ. 러시아의 북극개발전략

21세기에 접어들면서 기후변화, 영토와 영해 문제, 자원 및 물류와 유통 등 여러 가지 요인으로 인해 북극에 대한 국제적인 관심 고조되고 있는 상황에서, 북극권에 가장 넓은 영토와 영해를 보유하고 있는 러시아는 북극권 개발을 국가의 중요한 정책의 하나로 내세우고 있다. 이의 일환으로 푸틴 대통령은 2013년 8월 2일 '2020년까지의 러시아연방공화국의 북극권 개발과 국가안보 확보 전략 2020'(Стратегия развития Арктической зоны Российской Федерации и обеспечения национальной безопасности на период до 2020 года, 이하 '북극권 개발전략 2020'으로 칭함)'을 승인하였으며, 이는 2008년 9월 18일 메드베데프 전 러시아 대통령에 의해 인준된 '2020년까지와 미래의 북극권 내 러시아연방공화국 국가정책 원론(Основы государственной политики Российской Федерации в Арктике на период до 2020 года и дальнейшую перспективу, 이하 '북극권 국가정책원론 2020'으로 칭함)'을 토대로 작성되었다. [13)]

〈표 1 〉 '북극권 개발 전략 2020'의 주요 목표:[14)]

✔ 사회 및 경제적 개발: 에너지, 천연자원을 위한 거점 개발
✔ 군사 안보: 기존의 군사시설 유지 및 새로운 군사시설 확충
✔ 환경: 북극지역의 기후변화와 인위적인 오염에 대비/소수민족 대책
✔ 정보 및 통신: 러시아 국내외에서의 북극권 통합정보시스템 구축
✔ 과학기술: 북극권에 필요한 모든 연구보장
✔ 국제협력: 북극권 관련 국가들과의 win-win 할 수 있는 상호 협력적 활동 지향

---

13) 백영준, "북극 개발전략 2020 원문번역(1)", 『북극연구』 Vol. 4호, p. 77.
14) 백영준, "북극 개발전략 2020 원문번역(2)", 『북극연구』 Vol. 4호, pp. 162-183의 내용을 참고해서 정리한 것임.

〈표 1〉에서 나타난 것과 같이 러시아의 '북극권 개발전략 2020'은 북극권에 관련된 거의 모든 부분을 포함하고 있다. 이는 러시아의 '북극권 개발전략 2020', '북극권 국가정책원론 2020' 등과 같은 계획의 수립과 공포는 성공적인 실행여부와 상관없이 북극지역에 대한 러시아의 국가적인 관심을 나타내는 지표라고 인식된 상태에서 설계되었으며, 즉, 러시아가 북극권 지역에서 견고한 주권을 확립하는 것을 국가적 목적으로 하고 있음을 의미한다.

'북극권 개발전략 2020'의 원래의 계획은 2단계로 이루어져 있다. 그 첫 번째 단계는 2013~2015년까지로 북극에 관련된 법적, 정치적 그리고 경제적인 종합적인 개발 토대를 구축하는 것이며, 두 번째 단계는 2015~2020년까지 북극항로의 발전을 위한 가이드라인 완료, 인접국가들과의 국제법적인 보장, 북극 환경문제, 소수민족문제, 북극권역 내의 사고 시 대응문제에 대한 대책 마련 등을 주요 내용으로 하고 있다. 그러나 '2014년 우크라이나 사태'로 촉발된 미국의 경제제재로 인해 계획 실현에 차질을 빚게 되었으며, 러시아 정부는 결국 전략을 수정하여 2017년 8월 31일 러시아 정부는 기존의 '북극권 개발전략 2020'을 2025년까지 연장하는 법안을 지정하였다. 15)

이와 연계된 '러시아 에너지전략 2035'에 따르면 러시아 에너지부는 향후 러시아의 기존 천연자원(석유) 매장지의 연간 생산량은 약 23% 정도 감소할 것이며, 이에 해당하는 부족분을 북극권의 자원매장지 개발을 통해서 보충할 계획을 가지고 있다고 발표했다. 16) 이를 통해 러시아 에너지부는 원유 생산을 현 수준(5억2,500만 톤, 2015년 기준)으로 유지하려고 하고 있다.

'북극권 개발전략 2020'계획이 공포될 시점에서, 당시 현행 법령에 기준하

---

15) 러시아 정부 문서 사이트, http://government.ru/docs/29164/ (검색일: 2019년 12월 7일)
16) 이주리, "러시아 에너지전략-2035'와 시사점", 『세계에너지시장인사이트』(제15-37호), pp. 3-13.

여 북극권 자원개발에 참여할 수 있는 기업으로는 로스네프트, 가즈프롬과 가즈프롬네프트 등의 국영기업이 해당되었다. 당시 로스네프트 사는 북극권 대형 인프라 개발 및 자원 개발 계획이 있는 야말로-네네츠 거점지역에는 탄화수소 매장량이 풍부한 바렌츠 해, 페초라 해, 카라 해, 야말 반도 및 기단 반도 등이 포함되어 있다고 발표했다.

그러나 위에서 언급한 바와 같이 2014년 우크라이나 사태와 미국과 유럽의 러시아 경제제재그리고 2015년부터 촉발된 세계경기 둔화로 저유가가 이어지고 있고, 또한 멀지 않은 미래에 기존의 개발된 천연자원의 고갈이 예상됨에 따라서 북극권 지역의 자원개발에 박차를 가하려고 노력했지만, 러시아 단독으로 북극해 대륙붕 자원개발을 하기에는 자본과 기술력 부족이라는 현실적 문제가 발생하게 되었다.

이로 인해 러시아는 최첨단의 기술력과 막대한 자본이 필요한 북극권 해양 시추보다 육지 시추를 선호하고 있는 추세이다.

[그림 1] 러시아 북극 8대 거점지대[17]

이런 상황 속에서 러시아 정부는 북극항로와 주변지역을 개발하기 위해서 2014년 5월 2일 연방 대통령령으로 8개의 북극거점지구를 지정하였다. ([그림 1], 〈표 2〉 참조.)

〈표 2〉 8대 거점지대 세부정보

번호	개발 거점지대	위치
1	콜라 거점지대(Кольская опорная зона)	무르만스크 주
	- 지역개발 프로젝트/물류 및 산업 통합 구조를 만드는 데 필요한 인프라 개발에 적합한 특징 보유 - 무르만스크 항구는 세계에서 가장 큰 북극의 부동항인 동시에 북극항로의 주요 환승지점으로 국제 시장을 향한 상품 환적과 유조선 등이 활동, 러시아의 핵추진 쇄빙선이 배치된 공간	
2	아르한겔스크 거점지대(Архангельская зона)	아르한겔스크 주
	- 북극항로를 연결하는 교통 통로로서 ≪벨코무르≫ 철도간선의 건설로 우랄 산업지구와 연결 - 산업의 중심지로서 벌목산업과 선박제조 분야의 지역 혁신 클러스터 역할을 하는 공간	
3	네네츠 거점지대(Ненецкая опорная зона)	네네츠 자치구
	- 바렌츠해 및 카라해의 대륙붕 매장지의 개발 가능이 높은 지역, 에너지 자원 이외에도 물류기지의 개발 필요 - 교통인프라가 열악하고 통신으로만 연결이 이루어지고 있기에, 철도간선과 연계된 북극항로 항구의 건설이 우선순위로 필요한 공간	
4	보르쿠타 거점지대(Воркутинская опорная зона)	코미 공화국
	- 페초라 탄광지대와 티마노-페초라 석유가스 지역 생산지에 위치한 공간	
5	야말로-네네츠 거점지대(Ямало-ненецкая опорная зона)	야말로-네네츠 자치구
	- 러시아뿐만 아니라 세계 시장에 탄화수소(가스)의 주요 공급지로 예상되고 있음 - 에너지자원의 수출 및 운송을 위한 적절한 항구와 교통 인프라 구축이 활발하게 진행될 공간	
6	타이미르-투루한스크 거점지대(Таймыро-туруханская опорная зона)	크라스노야르스크 변강주
	- 크라스노야르스크 변강주의 타이미르의 돌가노-네네츠 지구와 노릴스크시에 위치하며 구리, 니켈, 탄화수소 등 비철금속의 풍부한 매장량 보유 - 행정중심지인 두딘카는 무르만스크 및 아르한겔스크 항구와 연결되어 있으며 내륙수운의 중심 공간	
7	세베로-야쿠츠크 거점지대(Северо-якутская опорная зона)	사하공화국
	- 사하공화국 북쪽 지역의 자원 개발과 레나 강과 북극항로 노선의 연계를 통한 아니시노-노보시비르스크에 위치한 탄화수소 자원의 개발을 목표로 하는 공간	
8	추코트카 거점지대(Чукотская опорная зона)	추코트카 자치구
	- 아시아 태평양 지역국가로의 운송경로에서 유리한 지리적인 위치, 혹독한 기후로 인해 개발에 큰 제한 - 물류, 희귀금속, 탄화수소 및 전력송출 등이 유망한 공간	

---

17) regnum, 'Схема размещения опорных зон развития в Арктике' https://regnum.ru/

현재 8개의 거점지구 중에서 가장 활발하게 개발되고 있는 지역이 '야말로-네네츠 거점구역'이며(<표 2> 참조), 이 지역에서 야말 LNG 프로젝트가 적극적으로 추진되게 되었으며, 노바텍(Novatek)사가 러시아 정부로부터 이 지역의 개발을 위임받아 "야말 LNG 프로젝트"의 컨소시움을 통해서 투자를 받게 되었다. 2017년에 완료된 컨소시움의 지분 회사와 비율은 노바텍 50.1%, 토탈(20%), 중국국제석유공사(CNPC) (20%), 실크로드 펀드(9.9%)이다.

이렇게 시작된 '야말 LNG 프로젝트'의 성공은 러시아에 자신감을 심어 주었으며, 2022-2023까지 기단반도의 '아르티카 LNG II' 프로젝트 컨소시엄 사업에도 가속이 붙고 있다.

IV. 일본의 대 러시아 북극개발정책

1. 일본의 대 러시아 정책의 시작

현대적인 의미의 일본의 대 러시아 정책의 시작은 2차 세계대전 6년 뒤인 1951년 종전협정이라는 형태로 '샌프란시스코 강화조약'(이하 강화조약)을 일본에게 피해를 받은 51개국 가운데 48개국과 체결하였으며, 강화조약의 주요 내용은 전쟁의 종료 선포와 일본의 국외자산 처분과 전후 배상문제에 대한 해결이었을 뿐만 아니라 강화조약 체결 당일 '미일 안전 보장 조약(1952-1960)'을 같이 체결하면서 미국이 일본을 반공진영에 포함시키기 위한 국제정치적인 입장이 포함되어 있었다. [18]

---

news/2407690.html 저자가 자료를 한글로 번역하여였음(검색일: 2020년 7월 20일).

소련은 강화조약 체결을 거부하였는데, 그 이유는 우선, 내전 상태인 중국을 강화조약에 초청하지 않았던 것, 다음으로, 계속 미군이 일본에 주둔하는 내용을 이 조약이 담고 있었기 때문이었다.[19]

소련의 체결 거부에도 불구하고 강화조약은 쿠릴열도와 사할린을 소련에게 인계하였고, 이후 1956년 '일소 공동선언'으로 소련과 일본 사이의 국교를 회복하면서 일본과 관계 개선을 위해 시코탄섬과 하보마이 군도를 일본에 양도하겠다고 제의했지만, 1960년 미일안보조약을 체결하자 거세게 반발하면서 양도 제의를 철회하였다. 이후 일본은 쿠나시르섬과 이투루프섬에 대해서도 반환을 지속적으로 요구하고 있으며, 2021년 지금까지도 이 영토 분쟁은 현재 진행형이다.[20]

〈표 3〉 2차 세계대전 이후 일본 러시아 사이에 체결된 조약 리스트[21]

no.	조약명	서명일	발효일
1	북서태평양 공해에서 어업에 관한 조약	1956년 05월 14일	1956년 03월 03일
2	해상 조난자 구조를 위한 협력에 관한 협정	1956년 05월 14일	1956년 03월 03일
3	일본과 소련의 통상 조약	1957년 12월 06일	1957년 12월 06일
4	무역지불협정(1966-1970)	1966년 01월 21일	1966년 01월 21일
5	항공협정	1966년 01월 21일	1967년 03월 03일
6	영사조약	1966년 07월 29일	1967년 8월 23일

---

18) 위키페디아 샌프란시스코 강화조약 - https://ko.wikipedia.org/wiki/%EC%83%8C%ED%94%84%EB%9E%80%EC%8B%9C%EC%8A%A4%EC%BD%94_%EA%B0%95%ED%99%94_%EC%A1%B0%EC%95%BD (2021년 8월 23일)

19) THE PAGE, "ソ連は調印を拒否　日本が主権回復した「サンフランシスコ平和条約」の裏側"(2016년 12월 8일자) https://news.yahoo.co.jp/articles/57d69ac6c9f46f4cf931876118e93b759338c51d?page=1 (검색일: 2021년 8월 23일)

20) 위키페디아 쿠릴열도 분쟁-https://ko.wikipedia.org/wiki/%EC%BF%A0%EB%A6%B4_%EC%97%B4%EB%8F%84_%EB%B6%84%EC%9F%81 (2021년 8월 23일)

21) 일본외무성 - https://www.mofa.go.jp/mofaj/index.html (검색일:2021년 8월 23일)

no.	조약명	서명일	발효일
7	어업분야의 학술기술협력협정	1967년 07월 24일	1967년 07월 24일
8	무역지불협정(1971-1975)	1971년 09월 22일	1971년 09월 22일
9	북태평양포경국제감시원제도협정	1972년 04월 18일	1972년 04월 18일
10	북태평양포경규제협정(1972)	1972년 08월 01일	1972년 08월 01일
11	태평양포경규제협정(1973)	1973년 09월 06일	1973년 09월 06일
12	과학기술협력협정	1973년 10월 10일	1973년 10월 10일
13	철새 등 보호 조약	1973년 10월 10일	1973년 12월 20일
14	태평양포경규제협정(1974)	1974년 09월 13일	1974년 09월 13일
15	남반구포경국제감시원제도협정(1974)	1974년 09월 13일	1974년 09월 13일
16	어업조업협정(1975)	1975년 06월 07일	1975년 10월 23일
17	남반구포경국제감시원제도협정(1975)	1975년 10월 09일	1975년 10월 09일
18	북태평양포경규제협정(1975)	1975년 11월 21일	1975년 11월 21일
19	남반구포경국제감시원제도협정(1976)	1976년 09월 28일	1976년 09월 28일
20	북태평양포경규제협정(1976)	1976년 09월 28일	1976년 09월 28일
21	소련 경계지역 중간 규모 어업 잠정협정	1977년 05월 27일	1977년 06월 10일
22	무역지불협정(1976-1980)	1977년 05월 30일	1977년 05월 30일
23	일본 경계지역 중간 규모 어업 잠정협정	1977년 08월 04일	1977년 12월 09일
24	남반구포경국제감시원제도협정	1977년 10월 04일	1977년 10월 18일
25	어업협력협정(1978)	1978년 04월 21일	1978년 04월 28일
26	북태평양포경규제협정(1978)	1978년 04월 26일	1978년 05월 22일
27	남반구포경국제감시원제도협정(1978)	1978년 10월 06일	1978년 10월 06일
28	남반구포경국제감시원제도협정(1979)	1979년 10월 22일	1979년 10월 22일
29	남반구포경국제감시원제도협정(1980)	1980년 10월 28일	1980년 10월 28일
30	무역지불협정(1981-1985)	1981년 05월 22일	1981년 05월 22일
31	남반구포경국제감시원제도협정(1983)	1983년 10월 19일	1983년 10월 19일
32	남반구포경국제감시원제도협정(1984)	1984년	1984년
33	일본과 러시아 경계 중간 규모 어업 협정	1984년	1984년
34	무역지불협정(1986-1990)	1986년 01월 18일	1986년 01월 18일
35	어업협력협정(1985)	1985년	1985년
36	남반구포경국제감시원제도협정(1985)	1985년	1985년
37	남반구포경국제감시원제도협정(1986)	1986년	1986년
38	조세(소득) 조약	1986년 01월 18일	1986년 01월 18일

no.	조약명	서명일	발효일
39	문화교류협정	1986년 05월 31일	1987년 12월 25일
40	포로수용소에 수용되었던 자에 관한 협정	1991년 04월 18일	1991년 04월 18일
41	무역지불협정(1991-1995)	1991년 04월 18일	1991년 04월 18일
42	시장경제로의 이행을 위한 개혁에 대한 기술적 지원에 관련된 협력협정	1991년 04월 18일	1991년 04월 18일
43	원자력평화적이용협력협정	1991년 04월 18일	1991년 04월 18일
44	환경보호협력협정	1991년 04월 18일	1991년 04월 18일
45	핵병기폐기지원협력협정	1993년 10월 13일	1993년 10월 13일
46	우주탐사 및 이용협력협정	1993년 10월 13일	1993년 10월 13일
47	해상사고방지협정	1993년 10월 13일	1993년 11월 12일
48	해양생물자원에 대한 조업 분야의 협력에 관한 협정	1998년 02월 21일	1998년 05월 21일
49	투자협정	1998년 11월 13일	2000년 05월 27일
50	과학기술협력협정	2000년 09월 04일	2000년 09월 04일
51	문화협력협정	2000년 09월 05일	2002년 7월20일
52	일로청년교류위원회설치협정	2009년 03월 15일	2009년 03월 15일
53	세관협력상호지원협정	2009년 05월 12일	2009년 05월 12일
54	형사 문제의 공조에 관한 조약	2009년 05월 12일	2011년 02월 11일
55	원자력협정	2009년 05월 12일	2012년 05월 03일
56	시증발급수속간화협정	2012년 01월 28일	2013년 10월 30일
57	수산물의 밀어업 및 밀수출대책에 관한협정	2012년 09월 08일	2014년 12월 10일
58	문화센터 설치협정	2013년 04월 29일	2013년 05월 29일

※ 주1) 이 표는 저자가 일본외무성 사이트에서 일본과 러시아가 맺은 조약에 대한 사항을 조사하여 정리한 것임.
※ 주2) 일본외교부 사이트에서 제공하는 검색엔진이 2016년까지의 자료만 지원하기 때문에 이후의 자료는 취합되지 못하였음.

일본의 대 러시아 외교정책을 파악해 보기 위해서 <표 3>와 같은 자료를 준비하였다:

이 자료는 일본외무성의 D/B조사를 통해서 과기(2차 세계대전 이후)부터 현재까지(2021년) 일본과 러시아가 맺은 조약에 대해서 조사 및 분석해 보았고, 조사범위는 상호 체결한 조약[22]과 협정[23]으로 한정하였다.

<표 4> 도출된 일본과 러시아의 조약 중에서 특이사항은 다음과 같다:

✔ 1966년 무역지불협정
✔ 1991년 "시장경제로의 이행을 위한 개혁에 대한 기술적 지원에 관련된 협력협정"
✔ 1998년 일러 투자협정

첫 번째는, 무역지불협정으로 1957년 일본과 소련의 통상조약 체결 이후 1966년부터 5년 단위로 1991년까지 6차례 약 30년이라는 기간동안 이루어진 일본과 소련의 조약이다. 이 조약의 서론에는 양국의 무역발전 촉진을 희망하여 1956년 일소 공동선언을 기초로하여 체결되었다고 명시되어 있고, 조약의 내용에는 '... 관계법령의 범위내에서의 노력, 최혜국대우, 관세 및 과세금 및 수출입세금, 내국세금, 과징금에 대한 최혜국대우, 관세 및 과징금의 면세, 제3국으로의 수출입품에 대한 특전 면세 등, 제3국에 대한 수출입품에 대한 제한 금지사항, 선박의 정박, 선박에 대한 대우, 선박의 국적, 선박적재량 측도의 승인, 연안무역과의 구별, 조난선의 대우, 통상대표부의 법적 지위, 법인의 경제활동, 신체재산에 대한 대우, 재판의 적용, 이익의 보호, 상사계약의 분쟁에

---

22) 조약 (Treaty)의 정의 - 가장 격식을 따지는 정식의 문서로서 주로 당사국 간의 정치적, 외교적 기본관계나 지위에 관한 포괄적인 합의를 기록하는데 사용됨; 예) 한·미간 상호방위조약(Mutual Defense Treaty, 1953). 출처: 외교부 - https://www.mofa.go.kr/www/wpge/m_3830/contents.do(검색일: 2021년 8월 23일).

23) 협정 (Agreement)의 정의 - 주로 정치적인 요소가 포함되지 않은 전문적, 기술적인 주제를 다룸으로써 조정하기가 어렵지 아니한 사안에 대한 합의에 많이 사용됨; 예) 가장 일반적으로 사용되는 양자조약 형태로서 투자보장협정(Investment Protection Agreement), 무역협정(Trade Agreement) 등이 있음. 출처: 외교부 - https://www.mofa.go.kr/www/wpge/m_3830/contents.do(검색일: 2021년 8월 23일).

관한 중재판단, 비준, 조약의 파기 …' 의 내용을 포함하고 있다. [24]

　두 번째, 1991년 4월 18일 고르바초프 소련 공산당 서기장이 일본 방문시 발표한 일소공동성명을 통해서 1956년 이래의 영토문제의 해결(평화조약 채결)과 양국의 무역, 경제, 과학 기술과 정치 분야 및 사회 활동, 문화, 교육, 관광, 스포츠, 양국 국민 간의 광범위한 자유로운 왕래를 할 수 있도록 하는 상호협력을 발표하였다. [25] 이 공동성명의 이행으로 일본과 소련은1991년 "시장경제로의 이행을 위한 개혁에 대한 기술적 지원에 관련된 협력협정"를 채결하였다. [26]

　세 번째는, 1998년 일러 투자조약이다. 이 조약은 1998년 러시아가 모라토리엄 사태가 일어났을 때 일본이 러시아를 지원한 조약이다. [27][28]

　당시 냉전이 심화되면서 무역전쟁도 심화되었고, 미국을 중심으로 서방세계는 GATT(관세 무역 일반 협정 1948-1995)와 COCOM(대 공산권 수출통제위원회) 등을 통해 자유무역 체제를 도입하여 공산진영으로 기술의 유출과 무역을 봉쇄하는 정책을 펼쳤다.

　그러나 일본의 경우, 위에서 언급한 영토문제라는 특수성에 기인해서 소련과 외교관계를 단절 시키지 않고 타 국가의 개입 없이 이어나갈 수 있는 요소

---

24) 일본외무성, "1966년 일소무역지불협정의",- https://www.mofa.go.jp/mofaj/gaiko/treaty/pdfs/A-S38(3)-205.pdf (출처: 2021년 8월 23일).

25) 재러시아일본대사관 - https://www.ru.emb-japan.go.jp/japan/JRELATIONSHIP/1992.html#6

26) 일본외무성, https://www.mofa.go.jp/mofaj/gaiko/treaty/pdfs/A-H3-2485.pdf (출처: 2021년 8월 23일).

27) 일본외무성, 조약원문 https://www.mofa.go.jp/mofaj/gaiko/treaty/pdfs/A-H12-1631_1.pdf#page=3 (검색일 2021년 8월 23일).

28) IMF, 세계은행, 일본 등 서방측과 러시아 정부는 러시아 금융·외환시장내 위기상황 진정과 경제침체 극복 및 안정화를 위해 향후 2년간에 걸쳐 총 226억 달러 규모의 긴급구제금융을 러시아에 지원키로 합의하였다.

로 작용하였고, 이것은 서로의 이익을 추구할 수 있는 방향성을 가질 수 있는 여건이 되었다고 판단된다.

2. 일본의 북극전략

일본의 국제문제연구소는 2013년 일본의 외무성으로부터 프로젝트를 수주받아 "일본의 북극 거버넌스와 일본의 외교전략"이라는 보고서를 작성했다.[29] 이 보고서에 의거한 일본은 북극권에서 영향력을 강화하기 위한 다음과 같은 전략을 구축했다.

〈표 5〉 '일본의 북극 거버넌스와 일본의 외교전략'의 주요 내용

✔ 북극 환경 유지에 필요한 기술개발:
　예를 들어 구조신호체계 혹은 차가운 바다에서 기름 유출 등 이 되었을 때 방제기술 등
✔ 인재 육성:
　일본극지연구소 기관을 통해서 북극 조건에서 일할 수 있는 전문인력을 양성.
✔ 이해관계가 있는 국제기구의 수장으로 일본인 대표 선출 지원:
　예를 들어, 국제해사기구(IMO), 국제해양법재판소(ITLOS) 등
✔ 투자:
　북극지역 내 자원 개발 및 인프라 구축에 투자를 통한 영향력 강화

이러한 전략 하에 현재 일본정부는 에너지 수입처의 다각화와 지하자원의 메이저회사 육성 등을 정부주도로 지원하고 있으며, 다음과 같은 북극개발 사업에 참여하고 있다:

---

29) 백영준 · 김정훈, "북극해 에너지 자원, 북극의 거버넌스와 일본의 역할", 『북극연구』 6호, pp. 136-150.

1) 플랜트 건설: 닛키(JGC Corporation), 치요다공업건설(Chiyoda Corp.)

플랜트건설 분야에서 유명한 닛키는 치요다공업건설 및 프랑스의 토탈의 테크닙 FMC(Technip FMC)와 함께 LNG 생산설비의 설계/조달/건설(EPC) 분야를 하청 받아 현재 운영 중

2) 제어시스템 및 안전계측 시스템 공급: 요코가와전기(Yokogawa Electric Corporation)

요코가와전기의 자회사인 '요코가와 유럽 솔류션즈'는 야말 LNG 프로젝트에서 사용되는 제어시스템과 안전계측 시스템을 납품 중

3) 파이넌스: 국제협력은행(JBIC)

JBIC는 융자금액 2억 유로의 외국직접융자, 이는 LNG프로젝트의 EPC에 관련된 계약자금의 일부를 대출(대부)한 것으로 2016년 5월에 러일 수뇌회담에서 아베총리가 푸틴대통령에게 제시한 제 8째 항목 협력 계획의 구체화 목적

4) LNG수송서비스: 미츠이 상선(Mitsui O.S.K. Lines, Ltd.)

미츠이 상선은 3척의 ARC7의 쇄빙형 LNG선과 4척의 일반 LNG선 등 총 7척을 투입하여 북극에서 LNG수송서비스를 수행 중, ARC7타입은 단독으로 해빙 가능하여 북극해 운행이 가능한 선박으로 여름에는 베링해협을 통해서 일본으로 LNG를 수송하며 겨울에는 북극해의 빙하가 두꺼워지기 때문에 유럽을 경유 운항

5) 기상정보제공서비스: 웨더 뉴스(WEATHERNEWS INC.)

웨더 뉴스는 일본의 회사로 기상정보와 해빙정보 제공서비스를 제공, 동시에 플랜트 건설용의 설비류, 기재류의 현장까지의 수송계획을 추진 중

6) 캄차카의 LNG 환적 센터 사업: 마루베니상사(Marubeni Corporation), 미츠이상선

2017년 12월에 노바텍과 본 사업 검토에 관련된 양해각서 조인, 이는 북극해 경유로 수송한 LNG를 캄차카 반도에서 환적해서, 일본을 포함한, 아시아의 각 지역에 운반하려는 구상으로 수송비용이 높은 ARC7선박으로부터 통상의 LNG선박으로 환적해서 보다 수송비용을 감소하는 것을 목표였다.[30]

상기한 바와 같이, 일본이 간접적으로 야말 LNG 프로젝트에 참여할 수 있었던 요인 중 하나는 일본의 지속적이고 일관성 있는 대 러시아 정책에 있다. 일본은 러시아와 지속적인 대화를 통해 기존 협약에 추가적인 상태로 사업영역을 확장해 나가고 있다. 이와 같은 과정을 통하여 결정되는 협정을 통해 인적교류, 기술교류, 투자 등 여러 분야에서 상호 협력을 촉진시켜 나가고 있기에, 타국이 일본과 러시아의 협력을 저지하거나 방해받기 어려운 상태이다.

또한 일본은 1970년대 오일쇼크, 2011년 후쿠시마 원자력 발전소 사고 이후 일본은 에너지 수입의 다각화를 정부정책으로 가지고 있으며, 이러한 정책을 관철시키기 위해서 지속적인 노력을 기울이고 있다.

3. 일본의 '아르티카 LNG II 프로젝트' 참가 방향성과 의도

일본은 러시아 야말로-네네츠 거점지구의 '야말 LNG 프로젝트'의 가시적인 성과에 힘입어, '아르티카 LNG II 프로젝트' 사업에는 직접적인 지분투자를 통한 참여를 하고 있다. 노바텍의 공식 사이트 자료[31]에 의하면 '아르티카 LNG II 프로젝트'의 총 지분구성은 노바텍 60%, 프랑스 토탈(TOTAL)

---

30) 유라시아연구소, '야말 프로젝트 소개' http://yuken-jp.com/report/2018/05/09/yamal/(검색일: 2021년 5월 2일).

31) 노바텍 공식 홈페이지 아르티카 LNG II 프로젝트 사업소개-https://www.novatek.ru/en/business/arctic-lng/ (검색일: 2021년 5월 19일)

10%, Japan Arctic LNG 10%, 중국석유천연기집단(CNPC) 10%, 중국해양석유집단(CNOOC) 10%로 구성되어 있다.[32] 일본의 Japan Arctic LNG는 미츠이물산(Mitsui & Co., Ltd.)(25%)과, 일본석유천연가스금속광물자원기구(JOGMEC)(75%)가 공동출자한 회사로 설립일은 2019년 5월이며 네덜란드 암스테르담에 소재하고 있다.

'야말 LNG 프로젝트' 사업과 마찬가지로 노바텍이 주도하고 있는 '아르티카 LNG II 프로젝트'는 야말로-네네츠 자치구의 기단반도에서 2023년 가동을 목표로 하고 있으며, 이 사업은 연간 660만톤의 천연가스액화설비 3개소(연간 생산량 1980만톤 예상)를 건설하는 프로젝트이다. 현재 이 지역의 천연가스 매장량은 1조 1,380억 ㎥, 액체탄화수소 매장량은 5,700만 톤으로 추정되고 있다. 이것은 전 세계 매장량의 1/5 수준이다.

이 사업을 통하여 표출되고 있는 일본의 북극개발 전략의 주요 특징을 다음과 같이 정리해 볼 수 있다. 첫째, 일본의 러시아 가스 개발 사업의 참여는 국가의 주도 하에 이루어지고 있다. 둘째, 지분출자방식의 투자이기는 하지만, 탐사, 개발, 생산에 직접적으로 참여할 수 있는 가능성을 열어두고 독자적인 공급망을 구축하고자 하려는 노력을 기울이고 있다. 셋째, 북극개발 과정을 적극적으로 활용하여, 국제 시장에서 영향력을 행사할 수 있는 메이저 급 일본 정유사를 육성해 나가고자 한다. 마지막으로, 일본의 러시아 북극 개발전략은 중장기적인 측면에서 진행되고 있으며, 그 과정에서 러시아와 각종 협정을 체결함으로써 협력의 당위성을 창출하여 북극에서 영향력을 행사할 수 있는 지위를 확보해 나가는 것을 목적으로 하고 있다.

---

32) JETRO, "「アルクティクLNG2」プロジェクト、JOGMECや三井物産などへの事業権益売却が完了" https://www.jetro.go.jp/biznews/2019/07/f39c5a2586e21f15.html(검색일: 2020년 12월 15일).

V. 한국의 대 러시아 북극개발정책

한국의 대 러시아 정책

한국의 대 러시아 정책의 시작은 그 역사가 짧다. 그 이유는 한반도의 지정학적 위치에 기인한다. 냉전시기 분단국가로서 소련과 외교관계를 가지지 못하였고, 1991년 소련이 붕괴되면서 비로서 러시아와의 수교가 시작되었다.

〈표 6〉 한러수교 후 한국의 역대정부의 대외정책의 요약은 다음과 같다:

✔ 노태우 정부(1988-1993)의 북방정책도 북한 탈냉전과 공산권 국가들과의 외교수립으로 한반도의 긴장 완화를 위한 목적으로 이루어졌으며, 소련과 첫 수교를 시작하였다.

✔ 김영삼 정부(1993-1998)의 봉쇄적인 대북정책은 러시아와의 관계가 악화시켰다.

✔ 김대중 정부(1998-2003)의 햇볕정책은 포용적인 대북정책으로 러시아 및 중국 등의 지지를 받았으며, 러시아와의 우호관계가 증진되었다.

✔ 노무현 정부(2003-2008)의 평화번영정책은 전 정권인 김대중 정권의 햇볕정책을 계승하였으며, 6자회담 개최 등의 성과를 냈으나, 북한의 핵 개발로 대북관계 악화.

✔ 이명박 정부(2008-2013)의 자원외교정책은 남북러의 철도, 가스, 농업 분야의 협력을 추진하였으나, 미국과 일본의 냉담으로 가시적인 성과는 이루어내지 못하였다.

✔ 박근혜 정부(2013-2017)의 유라시아 이니셔티브는 유라시아 대륙을 하나로 묶고 북한에 대한 경제개혁 및 개방을 통해 남북통일을 유도, 한반도의 평화를 이루자는 주장으로, 박근혜 전 대통령이 2013년 공식적으로 주창하였으나 북한의 부정적인 반응으로 성과를 내지 못하였다.

✔ 문재인 정부(2017-2022)의 신북방정책은 러시아, 중국, 몽골, 카자흐스탄 등 의 국가들과의 협력을 확대하고, 9-bridge 전략을 추진하는데에 목적을 두고 있으나, 우크라이나 사태로 미국과 유럽의 러시아 경제제재와 미중무역분쟁 등 국제외교의 애로사항으로 가시적인 성과를 내지 못하고 있다.

〈표 6〉과 같이 한러 수교 이후 역대 한국 정부의 외교정책에 대해서 간략

하게 알아보았다. 이렇게 한국의 대외정책의 특징은 북한의 존재이며, 정권에 따라서 대외정책이 일관성 없이 변화하는 경향이 강하고, 대외정책의 수립에서 북한의 존재와 주변국들과의 이해관계에 많은 영향을 받을 뿐만 아니라 러시아와의 관계에도 언제나 큰 영향을 받고 있다.

〈표 7〉 1991년 한러수교 이후 양국 사이에 체결된 조약 리스트[33]

no	조약명	서명일	발효일
1	투자의증진및상호보호에관한협정(러시아)	1990년 12월 14일	1991년 07월 10일
2	사증발급에 관한 양해각서	1992년 03월 18일	1992년 04월 17일
3	영사협약	1992년 03월 18일	1992년 07월 29일
4	총영사관 설치에 관한 의정서	1992년 10월 5일	1992년 10월 05일
5	문화협력에 관한 협정	1992년 11월 19일	1992년 12월 19일
6	세관분야에서의 협력 및 상호지원에 관한 협정	1992년 11월 19일	1992년 12월 19일
7	기본관계에 관한 조약	1992년 11월 19일	1993년 07월 07일
8	영해바깥해상에서의 사고방지에 관한 협정	1994년 06월 02일	1994년 07월 02일
9	철새보호에 관한 협정	1994년 06월 02일	1994년 07월 02일
10	환경분야에서의 협력에 관한 협정	1994년 06월 02일	1994년 07월 02일
11	러시아연방 사하공화국(야쿠티야)에서의 경제협력에 관한 협정	1995년 02월 27일	1995년 03월 29일
12	소득에 대한 조세의 이중과세회피를 위한 협약	1992년 11월 19일	1995년 08월 24일
13	서울 청와대와 모스크바 크레믈린간 비화전화회선 구성에 관한 협정	1997년 07월 24일	1997년 07월 24일
14	군사기술분야.방산 및 군수협력에 관한 협정	1997년 11월 20일	1997년 11월 20일
15	서울소재구러시아 공사관 부지문제 해결에 관한 협정	1997년 07월 24일	1997년 11월 28일
16	외교공관건축부지교환에관한대한 협정(러시아)	1997년 07월 24일	1997년 11월 28일
17	원자력의 평화적 이용에 관한 협력에 관한 협정	1999년 05월 28일	1999년 10월 08일
18	관광분야에서의 협력에 관한 협정	2001년 02월 28일	2001년 05월 22일
19	형사사법공조조약	1999년 05월 28일	2001년 08월 10일

---

33) 외교부, '대한민국 채결 조약 목록', https://www.mofa.go.kr/www/wpge/m_3834/contents.do (검색일 2021년 8월 23일).

no	조약명	서명일	발효일
20	에너지분야에서의 협력에 관한 협정	2000년 10월 10일	2002년 06월 17일
21	군사비밀정보의 상호보호에 관한 협정	2001년 02월 26일	2002년 10월 31일
22	위험한 군사행동방지협정	2002년 11월 11일	2003년 03월 18일
23	항공업무에 관한 협정	2003년 03월 13일	2003년 05월 21일
24	외교관여권소지자에 대한 사증요건의 면제에 관한 협정	2004년 09월 21일	2004년 11월 20일
25	중거리 지대공 유도무기체계 사업의 상호 협력에 관한 협정	2005년 10월 06일	2005년 10월 19일
26	외기권의 탐색 및 평화적 목적의 이용분야에서의 협력에 관한 협정	2004년 09월 21일	2006년 09월 05일
27	가스산업에서의 협력에 관한 협정	2006년 10월 17일	2006년 10월 17일
28	관용 여권 소지자에 대한 상호 사증 면제에 관한 협정	2006년 10월 17일	2006년 12월 31일
29	각자 국민의 단기방문사증 발급 간소화에 관한 협정	2008년 09월 29일	2010년 01월 09일
30	해양생물자원의 불법, 비보고 및 비규제 어업 방지 협력에 관한 협정	2009년 12월 22일	2010년 07월 16일
31	해상운송에 관한 협정	2010년 11월 10일	2011년 01월 28일
32	한쪽 국민에 의한 다른 쪽 국가 영역에서의 한시적 근로 활동에 관한 협정	2010년 11월 10일	2012년 01월 01일
33	항공기 승무원의 입국, 체류 및 출국 절차 간소화에 관한 교환각서	2011년 12월 09일	2012년 01월 16일
34	상호 사증요건 면제에 관한 협정(잠정 정지)	2013년 11월 13일	2014년 01월 01일
35	문화원 설립과 운영에 관한 협정	2013년 11월 13일	2015년 03월 16일
36	해상 수색 및 구조 분야에서의 협력에 관한 협정	2016년 09월 03일	2016년 11월 12일
37	직통 비화통신시스템 구축에 관한 협정	2017년 09월 06일	2017년 09월 06일
38	국방협력에 관한 협정	2021년 03월 29일	2021년 07월 09일

※ 이 표는 저자가 외교부 사이트에서 한국과 러시아가 맺은 조약에 대한 사항을 조사하여 정리한 것임.

　　일본의 경우와 마찬가지로 한국과 러시아가 맺은 조약에 대한 리스트를 작성해 보았고 그 결과는 위의 <표 7>과 같고, 조사범위는 상호 체결한 조약과 협정으로 한정하였다.

〈표 8〉 긍정적으로 보이는 점은 다음과 같다:

✔ 많은 수의 조약 체결
✔ 국방협력 및 경제협력 그리고 에너지 협력에 대한 조약을 가지고 있다.
✔ 러시아와 사증면제 협정

2020년은 한러수교 30주년이 되는 해로 성대하게 축하해야 할 사안이지만 안타깝게도 코로나-19 상황으로 많은 행사들이 취소되거나 온라인으로 이루어졌다. 개량적인 수치로 조약들이 좋은 조약과 나쁜 조약을 나눌 수는 없지만 한국과 러시아의 짧은 수교 역사에서도 양국 사이에 38개의 조약이 체결되었고, 이것은 러시아와 수교한지 65년이 지나가고 있는 이웃나라 일본과 비교해도 적은 숫자의 조약이 체결된 것은 아니다.

문재인 정부의 신북방정책에서도 정책 추진 방향에 미래 한반도의 성장동력인 북방지역과의 협력을 우선시하고 있는 것처럼 러시아와 한국은 국방, 경제, 에너지 협력에 조약을 가지고 있고 이 조약들을 유지 발전시켜서 한국과 러시아가 상호 이익이 될 수 있도록 나아가야 할 것이다.

한국과 러시아는 2014년 1월 1일부터 사증면제 협정이 발효되면서 관광비자로 90일 동안 상호 국민들이 각각의 국가에 비자 없이 체류할 수 있게 되었다. 2021년 현재 코로나-19 여파로 사증면제 협정이 중지되어 있지만, 러시아와 사증면제 협정은 한국의 국력신장과 러시아와의 좋은 관계를 나타내는 것임으로 좋은 외교적 성과라고 생각한다.

2. 한국의 북극전략

<표 9> 한국의 북극전략 성과

✔ 북극이사회(AC) 옵서버 선정(2013)

✔ LNG 쇄빙선 건조 수주(2014)

✔ 해양수산부 주도로 북극 컨소시엄 발족 (2015)

✔ 제2쇄빙선 예산타당성 통과 (2021)

한국의 대 북극정책의 대외적 관계의 시발점은 2008년 북극이사회(AC) 옵서버 가입 시도였으며, 2013년 5월에 정식옵서버로 선정되었고, 이로서 북극 문제에 대해서 직/간접적으로 접근할 수 있는 최소한의 요건이 충족되었다.[34] 향후 북극과 관련된 여러 분야에서 북극이사회 회원국들과의 협조로 많은 북극문제에 기여를 기대하고 있다.

2014년 대우해양조선은 '야말 LNG 프로젝트'의 일환으로 LNG쇄빙선 15척의 건조를 수주 받았으며,[35] 2020년 기사에 따르면 삼성중공업은 '아르티카 LNG II 프로젝트' 프로젝트에서 2조 8,000억 규모의 LNG쇄빙선 쇄빙선 수주를 받았다.[36] 러시아 북극 개발에서 한국은 러시아의 LNG 프로젝트에 직접 참여하여 개발에 참여하기 보다는 LNG 선박 등의 건조를 통해서 간접적인 참여만이 나타나는 상태이다.

2015년 박근혜 정부는 '유라시아 이니시어티브' 정책을 추진하였고, 해양수

---

34) 외교부, "북극이사회", https://www.mofa.go.kr/www/wpge/m_4046/contents. do(검색일 :2021년 8월 23일).

35) 월드뉴스 보도자료 http://www.newsworld.co.kr/detail.htm?no=1375 (검색일: 2017년 9월 20일)

36) 시사경제신문, "삼성중공업, 쇄빙 LNG 운반선 계약 '잭팟'"http://www.sisanews.kr/news/articleView.html?idxno=55918(검색일: 2021년 8월 23일).

산부 주도 하에 '한국북극컨소시엄(KoARC)'이 발족됐다. '한국북극컨소시엄'은 이전까지 개인연구자 중심으로 연구되어 체계적인 관리가 되지 않았던 북극관련 연구를 종합하여 창조적인 융복합 북극연구 과제를 발굴하고 그 실행을 지원함으로써, 지속가능한 북극이용을 실현하고 새로운 국익의 기회를 창출하며 북극 연구자 간의 협력증대와 우리나라의 북극진출에 기여하는 것을 목적으로 하고 있다. 과학, 산업기술 및 정책 등 3개의 분과위원회를 구성하고 있는 '한국북극컨소시엄'은 1988년 미국에서 창설된 ARCUS(Arctic Research Consoritum of the Untied States), 일본에서 2011년에 창설된 JCAR(Japan Consortium for Arctic Environmental Research)을 참고하여 한국형 북극 컨소시엄 운영을 목표로 2015년 11월 3일 해양수산부 산하 극지연구소의 주관 하에 국내 24개 기관이 모여 발족하였으며, 2021년 현재 북극학회 외 30개 단체가 소속되어 활동중에 있다.[37]

북극권에 대한 직접적이고 적극적인 연구활동은 연구쇄빙선 아라온호(2004년-2009년)의 건조로 실현될 수 있었다. 쇄빙선 아라온호의 주요임무로는 남극-북극지역의 연구수행 및 기지보급이다. 현재 대한민국에는 쇄빙선이 한 대 밖에 없기 때문에 남극과 북극에서의 동시 연구활동이 불가능한 상태였다. 이에 따라 정부는 예산타당성 감사를 시행하였고 2021년 6월 제2의 쇄빙선의 건조가 통과되었다. 새로운 쇄빙선은 아라온 호의 2배 규모의 사양으로 예상하고 있으며, 새로운 쇄빙선을 통한 북극 내 연구활동의 능동적이고 주도적 참여가 기대되고 있다.[38][39]

---

37) 서현교, "중국과 일본의 북극정책 비교 연구", 『한국 시베리아연구』 Vol. 22, no. 1, pp.119-152, 2018.
38) 김정훈, 백영준, "한국과 일본의 북극 연구 경향 및 전략 비교", 『한국 시베리아연구』 Vol. 21, no. 2, p. 131, 2017.

Ⅳ. 결론

 이렇게 러시아의 북극개발전략과 일본과 한국의 대 러시아 북극개발정책을 살펴보았다 이것을 비교 분석해 보는 것으로 결론을 내리고자 한다.

 한국과 일본은 국제사회에서 미국과의 협력과 연대를 우선시하고 있다는 유사점을 가지고 있다. 동시에 두 국가 모두 자원이 빈약한 산업국으로 안정적인 에너지를 확보해야 한다는 점에서 공통점이 있다. 또한 국내외의 여러 요소로 인해 새로운 경제 공간을 창출해 내어야 한다는 점, 역시 유사점이라 할 수 있을 것이다. 이러한 공통점들이 인류의 미래 성장공간이라고 할 수 있는 북극공간, 그 중에서도 개발 및 활용이 가시적인 단계에 접어들고 있는 러시아의 북극공간에 적용될 때에는 다소 확연한 차이를 나타내고 있다.

 일본이 러시아 북극개발에 미국의 반대에도 불구하고 간접 및 직접적인 투자가 가능한 것은 일본의 일관되고 한방향으로 지속적으로 추진되는 러시아 정책에 기인한다고 판단된다.

 현대적인 의미의 일본과 러시아와의 외교관계는 영토문제에 관련되어 있는 것이고, 이 문제는 지금까지 해결되지 않았지만 일본과 러시아 상호 국가가 지속적으로 만나야하는 당위성을 부여하고 있으며, 조약이 갱신될 때마다 인적교류와 투자가 지속적으로 이루어져왔고, 이것은 다른 나라가 두 나라의 관계에 껴들 수 없는 방패막이 되었다.

 한국의 경우, 소련이 무너지고 90년대부터 러시아와의 수교가 시작되었지만 한반도의 특수한 상황 때문에 정권이 바뀔 때마다 러시아 정책이 일관적이

---

39) 동아사이언스, "아라온호'보다 2배 큰 제2쇄빙선 건조한다 'https://www.dongascience.com/news.php?idx=47548

지 못했다. 한국의 대 러시아 정책의 특징은 북한의 존재이며, 대외정책의 수립에서 북한의 존재와 주변국들과의 관계에 많은 영향을 줄 뿐만 아니라 러시아와의 관계에도 언제나 큰 영향을 주고 있으며, 눈에 보이는 북극 관련 투자는 LNG 쇄빙선 수주뿐이다. 이것은 러시아 북극권 개발에 있어서 소극적인 모습으로 판단된다.

한국의 미래성장동력으로서 북극은 아주 매력적인 공간이고, 이 공간에 대한 접근은 필연적이다. 도출된 결론이 보완되기 위해서는 북극상황에서의 정책을 일관성있게 유지할 수 있는 정부부처의 신설이나 혹은 기존에 있는 부처에서 컨트롤 타워가 세워져야 할 것이다. 다음으로, 러시아와 북극상황에서 러시아와 협력을 활성화 할 수 있는 인적교류 및 물적교류가 동반된 조약을 적극적으로 모색하고 체결해 나가야 하며, 직접적인 투자가 어려운 경우에는 해외 펀딩 등을 통한 간접적이고 우회적인 방법을 동원해 타국이 개입할 수 없는 장치를 만들어 보는 것도 필요하다고 생각한다.

이외에도 상대적으로 국제정치 및 경제의 영향력을 덜 받을 수 있는 북극의 자연 및 인문 환경 문제에 관해 국제사회에서 러시아와 보다 더 적극적인 협력 체제를 구축해 나가는 것 역시 필수적인 사안이라 생각한다. 현재, 북극 개발 과정의 경제적 혹은 국제사회의 리스크 등을 셈하거나 논하는 것은 바로 다가오는 미래 사회에 대한 늦장 대응이라 할 수 있을 것이다. 멀지 않은 미래에 북극공간이 어떠한 형태로든 '미래 인류의 성장공간'으로 우리를 아 올 것만은 확실하기 때문이다.

〈참고문헌〉

김상원, "서방의 경제제재와 러시아의 북극개발: 천연가스를 중심으로",『슬라브학보』Vol. 32(4), 2017.12.

김정기·이상준·강명구, "러시아 에너지 전략과 한러 천연가스 협력의 가능성 및 제약요인",『러시아연구』Vol. 28(1), 2018.05.

김정훈·백영준, "한국과 일본의 북극 연구 경향 및 전략 비교",『한국 시베리아연구』Vol. 21, no. 2, 2017.

大塚 夏彦, "北極海航路の動向と展望",『海洋開発論文集』Vol. 34, 2018.

武田 健吾, 池上 雅子, HööK Mikael, 時松 宏治, "認知構造図と計量テキスト分析を用いたロシアのガス開発·対日輸出の構造分析 - ヤマルLNGプロジェクトを対象として",『エネルギー·資源学会論文誌』Vol. 40, 2019.

박종관, "러시아 북극권 철도 회랑 연구: 벨코무르(Belkomur Corridor)와 북위도 철도 회랑(Northern Latitudinal Railway)을 중심으로",『한국시베리아연구』Vol. 23(1), 2019.05.

백영준, "북극 개발전략 2020 원문번역(1)",『북극연구』Vol. 4호, p. 77.

백영준, "북극 개발전략 2020 원문번역(2)",『북극연구』Vol. 4호, pp.162-183.

백영준·김정훈, "북극해 에너지 자원, 북극의 거버넌스와 일본의 역할",『북극연구』6호.

本村 眞澄, "ロシア北極圏の石油·ガス開発の現状",『海洋開発論文集』Vol. 33, 2017.

서현교, "중국과 일본의 북극정책 비교 연구",『한국 시베리아연구』Vol. 22, no. 1, 2018.

小宮山 涼一, "地政学的リスクとエネルギー",『解説シリーズ』Vol. 60, 2018.

안상욱·임석준·김현정, "러시아와 중국의 천연가스 사업협력:배경과 전망",『아태지역연구센터』Vol. 43(4), 2020. 02.

예병환·박종관, "러시아의 시베리아 북극권 에너지자원 개발전략과 한·러 에너지산업 협력방안에 관한 연구",『한국시베리아연구』Vol. 22(1), 2018.05.

이주리, "'러시아 에너지전략-2035'와 시사점",『세계에너지시장인사이트』제15-37호.

조정원, "중·러 석유·가스 협력 강화요인과 장애요인: 중국의 국내적 요인을 중심으로",『현대중국연구』Vol. 19(4), 2018.03.

〈인터넷 사이트〉

"노바텍 공식 홈페이지 아르티카 LNG II 프로젝트 사업소개" https://www.novatek.ru/en/business/arctic-lng/

Chiyoda Corporation, "ヤマルLNGプロジェクト（第1系列、第2系列、第3系列)"https://www.chiyodacorp.com/jp/projects/yamal-nenets.html

chosonbiz, "대우조선해양, LNG운반선 1척 수주⋯"올해 목표 32% 달성"" https://biz.chosun.com/site/data/html_dir/2019/06/12/2019061201644.html

regnum, 'схема размещения опорных зон развития в Арктике' https://regnum.ru/news/2407690.html

THE PAGE, "ソ連は調印を拒否　日本が主権回復した「サンフランシスコ平和条約」の裏側" (2016년 12월 8일자) https://news.yahoo.co.jp/articles/57d69ac6c9f46f4cf931876118e93b759338c51d?page=1

加藤資一, "「最果ての地」＝ヤマルの開発に挑む日本企業", http://yuken-jp.com/report/2018/05/09/yamal/

극지연구소, 북극지식센터, "중국, 북극 정책 발표" http://www.arctic.or.kr/?c=5/73&cate=1&idx=1426

동아사이언스, "아라온호'보다 2배 큰 제2쇄빙선 건조한다 'https://www.dongascience.com/news.php?idx=47548

러시아 정부 문서 사이트: http://government.ru/docs/29164/

시사경제신문, "삼성중공업, 쇄빙 LNG 운반선 계약 '잭팟'"http://www.sisanews.kr/news/articleView.html?idxno=55918(검색일: 2021년 8월 23일).

외교부, '대한민국 채결 조약 목록' https://www.mofa.go.kr/www/wpge/m_3834/contents.do

외교부, '조약의 정의와 유형', https://www.mofa.go.kr/www/wpge/m_3830/contents.do

외교부, "북극이사회", https://www.mofa.go.kr/www/wpge/m_4046/contents.do(검색일:2021년 8월 23일).

월드뉴스 보도자료 http://www.newsworld.co.kr/detail.htm?no=1375 (검색일: 2017년 9월 20일)

위키피디아 샌프란시스코 강화조약 - https://ko.wikipedia.org/wiki/%EC%83%8C%ED%94%84%EB%9E%80%EC%8B%9C%EC%8A%A4%EC%BD%94_%EA%B0%95%ED%

99%94_%EC%A1%B0%EC%95%BD

위키피디아, "쿠릴열도 분쟁" https://ko.wikipedia.org/wiki/%EC%BF%A0%EB%A6%B4_%EC%97%B4%EB%8F%84_%EB%B6%84%EC%9F%81

일본외무성, "1966년 일소무역지불협정의" https://www.mofa.go.jp/mofaj/gaiko/treaty/pdfs/A-S38(3)-205.pdf.

일본외무성, https://www.mofa.go.jp/mofaj/gaiko/treaty/pdfs/A-H3-2485.pdf.

일본외무성, https://www.mofa.go.jp/mofaj/index.html

일본외무성, 조약원문 https://www.mofa.go.jp/mofaj/gaiko/treaty/pdfs/A-H12-1631_1.pdf#page=3

齋藤寛, "アルクティクLNG2」プロジェクト、JOGMECや三井物産などへの事業権益売却が完了", JETRO, 2019. 07. 23. https://www.jetro.go.jp/biznews/2019/07/f39c5a2586e21f15.html

재러시아일본대사관-https://www.ru.emb-japan.go.jp/japan/JRELATIONSHIP/1992.html#6

스웨덴의 북극정책과 대(對)러시아 경계심

곽성웅*

Ⅰ. 서론 - 스웨덴 북극정책 연구의 의의

스웨덴은 북극국가다. 보다 엄밀히 말하자면 북극과 그 주변 지역에 속하는 북극권(北極圈, Arctic Circle) 국가다. 스웨덴 스스로도 자신을 북극국가라 표방하고 있다.[1] 그리고 스웨덴은 1996년 출범한 북극을 대표하는 국제포럼이자 정부 간 협의체인 '북극이사회'(Arctic Council)의 정식 회원국이기도 하다.[2] 여기에 더해 스웨덴은 2011년부터 국가 차원의 북극 전략을 수립하여 10

※ 『한국 시베리아연구』 2022년 제26권 2호에 실린 논문을 수정 및 보완한 글임
* 배재대학교 한국-시베리아센터 연구교수

1) 2020년 스웨덴의 외무장관 안 린데(Ann Linde)는 2020년 발간된 『스웨덴의 북극 전략』(Sweden's strategy for the Arctic region, 이하 『2020 북극 전략』) 보고서 서문에서 스웨덴이 '북극국가'(Arctic country)이며, 북극에 대한 특별한 이익을 보유하고 있다고 공개적으로 선언한 바 있다. Ministry for Foreign Affairs, *Sweden's strategy for the Arctic region* (Stockholm: Government Offices of Sweden, 2020), p. 1.

2) 북극이사회는 현재 북극과 그 주변 지역에 대한 관리에 있어서 광범위한 국제적 권위를 인정받고 있는 국제기구이다. 1996년 캐나다의 오타와에서 국제적 포럼 형식의 기구 구성에 합의하는 '오타와 선언'(Ottawa Declaration)이 발표된 이후 북극이사회는 스웨덴을 포함한 북극권 8개 국가(미국과 러시아, 캐나다, 노르웨이, 덴마크, 핀란드, 아이슬란드)의 합의로 설립됐다. "ARCTIC COUNCIL - ABOUT THE ARCTIC COUNCIL," https://arctic-council.org/about/ (검색일: 2021. 10. 03).

년 주기로 발표해오고 있다.[3)]

　역사적으로도 스웨덴과 북극의 관계는 오랜 세월 동안 형성되어 왔다.[4)] 중세시대에 스웨덴은 이미 오늘날의 북극권에 속하는 일부 지역을 자신의 영토에 편입시켰다. 그리고 16세기에는 그린란드(Greenland) 동쪽의 스발바르(Svalbard) 군도(群島)에 포경과 어로 활동을 위한 전진기지를 건설하여 '북극'(Arctic)과 '북극지역'(Arctic region)에서의 경제활동은 물론이고 과학탐사와 연구조사 활동도 지속적으로 추진해왔다. 스웨덴은 특히 북극지역에 관한 과학탐사의 역사에서 중요한 발자취를 남겨왔다. 지리학자인 아돌프 노르덴스키월드(Adolf Nordenskiöld)가 이끄는 스웨덴 탐험대가 역사상 최초로 '북동항로'(Northeast Passage)를 탐사·횡단한 것이 대표적이다. 그리고 1991년에는 스웨덴의 쇄빙선 '오텐'(Oden)호가 비원자력 함선으로는 최초로 북극점에 도달하기도 했다. 경제적 측면에서도 스웨덴은 지속가능한 북극의 발전을 모토로 가능한 한 환경에 부담이 가지 않는 스마트한 자원개발 기술을 개발해왔다. 그 결과 현재 스웨덴의 녹색혁명 기술은 세계 최고 수준을 자랑한다.

　이렇게 오랜 역사와 다양한 분야에서 북극국가로서의 정체성을 명확히 형성해 온 스웨덴에 대해 그간 국내의 학문적 관심은 높지 않았다. 북극국가들의 북극정책을 종합적으로 분석하는 과정에서 반(半) 페이지 분량의 짧은 내용을 언급한 강희승(2015)의 연구만이 확인될 뿐이다.[5)] 해외에서도 관련 연

---

3) "Sweden's strategy for the Arctic Region," https://www.government.se/country-and-regional-strategies/2011/10/swedens-strategy-for-the-arctic-region/ (검색일: 2021.10.03).

4) Ministry for Foreign Affairs, *Sweden's strategy for the Arctic region*, (Stockholm: Government Offices of Sweden, 2011), pp.12-14.

5) 강희승, 「북극해 환경변화로 인한 한국의 해양안보정책 연구」, 부산: 한국해양대학교 대학원 박사학위논문, 2015, p.91.

구가 많지는 않지만, 한국보다는 어느 정도의 연구성과가 축적되어 있는 편이다. 일부 논문들이 스웨덴의 북극정책을 중점적으로 다루고 있고, 그 외 상당수는 북극지역의 군사안보와 거버넌스 변화, 각국의 북극전략 등을 연구하면서 관련 내용을 언급하고 있는 실정이다.[6]

본 저자는 해외와 비교해 볼 때 스웨덴 북극정책에 관한 국내 연구가 거의 수행되고 있지 않은 이런 현실은 국내 학계가 지금껏 쌓아온 북극연구의 성과에 비추어볼 때 이례적인 수준이라고 생각한다. 이는 무엇보다도 그동안 국내 연구자들의 북극 연구가 북극연안국에만 상당히 치중했기 때문으로 추정된다.[7] 여기에 더해 스웨덴처럼 북극이사회 정식회원국도 아니고 옵서버에 불과한 비북극국가인 중국과 일본의 북극 정책에 관한 국내연구도 일부 목격되고 있는 점[8]을 감안할 때 북극이사회 회원국이면서 비북극연안국인 스웨덴을 비

---

6) Alexandre Piffero Spohr et al., "The Militarization of the Arctic: Political, Economic and Climate Challenges," *UFRGS Model United Nations Journal* Vol. 1, 2013, pp.11-70; И. А. Цверианашвили, "Экологический аспект Арктической стратегии Швеции на современном этапе," *Гуманитарные и общественные науки* №4, 2017, сс. 113-119; Э. Д. Эминова, ""Арктический парадокс" в стратегиях арктических стран на примере Дании, Финляндии и Швеции," *Азимут научных исследований: экономика и управление* Т. 8. №3(28), 2019, сс. 37-39; С. А. Бокерия, Е. А. Кернер и Д. А. Кузнецова, "Эволюция приоритетов арктической политики стран Северной Европы (на основе контент-анализа доктринальных документов)," *Via in tempore. История. Политология* Том 47, №2, 2020, сс. 416-426 외 다수.

7) 이 중 러시아 관련 연구가 압도적으로 많은 편이다: 예병환·박종관, "러시아의 시베리아 북극권 에너지자원 개발전략과 한·러 에너지산업 협력방안에 관한 연구",『한국시베리아 연구』제22권 1호, 배재대학교 한국-시베리아센터, 2018, pp.81-118; 김봉철, "북극항로 협력 등 한-러 무역활성화 구축을 위한 연구",『무역학회지』제44권 제4호, (사)한국무역학회, 2019, pp.115-128; 정보라, "신지정학과 북극해 레짐: 한국과 노르웨이의 협력을 중심으로",『글로벌정치연구』제7권 2호, 한국외국어대학교 글로벌정치연구소, 2014, pp.115-147 외 다수.

8) 물론 중국, 일본의 북극정책 관련 국내연구는 같은 비북극국가인 한국의 북극정책 개

롯한 핀란드, 아이슬란드에 대한 그동안의 학문적 외면은 지나친 측면이 있다.

본 연구는 국내학계가 보여 온 그동안의 연구 흐름에 대한 문제의식 속에서 출발했다. 그리고 스웨덴이 북극연안국은 아니지만, 북극과 그 주변 지역에 관한 다방면의 오랜 경험과 기술, 지식, 정보 등을 축적해 온 국가이기에 연구의 가치가 높다고 판단했다. 또한 이를 통해 본 연구의 결과물이 북극이사회의 거버넌스(Governance) 변화 등과 같은 향후 북극지역의 정치 · 경제적 전환과정 속에서 제기될지도 모를 관련 정책개발과 학문연구의 기반 연구자료로 활용될 수 있기를 기대했다. 특히 2022년 2월 시작된 러시아의 우크라이나 침공은 북극 지역의 정세와 판도를 급격히 변화시키고 있다. 북극이사회에서 러시아가 고립되고 있는 현실을 감안한다면 비북극국가인 스웨덴을 비롯하여 핀란드, 아이슬란드 등 비북극연안국의 연구 중요성은 더욱 커질 수밖에 없다. 그래서 본 연구는 한국이 향후 북극연안국 이외의 비북극연안국과의 협력도 도모하여 북극 지역에서의 다양한 이익확보를 가능케 하는 또 다른 정책적 대안을 촉구하는 차원의 학문적 의미도 담고자 했다.

본 연구는 연구방법으로 문헌분석을 주로 활용했으며, 문헌은 주로 스웨덴의 정부문서와 관련 국제기구, 단체 등에서 작성한 보고서 위주로 주제와의 연관성을 감안하여 선별했다. 그리고 본 저자는 현재 스웨덴이 추구하는 북극전략과 북극정책의 현황을 파악하려면 10년 주기로 발표되는 『스웨덴의 북극 전략』(Sweden's strategy for the Arctic region) 보고서를 중심으로 분석이

발에 있어 매력적인 비교대상이자 사례연구가 되기 때문으로 이해할 수 있다. 다음의 연구들을 보라: 서현교, "중국과 일본의 북극정책 비교 연구", 『한국시베리아 연구』 제22권 1호, 배재대학교 한국-시베리아센터, 2018, pp. 119-152; 라미경, "세력전이론 시각에서 본 중국 북극정책의 함의", 『한국시베리아 연구』 제25권 2호, 배재대학교 한국-시베리아센터, 2021, pp. 1-32 외.

이루어져야 한다고 판단했다. 그래서 본 논문은『스웨덴의 북극 전략』(2020) 분석 내용을 중심으로 구성됐다. 먼저 본문의 첫 번째 장에서는 스웨덴과 북극의 역사적 관계 및 스웨덴 북극정책의 변화과정을 분석했다. 본문의 두 번째 장에서는 본격적으로 2020년 스웨덴 외무부가 발표한 스웨덴의 2번째『북극 전략』보고서를 중심으로 연구를 진행했다. 이 장의 구체적인 내용은 스웨덴 북극정책의 핵심 목표와 세부 과제 및 주요 특징 등에 관한 상세한 분석으로 구성됐다. 마지막 결론에서는 스웨덴의 북극정책을 종합적으로 요약하면서 이를 통해 한국의 북극전략에 줄 수 있는 정책적 시사점을 확인했다.

Ⅱ. 스웨덴의 북극관계사와 북극정책의 변화 양상

1. 스웨덴과 북극의 역사적 관계

스웨덴과 북극의 역사적 관계는 중세부터 시작한다. 현재 북극권의 일부를 구성하는 라플란드(Lapland)[9]가 당시 스웨덴 중세 왕국의 영역에 편입됐다.[10] 그리고 16세기부터는 유럽에서 그린란드 동쪽의 스발바르 군도를 거점

---

9) 스칸디나비아와 핀란드 북부, 러시아 콜라반도로 구성된 유럽의 최북단 지역으로, 이 지역의 원주민인 라프(Lapp)족의 이름에서 지명이 유래됐다. 보통 라플란드는 북위 65도를 기준으로 그 위의 지역을 가리키는데, 북으로는 바렌츠해(Barents Sea), 서로는 노르웨이해(Norwegian Sea), 동으로는 백해(White Sea)와 접한다. "네이버 지식백과 - 두산백과: 라플란드," https://terms.naver.com/entry.naver?docId=1087115&cid=40942&categoryId=40467 (검색일: 2021.09.19).

10) Ministry for Foreign Affairs (2011), *op. cit.*, p.12.

으로 한 북극지역의 어로와 포경 활동에 대한 관심이 높아졌다.[11] 스웨덴도 스발바르 군도의 스피츠베르겐을 대(對)북극 전진기지로 삼고 경제활동과 함께 탐사와 연구조사 등을 병행해 나갔다.[12]

특히 스웨덴의 북극관계사에서 과학연구 분야의 학문적 경험과 성과는 상당하다. 18세기 중엽부터 스웨덴은 여러 차례의 현지 조사와 답사 등을 통해 북극지역에 관한 많은 정보와 지식을 축적해왔다. 1732년 생물학자인 칼 린네(Carl Linnaeus)가 라플란드 지역을 답사한 것을 시작으로,[13] 1758년에는 린네의 제자이자 기상학자인 안톤 롤란드슨 마르틴(Anton Rolandson Martin)이 스피츠베르겐을 연구차 답사하기도 했다.[14] 그리고 스웨덴의 북극 탐험은 스발바르에만 한정되지 않았다. 1879년 탐험가인 아돌프 노르덴스키욀드가 역사상 최초로 북극의 북동항로를 통과하기도 했다.[15] 1980년 여름에는 스웨덴의 쇄빙선(ice-breaker) '이멜'(Ymer)호가 세계 각국의 연구자들과 함께 극지에 관한 과학연구조사 활동을 수행했고, 1991년에는 쇄빙선 '오덴'(Oden)호가 비원자력 함선으로는 최초로 북극점에 도달했다.[16]

---

11) 극지연구소 미래전략실, 『극지관련 국제조약 선언 핸드북, 북극편 제1권: 스발바르 조약』, 인천: 극지연구소, 2014, p.6.

12) Ministry for Foreign Affairs (2011), *op. cit.*, p.12.

13) 스웨덴에서는 이를 북극지역 연구사에 있어 상징적인 첫 사례로 여기고 있다. *ibid.*

14) 스웨덴에서는 이를 최초의 실질적인 북극 현지 연구사례로 여기고 있다. Ministry for Foreign Affairs (2020), *op. cit.*, p.38.

15) Alexandre Piffero Spohr et al. *op. cit.*, p.13; Ministry for Foreign Affairs (2011), op. cit., pp.12-13; 일부에서는 러시아제국 출신의 탐험가인 드미트리 게라시모프(Дмитрий Герасимов)를 최초의 북동항로 개척가로 평가하기도 한다. 김선래, "북극해 개발과 북극항로 : 러시아의 전략적 이익과 한국의 유라시아 이니셔티브", 『한국시베리아 연구』 제19집 제1호, 배재대학교 한국-시베리아센터, 2015, p.51.

16) Ministry for Foreign Affairs (2011), *op. cit.*, pp.13-14; "Icebreaker Oden," https://www.polar.se/en/research-support/icebreaker-oden/ (검색일: 2021.10.11).

1980년대는 스웨덴이 국가 차원에서 북극문제에 관한 정책적 관심을 보다 명확하고 체계적으로 진행한 시기였다. 1981년 정부 내 공식기구인 극지조사위원회가 설립됐고, 1984년에는 극지 조사업무를 담당하는 관련 부처도 새롭게 편성됐다. 1980년대는 북극에 대한 전 세계적인 관심이 본격화된 시기로, 1987년 소련의 고르바초프 서기장은 '무르만스크 선언'(Мурманские инициати́вы)으로 북극지역을 개방하며 북동항로와 북극자원 개발에 대한 각국의 협력을 촉구했다.[17] 무르만스크 선언에 힘입어 스웨덴을 포함한 북극 주변 국가들은 북극문제에 대한 공동대처를 위한 국제적 협력을 개시했고, 그 협력의 성과가 1996년 북극이사회의 출범으로 이어졌다. 2011년 최초로 북극이사회 의장국이 된 스웨덴은 이때를 기점으로 공식적인 북극정책 보고서를 작성하여 10년 주기로 현재까지 발표해오고 있다.[18] 그리고 스웨덴은 북극이사회 외에도 북극문제를 논의할 다양한 국제적 협력을 구축하기 위해 노력해왔다. 1971년 북극국가 4개국인 덴마크, 아이슬란드, 핀란드, 노르웨이와 함께 북유럽과 북극지역 문제에 관한 역내 정부 간 협력기구인 '북유럽각료이사회'(Nordic Council of Ministers)를 창설했고, 1993년에는 덴마크, 아이슬란드, 핀란드, 노르웨이, 러시아, 유럽공동체와 함께 바렌츠해(Barents Sea) 지역의 협력을 논의하기 위한 국제기구인 '바렌츠유로-북극이사회'(Barents Euro-Arctic Council)를 결성했다.[19]

---

17) 문진영 · 김윤옥 · 서현교, 『연구자료 14-06: 북극이사회의 정책동향과 시사점』, 세종: 대외경제정책연구원, 2014, p.16.

18) "Sweden's strategy for the Arctic Region,", https://www.government.se/country-and-regional-strategies/2011/10/swedens-strategy-for-the-arctic-region/ (검색일: 2021.10.06).

19) "About the Nordic Council of Ministers," https://www.norden.org/en/information/about-nordic-council-ministers (검색일: 2021.10.06); "BARENTS EURO-ARCTIC

이와 같이 스웨덴은 북극지역과의 오랜 역사적 관계 속에서 북극국가로서의 정체성을 형성해 왔다. 사실 '북극' 혹은 '북극지역'에 대한 정의는 여러 주체의 관점과 입장에 따라 다양하게 제시되지만,[20] 스웨덴에게 있어서는 그 정의가 명확하다. 바로 1996년 북극이사회의 설립을 공식적으로 명기한 오타와 협정에 서명한 국가들(북극국가들, the Arctic states)과 북극(Arctic)을 합한 지역이다.[21] 오타와 협정에 서명한 국가는 모두 8개국으로 스웨덴을 비롯하여 미국, 캐나다, 러시아, 핀란드, 아이슬란드, 덴마크, 노르웨이이다.[22] 이들이 모두 '북극점'(Arctic, 혹은 Arctic Pole)과 주변 해역인 '북극해'(The Arctic Ocean)[23]를 접하고 있진 않다. 미국과 캐나다, 러시아, 덴마크, 노르웨이 - 5개국만이 북극해를 접한 '북극연안국'(the Arctic coastal states)이다. 그러므

COOPERATION - ABOUT US," https://www.barentscooperation.org/en/About (검색일: 2021.10.06).

20) 한종만(2016)은 북극 지역에 대한 통일된 정의가 존재하지 않는 이유로, 북극의 자연지리적 정의가 기후변화로 유동적이고, 인문사회적 정의는 정치·경제·사회·문화적 정보와 자료 수집에 있어 용이하지 않기에 그 한계를 지니고 있기 때문이라고 지적한 바 있다. 그러나 2021년 제정된 한국의 「극지활동 진흥법」에서는 북위 66도 30분 이북의 육지와 빙붕 및 수역, 그리고 그 상공을 북극이라고 정의하고 있다. 한종만, "북극권 인문지리: 인구의 역동성을 중심으로," 배재대학교 북극연구단(한종만 외 9인) 편. 『북극의 눈물과 미소: 지정, 지경, 지문화 및 환경생태 연구』(서울: 학연문화사, 2016), p.313; "국가법령정보센터-극지활동 진흥법 제3조 2항," https://www.law.go.kr/LSW/lsInfoP.do?efYd=20211014&lsiSeq=231495#0000 (검색일: 2022.04.04).

21) Ministry for Foreign Affairs (2011), *op. cit.*, p.11; Ministry for Foreign Affairs (2020), op. cit., p.7.

22) Arctic Council, *Declaration on the Establishment of the Artic Council & Joint Communique* ..., (Ottawa: Arctic Council, 1996).

23) 북극해(The Arctic Ocean)의 공식 표기에는 '대양(大洋)'을 가리키는 'ocean'이라는 단어가 들어간다. 그러나 한국에서는 통상 '북극양'(北極洋)이라고 하지 않고 '북극해'(北極海)라고 하기에 본 논문에서도 이와같이 '북극해'라고 표기했다.

로 스웨덴은 북극지역의 국가를 정의함에 있어 좁은 의미의 북극연안국[24]이 아닌 북극이사회를 구성하는 8개 회원국 모두를 북극국가로 정의하는 것을 더 선호한다. 그러한 연결고리가 스웨덴의 북극국가라는 정체성을 보다 명확히 할 수 있기 때문이다.

2. 스웨덴 북극정책의 변화 양상

현재 스웨덴이 추구하는 북극전략과 북극정책의 현황을 파악하는 데 있어 가장 중요한 자료는 바로 10년 주기로 발표되는『스웨덴의 북극 전략』(Sweden's strategy for the Arctic region) 보고서일 것이다. 2011년 스웨덴은 2년 주기로 교체되는 북극이사회의 의장국 지위에 최초로 선임되면서 국가 차원의 북극전략 보고서를 공개하기 시작했다. 현재까지 스웨덴은 2차례의 북극전략 보고서를 통해 북극지역에 대한 다양한 정책적 의지를 적극적으로 표명해오고 있다.

2011년과 2020년 두 차례 공개된 북극 전략 보고서를 살펴보면, 스웨덴 북극정책의 핵심 요소가 변화한 것을 알 수 있다.『2011 북극 전략』보고서에서는 북극정책의 우선순위를 3가지로 설정해 놓았다. 바로 '기후와 환경'(Climate and Environment), '경제개발'(Economic Development), '인간 중시'(The Human Dimension)이다.[25] 그런데『2020 북극 전략』보고서에서 표

---

24) 스웨덴은 건국 이래 북극해 연안국이었으나, 18세기 이래로 핀란드와 발트해 일부 등 북극권 지역의 많은 영토를 상실했다. 그리고 최종적으로 1905년에 자국의 영토였던 노르웨이가 독립하면서 북극해와 접하는 지역이 모두 사라졌고, 북극권에 속하는 라플란드 지방만이 스웨덴의 북극국가로서의 정체성을 지켜주고 있다.

25) Ministry for Foreign Affairs (2011), *op. cit.*, p. 23.

방한 북극정책의 핵심 요소는 '기후'(Climate)와 '인간'(People), 평화(Peace)이다. [26] 그리고『2020 북극 전략』보고서에서는 핵심 요소를 세분화한 6가지의 핵심 목표 분야도 제시하고 있다. '국제협력'(International Collaboration)과, '안보와 안정'(Security and Stability), '기후와 환경'(Climate and environment), '극지 연구와 환경감시'(Polar Research and Environmental Monitoring), '지속가능한 경제개발과 경제적 이익'(Sustainable Economic Development and Business Interests), '적정한 거주 여건의 확보'(Securing Good Living Conditions)가 그것이다. [27] 이러한 6가지 목표는『2011 북극 전략』보고서에서 언급한 북극정책의 핵심 요소 일부와 밀접하게 연관돼 있다. 2011년의 '인간 중시'는 2020년의 목표 분야인 '적정한 거주 여건의 확보'와, 2011년의 '경제개발'은 2020년의 '지속가능한 경제개발과 경제적 이익'과, 2011년의 '기후와 환경'은 2020년의 '기후와 환경', '극지연구와 환경감시'와 연결된다. 2020년의 '국제협력'과 '안보와 안정', 이 2가지 목표 분야만이 2011년 보고서에는 없던 것들이다. 표면적으로 볼 때 2011년에 비해 2020년 북극전략의 목표가 2배나 늘어난 것은 스웨덴의 북극정책이 보다 정교해지고 목표 지향성이 보다 구체화되었음을 의미한다.

그러나 두 보고서의 비교 분석을 통해 확인할 수 있는 스웨덴 북극정책 변화의 주요한 특징은 안보에 대한 정책적 초점의 강화이다. 이는『2011 북극 전략』의 우선순위에는 포함되지 않았던 '평화'가『2020 북극 전략』의 3대 핵심 요소 중 하나로 부상한 것에서 알 수 있다. 스웨덴의 북극정책이 이렇게 변화한 이유는 무엇보다도 2010년대에 급격한 전환점을 맞이한 세계적 안보 상황에

---

26) Ministry for Foreign Affairs (2020), *op. cit.*, p.1.
27) *ibid*, pp.5-6.

서 기인한다. 특히 2014년 크림과 우크라이나의 위기 사태를 둘러싸고 갈등과 대립이 심화된 미국과 러시아, 더 나아가 미국·유럽연합과 러시아의 국제적 안보 갈등이 스웨덴이 지향하는 북극정책의 핵심적 요소를 일부 변화시켰다. 스웨덴의 이러한 정책적 시각은 북극을 더 이상 저강도의 안보적 긴장이 존재하는 지역이 아닌 현재의 악화된 국제정세 변화에 민감하게 반응하며 향후 안보 불안을 야기할 수 있는 지역으로 인식하고 있음을 드러낸 것이다(그림 1 참조). 이러한 스웨덴의 인식은 2022년 초 발생한 러시아의 우크라이나 침공으로 인해 정당한 것으로 확인됐다. 현재 러시아는 북극이사회에서 우크라이나 전쟁을 이유로 고립되고 있다. 스웨덴은 러시아의 공격적인 대외정책이 북

[그림 1] 2011-2020 스웨덴 북극 전략 핵심목표의 변화와 분화 과정

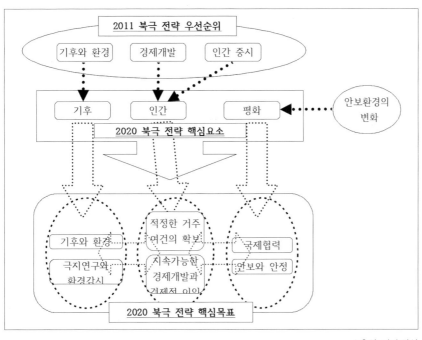

* 출처: 저자 작성

극에서도 발현될 수 있으리라 우려하고 있으며, 이에 대한 대비책으로 나토 가입을 지향하는 정책으로 변화하고 있다. [28]

Ⅲ. 스웨덴의『2020 북극 전략』분석

1. 주요 내용 - 3대 핵심 요소에 연계된 6대 핵심 목표 분야 제시

본 연구에서는 스웨덴의『2020 북극 전략』보고서에서 나타나는 북극전략 핵심 목표 분야 6가지를 3대 핵심 요소와 연계·범주화하여 다음과 같이 분석했다.

1) 기후(Climate)

(1) 기후와 환경(Climate and environment)

『2020 북극 전략』보고서에 따르면, 스웨덴은 '파리기후변화협약'(Paris Climate Change Accord)의 가입국으로서 이를 존중하고 실현하기 위해 노력하고 있다. [29] 온난화는 극지방에서 그 현상이 두드러지기에 세계 각국은 북극과 남극의 기후변화 억제를 위해 상당한 정책적 관심을 기울이고 있다. [30] 특히 북극국가인 스웨덴은 북극의 기후에 관한 연구조사에 있어 오랜 경험을 축

---

28) "[우크라 침공] 스웨덴·핀란드 나토 가입 현실화…발트해 긴장 고조,"「연합뉴스」, 2022년 4월 26일, https://www.yna.co.kr/view/AKR20220426106700009?input=1195m (검색일: 2022.05.04).
29) *ibid*, p.29
30) 강희승, *op. cit.*, pp.11-13.

적해왔다. 북극은 그 지리적 여건상 세계의 다른 어떤 지역보다도 온난화가 빠르게 진행되고 오존층 파괴도 매우 심각하게 발생하는 특징이 있다.

기후변화뿐만 아니라 환경 문제에 있어서도 스웨덴 정부는 생물의 다양성 보호를 위한 국제조약인 '생물다양성협약'(Convention on Biological Diversity)[31]의 준수와 '비독성순환경제'(non-toxic circular economy)의 활성화를 위해 노력하고 있다.[32] 특히 1966년부터 스웨덴 정부와 산업계는 공동으로 환경연구소(Swedish Environmental Research Institute)를 설립하여 이러한 순환경제의 구축과 활성화 방안을 연구해 오고 있다.

(2) 극지연구와 환경감시(Polar Research and Environmental Monitoring)

스웨덴은 극지연구와 환경모니터링의 오랜 역사적 경험을 축적해왔다. 북극권에 포함되는 스웨덴 북부지방의 라플란드 북서부 키루나(Kiruna)에 있는 아비스코 과학연구기지(Abisko Scientific Research Station)가 이런 극지연구와 환경모니터링의 대표적인 사례이다. 그리고 세계에서 가장 강력한 쇄빙선 중 하나인 스웨덴의 오덴호는 1991년부터 최근까지 8차례 이상 북극점에 도달하며 극지탐사를 위한 기후 중립 연구용 선박으로서 세계의 극지 연구자들을 위해 제공 · 운영되어 왔다.[33] 뿐만 아니라 스웨덴은 오랜 북극연

---

31) 1993년 12월 발효된 생물다양성협약은 생물다양성의 보존과 이의 지속가능한 활용 및 유전자 자원의 활용에 있어 그 이익의 공정하고 정의로운 공유를 원칙으로 '유엔 환경개발회의'(United Nations Conference on Environment and Development)가 주도하여 전세계 168개국이 서명한 국제조약이다. 한국 역시 이 협약에 가입했다. "Introduction," "History of the Convention" and "List of Parties," https://www.cbd. int/intro/ (검색일: 2021.09.30).

32) Ministry for Foreign Affairs (2020), *op. cit.*, p.29.

33) "Icebreaker Oden," https://www.polar.se/en/research-support/icebreaker-oden/ (검색일: 2021.10.11).

구 경험과 역량을 공유하기 위한 다양한 국제협력 플랫폼과 네트워크 구축에도 동참하고 있다.[34] 그 대표적 사례로는 '북극파이브'(Arctic Five)[35]와 '북극대학'(University of the Arctic)[36], '노스2노스 교환프로그램'(North2north exchange programme)[37] 등이 있다.

2) 인간(People)

(1) 지속가능한 경제개발과 경제적 이익(Sustainable Economic Development and Business Interests)

스웨덴의 『2020 북극 전략』 보고서에서는 북극의 지속가능한 경제개발을 보장하는 핵심 분야 3가지를 제시하고 있다. 바로 천연가스의 활용, 교통과 사회기반시설 구축, 관광이다.[38] 그중 가장 주목해야 할 대목은 천연가스와 관련된 부분이다. 미국 지질조사국(United States Geological Survey)의 『2008

---

34) Ministry for Foreign Affairs (2020), *op. cit.*, pp. 38.
35) 북극파이브는 스웨덴과 노르웨이, 핀란드의 5개 대학이 지속가능한 북극을 위한 지식과 교육, 혁신개발을 공유하는 국제적 과학연구 협력 파트너십으로, 9만 명의 학생과 1만 명의 연구·강사진이 참여하고 있다. "Arctic Five," https://www.umu.se/en/arctic-centre/collaboration/arcticfive/ (검색일: 2021. 10. 11).
36) 핀란드에 국제협력본부를 둔 북극대학은 북극지역에 관한 교육과 연구조사를 위해 다양한 대학교와 연구기관, 단체들이 2001년부터 북극이사회를 통해 공식 출범한 국제적 교육 연구 네트워크이다. "UArctic - About UArctic," https://www.uarctic.org/about-uarctic/ (검색일: 2021. 10. 11).
37) 노스2노스는 북극대학의 틀 내에서 실행되고 있는 국제교류 프로그램으로, 북극지역 연구에 특별히 초점을 맞춘 강좌를 북극이사회 회원국의 대학생들에게 제공되고 있다. "UArctic - north2north," https://education.uarctic.org/mobility/about-north2north/ (검색일: 2021. 10. 11).
38) Ministry for Foreign Affairs (2020), *op. cit.*, p. 45.

년 환북극자원평가』(the 2008 Circum-Arctic Resource Appraisal) 보고서에
따르면, 환북극(Circum-Arctic) 지역에는 미발견된 석유 440-1,570억 배럴과

[그림 10] 북극지역 천연자원 개발 현황(2005년 기준)

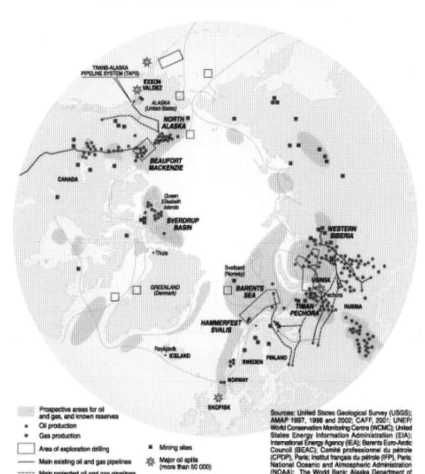

* 출처: "Industrial development in the Arctic," https://www.grida.no/resources/7004 (검색일: 2021.10.13).

천연가스 770-2,990조 세제곱피트가 매장되어 있는 것으로 추산된다.[39] 현재 기후변화에 따른 북극 온난화와 해빙(海氷)의 감소는 이 지역의 천연자원 개발에 대한 기대감을 상승시키고 있다.

그러나 스웨덴 정부는 환경보호와 지속가능한 개발의 측면에서 북극의 자원개발에 대한 정책적 관심을 내비치고 있다. 사실 스웨덴은 석유와 가스 등이 대거 매장되어 있는 북극해 주변의 대륙붕을 가지고 있는 연안국이 아니다. 이런 현실은 자원개발을 적극적으로 추진하는 북극연안국, 특히 러시아의 비판적 시각을 불러일으키기도 한다.[40] 그럼에도 스웨덴은 『2020 북극 전략』 보고서를 통해 정부 차원에서 북극의 천연자원 개발 과정 중 발생가능한 오염예방과 채굴 활성화로 인한 탄소배출 증가를 억제하는 정책적 과제 등에 집중하겠다는 계획을 발표했다.[41] 북극 천연자원 개발과 관련된 스웨덴의 정책구상은 환경에 부담이 적은 지속가능한 경제개발에 노력한다는 UN의 '2030 아젠다'[42]에 입각해 있다고 볼 수 있다.

---

39) Donald L. Gautier and Thomas E. Moore, *Introduction to the 2008 Circum-Arctic Resource Appraisal(CARA) Professional Paper* (Reston, Virginia: U.S. Geological Survey, 2017), p.4.

40) 예를 들어, 츠베리아나시빌리(2017)는 스웨덴의 북극 환경보호와 생태계 보존 정책이 현실성이 결여되고 실현가능한 구체적 방안을 제시하지 못하고 있다고 비판한다. И. А. Цверианашвили, *op. cit.*, c. 117.

41) Ministry for Foreign Affairs (2020), *op. cit.*, p.45.

42) 2015년 UN에서 채택된 지속가능한 개발을 목표로 하는 의제로서 2030년까지 달성해야 할 17개의 과제를 말한다. 2030 아젠다로는 빈곤 퇴치와 기아 대책, 교육의 질, 성평등 등이 있다. "The SDGS in Action," https://www.undp.org/sustainable-development-goals?utm_source=EN&utm_medium=GSR&utm_content=US_UNDP_PaidSearch_Brand_English&utm_campaign=CENTRAL&c_src=CENTRAL&c_s rc2=GSR&gclid=Cj0KCQjwwNWKBhDAARIsAJ8HkhcqRK0trL8tB_ TIv11qsb7q8CATppCPbsc9mA6

(2) 적정한 거주여건의 확보(Securing Good Living Conditions)

스웨덴의『2020 북극 전략』은 북극지역의 지속가능한 개발을 도모하는 차원에서 토착소수민족 주민들의 정체성과 문화, 전통 생활방식 보존과 발전에 노력할 것임을 천명했다.[43] 현재 전 세계 인구수의 1%를 차지하는 북극지역의 주민들은 그 수가 4백만에 이르며, 그중 10%인 약 40만 명이 토착 소수민족으로 알려져 있다.[44] 그런데 북극지역은 주민들의 상당수가 노년층이며 청소년 특히 젊은 여성들의 외부 유출이 심각한 인구학적 도전에 직면해 있다. 이러한 문제들을 해결하기 위해 스웨덴은 북부지역에 거주하는 사미족 자치의회와 협력하여 사미족의 생활환경 개선과 사회기반시설 구축, 디지털 인프라 개선에 노력하고 있다. 스웨덴은 이러한 노력들이 청장년층의 회귀를 유인하여 북극지역의 인구학적 위기 개선에 도움이 될 수 있으리라 기대하고 있다.

3) 평화(Peace)

(1) 국제협력(International Collaboration)

북극에서 스웨덴이 지향하는 국제협력은 북극국가들의 적절한 협력 속에서 북극지역을 평화롭고 안정적으로 관리, 유지하는 것이다.[45] 이 과정에서 스웨덴은 국제법적 질서에 기반한 북극지역의 역내 관계 설정에 노력한다는 원칙을 내세우고 있다. 그리고 스웨덴은 북극이사회의 역할 강화를 강조하는 한편, 북극이

N3A-2tUrgrprqPK8aAuEcEALw_wcB (검색일: 2021.09.30).

43) Ministry for Foreign Affairs (2020), *op. cit.*, pp.53-55.

44) ibid, p.54; 김정훈, "북극권에 대한 인문 / 사회과학자들의 관심은 더욱 확대되어야 한다", 배재대학교 북극연구단(한종만 외 9인), *op. cit.*, p.71.

45) Ministry for Foreign Affairs (2020), *op. cit.*, p.11.

사회의 역할을 보완하는 북극지역의 여러 다자기구의 역할과 그 기능의 활성화에도 주목한다. 바렌츠 지역 국가들의 다자협력기구인 바렌츠유로-북극이사회와 노르딕 지역협력기구인 북유럽각료이사회, 그리고 유럽연합이 그 대상이다.

먼저 스웨덴은『2020 북극 전략』보고서에서 북극에 국제법이 투영되지 못할 진공의 공간이 존재하지 않는다고 지적한다.[46] 특히 북극해는 5개 연안국의 관할권 주장을 협의하고 해결할 수 있는 기준이자 국제법적 틀인 '유엔해양법협약'(United Nations Convention on the Law of the Sea, 약칭: UNCLOS)을 활용할 수 있다. 그런데 이 유엔해양법협약 3조와 57조에 따르면, 북극점 주변의 북극해는 어느 누구에게도 속하지 않는 공해이다.[47] 현재 이 공해의 영역에 대한 연안국들의 대륙붕 확장 논리가 북극해 영토분쟁의 핵심원인이다(그림 3 참조). 현재 스웨덴은 해양과 관련된 국제법적 기준에서 북극해 경계획정의 평화적 해결책을 찾아야 한다고 주장하고 있다.[48]

북극지역에 대한 국제적 협력의 원칙을 강조하는 스웨덴에게 있어 북극지역에서의 국제적 협력을 이끌어내고 관리할 핵심기구는 북극이사회이다. 북극이사회는 지난 25년간 북극 관련 국제협력의 역사에서 중요한 성과들을 달성해왔다. 2011년의 '북극의 항공과 해양 수색구조 협력에 관한 협정'(the Agreement on Cooperation on Aeronautical and Maritime Search and Rescue in the Arctic),[49] 2013년의 '북극의 석유 오염 대비와 대응을 위한 협

---

46) *ibid*, p.12.
47) 북극연안 5개국의 영해 12해리와 배타적 경제수역 200해리를 벗어난 공간이기 때문이다. 이영형·김승준, "북극해의 갈등 구조와 해양 지정학적 의미", 『세계지역연구논총』 28집 3호, 한국세계지역학회, 2010, pp.292-293.
48) 사실 스웨덴은 북극연안국도 아니고 영토분쟁의 당사자도 아니기에 이 문제에 대한 시각은 가치중립적이고 자유롭다. Ministry for Foreign Affairs (2020), *op. cit.*, p.12.
49) 2011년 5월 12일 덴마크령 그린란드 누크(Nuuk)에서 열린 북극이사회 각료회의에서

력에 관한 협정'(the Agreement on Cooperation on Marine Oil Pollution Preparedness and Response in the Arctic),[50] 2017년의 '국제북극과학협력 증진에 관한 협정'(the Agreement on Enhancing International Arctic Scientific Cooperation)[51]이 대표적이다.

스웨덴은 북극이사회 중심의 거버넌스 확립을 지향하면서도, 그런 결과에 도달하기까지 발생할 수 있는 여러 문제와 분쟁들을 해결하는 보완적 수단으로서 역내 지역협력기구의 활용에도 긍정적이다.[52] 이와 관련하여 우선적으로 거론될 수 있는 바렌츠유로-북극이사회(Barents Euro-Arctic Council)는 바렌츠 지역의 역내 협력과 국가 간 신뢰, 안전보장에 공헌하고 있는 정부 간 협의체이다. 이 지역협력기구는 북극이사회보다 더 이전인 1993년부터 지금까지 약 30년간 바렌츠해의 정치, 경제, 사회, 안보 등 여러 분야의 국가 간 협력과 긴장 완화를 성공적으로 관리해왔다.[53] 또 다른 역내 지역협력기구인 북유럽각료이사회(Nordic Council of Ministers)는 스웨덴을 포함한 노르딕 5개

합의, 서명됐다. 자세한 내용은 다음을 참조하라. "AGREEMENT ON COOPERATION ON AERONAUTICAL AND MARITIME SEARCH AND RESCUE IN THE ARCTIC," https://oaarchive.arctic-council.org/handle/11374/531 (검색일: 2021.10.14).

50) 2013년 5월 15일 스웨덴 키루나에서 열린 북극이사회 각료회의에서 합의, 서명됐다. 자세한 내용은 다음을 참조하라. "AGREEMENT on Cooperation on Marine Oil Pollution Preparedness and Response in the Arctic," https://oaarchive.arctic-council.org/handle/11374/529 (검색일: 2021.10.14).

51) 2017년 5월 11일 미국 페어뱅크스에서 열린 북극이사회 각료회의에서 합의·서명됐다. 자세한 내용은 다음을 참조하라. "Agreement on Enhancing International Arctic Scientific Cooperation," https://oaarchive.arctic-council.org/handle/11374/1916 (검색일: 2021.10.15.).

52) Ministry for Foreign Affairs (2020), op. cit., pp.16-17.

53) "Barents Euro-Arctic Cooperation About Us," https://www.barentscooperation.org/en/About (검색일: 2021.10.06).

[그림 11] 북극국가 간 북극해 관련 배타적 경제수역과 대륙붕 경계 분쟁 현황

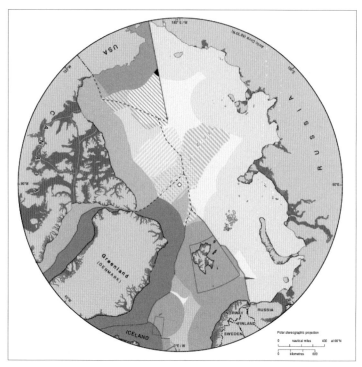

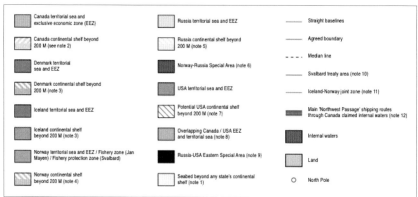

* 출처: "IBRU Arctic Maps Series," https://www.durham.ac.uk/research/institutes-and-centres/ibru-borders-research/maps-and-publications/maps/arctic-maps-series/ (검색일: 2021.10.13).

국(덴마크, 핀란드, 노르웨이, 아이슬란드)이 공동협력하고 있는 다자기구이다. 북유럽각료이사회는 지속가능한 개발을 위한 정부 간 협력에 상당한 중요성을 부여하고 있다.[54] 마지막으로 스웨덴은 유럽연합(European Union)의 북극문제에 대한 접근과 관여에도 긍정적이다.[55] 스웨덴은 유럽연합의 북극정책 개발과 북극이사회 내에서의 역할 강화에 매우 긍정적이며 다각적인 협력과 지지를 보내고 있다.[56]

(2) 안보와 안정(Security and Stability)

북극지역의 안전보장 문제에 있어서 스웨덴은 군사적 대응 능력의 확보와 선제적인 안보 전략을 입안할 수 있는 역량 확대를 준비하고 있다.[57] 이는 유럽의 북극지역과 누트카로텐(Nordkalotten), 북대서양 지역에서의 군사작전 능력 강화와 이들 지역에 초점을 맞춘 안보방위협력 정책 개발에 매진하겠다는 의미이다. 스웨덴 국방부는 작년에 공개한 '2021-2025 통합방위에 관한 정부제출법안의 주요 내용'(Main elements of the Government bill Totalförsvaret(Total Defence) 2021-2025)에서 스웨덴의 지리적 인근 범위에

---

54) "Welcome to Nordic Co-operation - About the Nordic Council of Ministers," https://www.norden.org/en/information/about-nordic-council-ministers (검색일: 2021.10.15).

55) Ministry for Foreign Affairs (2020), *op. cit.*, p.18.

56) *ibid.*; 그러나 유럽연합은 아직 북극이사회의 정식옵서버가 아닌 '잠정옵서버'(Observer in principle)다. 2009년과 2011년, 2013년 - 3차례나 옵서버 지위를 신청했지만, 일부 이사회 회원국(캐나다와 러시아)의 반대로 무산됐기 때문이다. Kamrul Hossain, "EU Engagement in the Arctic: Do the Policy Responses from the Arctic States Recognize the EU as a Legitimate Stakeholder?," *Arctic Review on Law and Politics* Vol. 6, No. 2 (2015), p.90; "ARCTIC COUNCIL - OBSERVERS," https://arctic-council.org/about/observers/ (검색일: 2021.10.15).

57) Ministry for Foreign Affairs (2020), *op. cit.*, p.21.

'북극지역'(the Arctic area)을 포함시키며, 스웨덴의 주변 지역과 유럽의 안보 환경이 시간이 갈수록 악화하고 있다고 경고했다.[58]

사실 북극은 그동안 군사적 긴장이 낮은 지역에 속했다. 그러나 이제는 상황이 변했고, 2022년 러시아의 우크라이나 침공으로 긴장은 더욱 고조되고 있다. 스웨덴은 북극의 지전략적 안보 환경변화의 이유로 3가지를 지목한다.[59] 첫째, 막대한 북극 천연자원의 개발 잠재력에 대한 관심이다. 둘째, 북극 내 군사적 역동성의 증가이다. 이 지역의 지리적 조건은 조기경보와 핵무기 배치 전략의 군사적 이점을 특화시킨다. 마지막 변화 요인은 비북극국가들의 북극에 대한 관심과 접근 노력의 강화이다. 2021년 8월 현재 비북극국가로서 북극이사회에 옵서버로 참여하고 있는 국가는 모두 13개국이다.[60] 다만 스웨덴에게 있어 다행스러운 것은 비북극국가의 영향력 개입이 매우 제한적으로만 가능하다는 점이다.

변화하는 북극의 안보 환경에 대처하기 위해 스웨덴이 마련한 해법은 2가지이다.[61] 하나는 지금까지와 마찬가지로 북극국가들 간 잘 운용되어온 국제적 협력 관계의 활용이고, 다른 하나는 향후 발생가능한 다양한 안보 위기 상황에 대처할 수 있는 선제적 대응 능력의 강화이다. 먼저 스웨덴은 북극이사회나 북대서양조약기구(North Atlantic Treaty Organization, 약칭: NATO, 이하 나토), 유럽연합 등과 같은 다자기구를 활용한 북극안보협력의 창출에 노

---

58) Ministry of Defence, *Main elements of the Government bill Totalförsvaret(Total Defence) 2021-2025* (Stockholm: Government Offices of Sweden, 2020), p. 15.

59) Ministry for Foreign Affairs (2020), *op. cit.*, pp. 22-23.

60) 이 중 유럽을 제외한 5개국은 모두 아시아 국가(한국, 일본, 중국, 인도, 싱가포르)이다. "외교부-북극이사회," https://www.mofa.go.kr/www/wpge/m_4046/contents. do (검색일: 2021.10.16).

61) Ministry for Foreign Affairs (2020), *op. cit.*, pp. 22-23.

력하고 있다. 그런데 안보협력기구 혹은 안보협력의 기능적 속성을 보유하고 있는 나토나 유럽연합에 비해 북극이사회는 그 기능상 안보협력이 여의치 않다. 창립선언 당시부터 북극이사회는 군사안보 문제에 대한 논의 과제 설정을 원천적으로 배제하는 '북극예외주의'(Arctic Exceptionalism)를 기치로 내걸고 출범했기 때문이다. [62] 그래서 스웨덴은 북극이사회를 비공식 플랫폼으로 삼아 회원국인 북극국가들과의 안보협력을 양자와 다자협상을 통해 모색하는 방법을 활용해야 할 필요가 있다.

스웨덴의 또 다른 해법인 선제적 대응 능력의 강화는 북극지역에 대한 안보 전략적 사고의 확대와 연관된다. 지금까지 스웨덴 정부는 북극이 스웨덴의 국가안보에 미칠 영향력을 과소평가해왔다. [63] 그러나 이제 북극지역에서 일부 국가들의 무력 증강과 군사활동 강화가 이 지역의 안보 환경을 변화시켰다. [64] 그래서 스웨덴은 근린 지역인 누트카로텐과 바렌츠해, 노르웨이해, 북대서양 북부지역에서의 자체적인 군사작전 능력 확대를 일차적으로 추진하고, 주변 우호 국가와의 안보협력관계 구축도 적극 고려하고 있다. 그리고 스웨덴은 범유럽과 범대서양 협력을 강화하여 북극지역의 거대 안보변화 혹은 안보위기에 대처할 수 있는 능력의 확대도 병행할 계획이다. [65] 유럽연합은 스웨덴이 회원국으로 가입한 이래 스웨덴과의 안보협력에 공헌해왔고, 범대서양 안보협력은 북미와 유럽 안보의 근간인 나토를 중심으로 긴밀한 다자안보 협조체제가 구축된 상태이다. 스웨덴은 비록 나토의 정식 회원국은 아니지만,

---

[62] 김민수, "북극 거버넌스와 한국의 북극정책 방향," 『해양정책연구』 제35권 제1호, 해양수산개발원, 2020, p.181.

[63] Ministry for Foreign Affairs (2020), *op. cit.*, p.24.

[64] Ministry of Defence, *op. cit.*, p.22(180).

[65] Ministry for Foreign Affairs (2020), *op. cit.*, pp.24-25.

[그림 12] 각국의 북극지역 군사기지 배치 현황(2019년 기준)

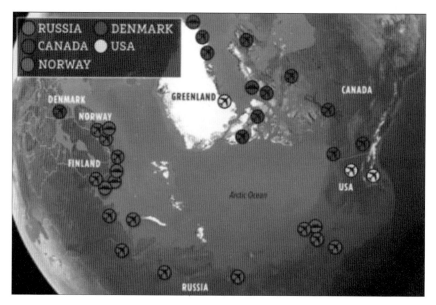

* 출처 : "GLOBAL WARRING Russian and US warships converge on Arctic to build naval and air bases as melting ice leaves Cold War frontiers wide open," The Sun, Jun. 25, 2019, https://www.thesun.co.uk/news/8272445/russia-us-arctic-bases-cold-war-frontiers/ (검색일: 2021.10.16).

나토와 동반자 관계를 구축하고 있는 '유럽대서양협력평의회'(Euro-Atlantic Partnership Council)의 회원국으로서 이를 토대로 나토와 높은 수준의 안보 협력을 함께 해왔다. 그리고 2022년 우크라이나 전쟁 발발로 스웨덴의 나토 가입 의지는 보다 명확해지고 있다.

2. 주요 특징 - 러시아의 북극정책에 대한 분명한 경계심과 우려

『2020 북극 전략』보고서를 통해 나타나는 현재 스웨덴 북극정책의 가장 주요한 특징은 무엇보다도 분명한 대(對)러시아 경계심의 확인이라 할 수 있다.

그리고 안보문제에 대한 정책적 초점을 강화한 것은 10년 전의『2011 북극 전략』과는 사뭇 달라진 변화이다. 현재의 스웨덴 북극정책은 북극지역에 관심있는 북극과 비북극 국가들 간의 조화로운 국제적 협력을 통해 북극지역을 평화롭고 안정적으로 관리하며 지속가능한 북극 개발을 지향한다. 특히나 '협력'(cooperation)은 스웨덴 북극정책의 핵심 키워드이다. 일례로 전체 65페이지 수준의『2020 북극 전략』보고서에서 '협력' 혹은 '협력과 관련된 단어'는 약 146차례 이상 등장한다. 그런데 동 보고서에서 협력이라는 단어가 한 차례도 등장하지 않는 지점도 있다. 바로 안보문제와 연관된 대러 관계이다.[66]

　사실 스웨덴은 역사적으로 오랫동안 외교적 중립을 표방해왔다. 비교적 강한 군사력을 바탕으로 자력구제가 가능한 무장중립국을 지향했다.[67] 19세기 초반 이후부터 지금까지 스웨덴은 지속적으로 중립노선을 유지해 왔고,[68] 유럽연합 가입도 탈냉전 이후인 1995년에야 이루어졌다.[69] 그런데 탈냉전 이후

---

66)『2020 북극 전략』보고서의 북극지역 안보문제와 관련된 부분은 6가지 핵심 목표과제 중 하나인 '2.2 안보와 안정(Security and stability)'에 관한 내용이다. 여기서 스웨덴은 러시아가 회원국으로 있는 바렌츠유로-북극이사회에서의 협력을 강조하고 있긴하다. 그러나 북극 내 일부 지역인 바렌츠에서의 일반(정치·경제·사회 등)적인 협력을 언급하고 있어 안보 분야와 직접적으로 연관이 없는 것으로 간주했다. Ministry for Foreign Affairs (2020), op. cit., pp.21-25.

67) 미국의 민간 군사력평가기관인 GFP(Global Fire Power)는 2021년 전 세계 140개국의 군사력 순위에서 스웨덴을 31위로 평가했는데, 이는 중립국을 표방한 국가중 2위(스위스 30위)에 해당한다. "2021 Military Strength Ranking," https://www.globalfirepower.com/countries-listing.php (검색일: 2021.09.23).

68) 스웨덴의 중립노선은 외교적 기술이나 선언적 의미가 아닌 국민들의 자발적인 의지가 발현된 국가정책이기도 하다. 김진호·강병철, "스웨덴과 핀란드의 중립화 정치: 국제-지역-국내정치의 다이내믹스",『유럽연구』제25권 3호, 한국유럽학회, 2007년 겨울, pp.74-80.

69) 그래서 1990년대 중반 스웨덴의 유럽연합 가입을 중립 정책의 외교적 대전환이라고 평가하기도 한다. 김인춘·김욱, "유럽통합과 스웨덴 중립노선: 역사, 성격, 진화",

스웨덴은 북극지역의 안보문제와 관련하여 러시아의 북극정책에 대한 경계심을 숨기지 않고 있다. 그리고 이런 이유로 스웨덴은 아직까찌 나토 회원국은 아니지만, 나토와의 밀접한 군사적 협력 관계를 구축해 왔다.[70] 이런 스웨덴의 태도는 나토의 확장에 날카롭게 대응하는 러시아의 입장에서는 상당히 불편할 수밖에 없다.[71] 『2020 북극 전략』 보고서에서도 스웨덴 정부는 북극지역의 안보와 관련된 전략적 사항을 이전의 『2011 북극 전략』에 비해 더 많은 지면에 할애했다.[72] 이것은 분명 2014년의 크림반도와 우크라이나 위기에 따른 유럽의 안보상황이 스웨덴의 안보 전략에 상당한 영향을 미친 결과였다. 그리고 2022년 러시아의 우크라이나 침공은 스웨덴이 나토 가입 의지를 공공연하게 표명하는 확실한 계기가 됐다.[73]

스웨덴에게 있어 러시아의 북극안보 전략 중 가장 큰 불안 요소는 북극지

『한국과 국제정치』 제24권 제4호, 경남대학교 극동문제연구소, 2008 겨울, p.241.

70) Ministry of Defence, *op. cit.*, p.8(180)

71) 플레바코(2018)는 스웨덴이 나토에 가입하게 된다면, 러시아를 둘러싼 국제적 상황의 악화와 압박이 강화되는 것이며, 이러한 결과는 나토와 러시아의 관계에 있어 전 유럽에 대한 위협과 세계적 파국이라는 돌이킬 수 없는 지점으로 접근하게 됨을 의미한다고 주장했다. Н. С. Плевако, "Выборы в Швеции и НАТО," *Научно-аналитический вестник ИЕ РАН* № 4 (2018), с. 154.

72) 2011년의 보고서는 북극안보문제가 북극전략의 우선순위에 포함되지도 않았을뿐더러 보고서 내 분량도 1페이지에 불과했다. 그러나 2020년 보고서에서는 북극안보는 북극전략의 핵심 목표 6가지 중 하나이고 분량도 5페이지가 할애됐다. Ministry for Foreign Affairs (2011), op. cit., pp.14-15; Ministry for Foreign Affairs (2020), op. cit., pp.21-25; 이와 관련하여 스웨덴의 『2011 북극 전략』 보고서의 '내용분석'(content analysis)을 시도한 보케리야 외(2020)는 분석에 사용된 총 키워드 247개 중 안보와 관련된 것이 11개(전체의 약 4.4%)에 불과하다는 점을 확인한 바 있다. С. А. Бокерия, Е. А. Кернер и Д. А. Кузнецова (2020), *op. cit.*, сс. 422-423.

73) "'푸틴의 오판'...스웨덴·핀란드 나토 동시가입," 「서울신문」, 2022년 4월 26일, https://www.seoul.co.kr/news/newsView.php?id=20220426500164&wlog_tag3=naver (검색일: 2022.05.04).

역에 대한 군사시설 배치 확대와 무력 증강이다.[74] 실제로 러시아는 지난해 발표한 『2035년까지 러시아연방의 북극에 대한 국가 기본정책에 관한 연방 대통령령』(Указ президента РФ об основах государственной политики РФ в Арктике на период до 2035 года)에서 자국에 속한 북극지역에서의 영토 보존과 주권을 지킬 수 있는 예방적 군사력 수단의 실행 및 대러시아 혹은 동맹국에 대한 적대행위에 대응할 수 있는 군사력의 배치 증가, 군 관련 기반 시설의 현대화 등을 예고했다.[75] 러시아의 이런 행보는 스웨덴에게 있어 사실상의 임박한 위험이자 실재하는 불안 요소가 될 수 있다. 그리고 이 지점에서 스웨덴은 미ㆍ러 사이의 중립보다는 오히려 러시아의 군사력 증강에 대한 부정적 인식을 더욱 강화하고 있다.[76]

스웨덴의 대러 경계심은 안보 분야에만 국한되지 않는다. 북극지역의 환경 보호 문제와 관련하여 『2020 북극 전략』 보고서는 러시아의 활발한 원자력 이용 정책을 중대한 위험 요소로 규정한다.[77] 최근 러시아는 북극지역에서의 원자력에너지 이용을 선도하고 있다.[78] 스웨덴은 그중 러시아의 부유식 원자력

---

74) Ministry for Foreign Affairs (2020), *op. cit.*, p. 23.

75) "Указ Президента Российской Федерации от 05.03.2020 № 164 'Об Основах государственной политики Российской Федерации в Арктике на период до 2035 года', с. 12", http://publication.pravo.gov.ru/Document/View/0001202003050019?index=1&rangeSize=1 (검색일: 2021.09.23.).

76) Ministry of Defence, *op. cit.*, p. 15(180).

77) Ministry for Foreign Affairs (2020), *op. cit.*, p. 29.

78) 2020년 5월부터 러시아의 북극지역인 추코트카 자치구의 페베크(Певек)시에서 부유식 원자력발전소인 아카데믹 로모노소프(Академик Ломоносов)가 가동 중이고, 2008년부터 러시아 연방정부 차원에서 원자력쇄빙선 함대 건조계획이 수립되어 시행 중에 있다. "Генерация электроэнергии", https://rosatom.ru/production/generation/ (검색일: 2021.10.08.); "Атомный ледокольный флот", https://www.rosatom.ru/production/fleet/ (검색일: 2021.10.08.).

발전소 설치와 다수의 원자력쇄빙선 건조 및 활용 계획 등에 대해 상당히 우려하고 있다.[79] 북극해는 아직 많은 유빙(流氷)이 있어 통항 선박들과의 충돌 우려와 사고 가능성이 상존한다. 이런 위험요인 때문에 스웨덴 정부는 북극에서의 원자력 이용 활성화에 대해 강한 경계심을 나타내며 관련국(특히 러시아)의 철저한 사고 예방 조치를 강하게 주문하고 있다.[80]

스웨덴은 러시아의 북극정책에 대한 우려를 표명하는 과정에서 중국의 북극정책에 대한 잠재적인 위협도 지적하고 있다.[81] 중국은 2013년에 북극이사회의 정식옵서버 지위를 획득했지만, 1981년부터 북극 관련 부서를 설립할 정도로 오랫동안 북극정책을 추진해왔다.[82] 스웨덴의『2020 북극 전략』보고서는 현재 세계 곳곳에서 펼쳐지는 중국의 거대 세계전략과 광범위한 자원확보에 대한 야망을 언급하면서 이런 태도가 북극지역에서도 그대로 답습할 수 있음을 우려하고 있다.[83] 특히 중국이 비북극국가임에도 러시아와의 긴밀한 안보협력관계를 바탕으로 북극에서의 군사활동도 가까운 장래에 실현될 가능성이 있다고 판단한다. 그럼에도 스웨덴은 북극에 대한 중국의 제한적 능력으로 인해 이를 잠재적 위협으로만 여기고 있다. 그리고 현재의 중국은 세계적 범주에서 북극지역을 미국에 대항하는 수단으로서만 활용할 뿐 스웨덴과 인근

---

79) Ministry for Foreign Affairs (2020), *op. cit.*, p. 35.

80) *ibid.*

81) *ibid*, p. 23.

82) ed. Lassi Heininen, *Arctic Yearbook 2012*, (Akureyri, Iceland: Northern Research Forum, 2012), p. 82.

83) 라미경(2021)은 스웨덴을 중국의 북극진출전략 교두보로 분석하고 있으나, 현재 스웨덴은 중국의 북극정책에 부정적이다. 특히『2020 북극 전략』보고서는 중국의 북극 개입에 대한 분쟁 가능성을 지적하는 한편, 전 세계에 대한 중국의 점증하는 위협에 맞서 유럽연합과 협력하여 필요한 행동을 함께해야 한다고 촉구하고 있다. 라미경, op. cit., p. 18; Ministry for Foreign Affairs (2020), *op. cit.*, p. 23.

국가의 북극안보를 실질적으로 위협하긴 어렵다.

IV. 결론: 시사점 혹은 정책 제언

스웨덴은 오랜 역사적 관계와 인접한 지리적 여건으로 인해 북극에 대한 국가 정책적 비전과 관심을 축적해왔다. 그리고 2011년부터 발표되기 시작한 스웨덴의 북극정책은 그동안 전 세계적인 이슈인 기후변화와 환경보호 및 지속가능한 개발, 소수민족 보호 등에 주로 초점을 맞추어 왔다. 여기에 최근에는 국제정세의 변화에 따른 안보 문제도 핵심 목표과제로 추가됐다. 지난해 발표된 『2020 북극 전략』보고서는 현재 스웨덴이 북극지역에 대해 수립하고 있는 여러 정책적 지향점을 여실히 보여준다. 스웨덴은 이 보고서에서 북극 관련 6가지 핵심 목표 분야(국제협력과, 안보와 안정, 기후와 환경, 극지 연구와 환경감시, 지속가능한 경제개발과 경제적 이익, 적정한 거주여건의 확보)를 선정하여 북극지역에서의 국익과 전략적 목표를 어떻게 실현할지를 구체적으로 드러내고 있다.

2020년 발표된 스웨덴의 북극 전략이 2011년의 것과 가장 뚜렷한 차이를 보이는 부분은 안보문제와 연관된다. 스웨덴은 현재 러시아가 강력히 추진하고 있는 북극전략에 대해 강한 경계심과 우려를 표명하고 있다. 러시아의 북극지역에서 나타나는 군사력 배치와 증강 정책이 미국을 비롯한 나토 회원국과의 군비경쟁과 무력 분쟁으로 이어질 수 있기 때문이다. 그리고 러시아는 중국과도 공조하여 중국의 북극지역 작전 능력 향상에 일조할 가능성까지 보여준다. 이런 여러 가지의 이유들로 인해 스웨덴은 러시아의 적극적인 북극 군사안보 전략에 우려하면서 그 부정적 영향에 대처하기 위해 유럽연합 및 나토와의 안보협력관계를 강화하는 방향으로 나아가고 있다. 그리고 스웨덴의 대러 불안감은 안보 분야에만 국한되지 않는다. 러시아가 현재 활발히 주도하고 있는 북극지역에서의 원자력에너지 이용은 핵물질 누출 가능성 때문에 환경보호의 측면에서 스웨덴에게 상당한 위협으로 다가오고 있다.

그렇다면 이와 같은 스웨덴의 북극정책이 우리 한국에게 주는 시사점은 무엇일까. 본 저자는 2가지 측면에서 유의미한 부분이 있다고 판단한다. 첫째, 비북극연안국에 대한 정책적 관심의 촉구이다. 한국은 그동안 북극 자원개발의 참여가능성 타진과 북극항로의 이용가능성 등에 집중한 나머지 러시아를 비롯한 북극연안국에만 정책적 관심을 몰두한 경향이 있다. 그러나 이는 향후의 북극 정세를 바라보는 거시적인 관점에서 적절치 않다고 여겨진다. 특히 현재 우크라이나 전쟁으로 북극이사회에서 러시아의 외교적 고립은 심화되고 있다. 앞으로 북극의 지배적인 거버넌스가 러시아의 북극에 대한 외교적 영향력 약화와 함께 기후변화와 지속가능한 개발이라는 목표지향성으로 변화한다면 그동안 주로 러시아와의 협력을 통한 자원개발과 북극항로 등의 문제에 주목해 온 한국의 북극정책과 전략은 어느 정도의 노선 수정이 불가피하다. 그런 차원에서 그동안 소외되어 왔던 스웨덴과 같은 비북극연안국들의 북극정책에 관한 기반 연구는 의미가 있다. 이제 한국의 북극정책은 비북극연안국과의 정책 공조나 연계를 염두에 두고 변화해야 할 시점이며, 이를 위해 지금부터라도 비북극연안국의 북극정책에 관한 연구 기반을 축적해 나가야 하기 때문이다.

현재 한국은 2021년 10월부터 시행된 '극지활동 진흥법'의 제정으로 북극 전략과 관련 정책 수립에 있어 새로운 동력을 얻게 됐다. 이는 그동안 한국이 북극과 관련된 다방면의 분야에서 열심히 노력한 결과이다. 그런 노력들이 2002년 두 번째 극지연구소이자 최초의 북극 해양과학기지인 다산기지의 건설과 2013년 북극이사회 회원 만장일치에 의한 정식옵서버 지위 획득 등의 괄목한 만한 성과들로 이어졌다.[84] 극지활동 진흥법 제정으로 새로운 전기를 마련한 한국의 북극정책은 이제 기존의 관성을 내던지고 새로운 시각으로 새로운 북극 정세에 걸맞은 목표와 지향점을 수립하는 방향으로 나아가야만 한다. 그리고 국내의 북극 관련 학계도 이를 뒷받침하기 위해 새로운 자세로 연구에 임해야 한다. 본 저자는 그동안 소외됐던 스웨덴과 같은 북극이사회의 비북극연안국에 대한 학문적 관심과 연구가 그 첫 번째 발걸음이 될 수 있다고 생각한다.

---

84) "네이버 지식백과-시사상식사전: 다산과학기지", https://terms.naver.com/entry. naver?docId=74975&cid=43667&categoryId=43667 (검색일: 2021. 09. 26.); "한국, 북극이사회 정식 옵서버! 북극항로 열린다!", 「뉴데일리」, 2013년 5월 5일, http:// www.newdaily.co.kr/site/data/html/2013/05/15/2013051500121.html (검색일: 2021. 09. 26.).

〈참고문헌〉

[국내문헌]

강희승, 「북극해 환경변화로 인한 한국의 해양안보정책 연구」, 부산: 한국해양대학교 대학원 박사학위논문, 2015.

극지연구소 미래전략실, 『극지관련 국제조약 선언 핸드북, 북극편 제1권: 스발바르 조약』, 인천: 극지연구소, 2014.

김민수, "북극 거버넌스와 한국의 북극정책 방향", 『해양정책연구』 제35권 제1호, 한국해양수산개발원, 2020.

김선래, "북극해 개발과 북극항로 : 러시아의 전략적 이익과 한국의 유라시아 이니셔티브", 『한국시베리아 연구』 제19집 제1호, 배재대학교 한국-시베리아센터, 2015.

김인춘·김욱, "유럽통합과 스웨덴 중립노선: 역사, 성격, 진화", 『한국과 국제정치』 제24권 제4호, 경남대학교 극동문제연구소, 2008 겨울.

김정훈, "북극권에 대한 인문 / 사회과학자들의 관심은 더욱 확대되어야 한다," 배재대학교 북극연구단(한종만 외 9인) 편, 『북극의 눈물과 미소: 지정, 지경, 지문화 및 환경생태 연구』, 서울: 학연문화사, 2016.

김진호·강병철, "스웨덴과 핀란드의 중립화 정치: 국제-지역-국내정치의 다이내믹스", 『유럽연구』 제25권 3호, 한국유럽학회, 2007년 겨울.

라미경, "세력전이론 시각에서 본 중국 북극정책의 함의", 『한국시베리아 연구』 제25권 2호, 배재대학교 한국-시베리아센터, 2021.

문진영·김윤옥·서현교, 『연구자료 14-06: 북극이사회의 정책동향과 시사점』, 세종: 대외경제정책연구원, 2014.

이영형·김승준, "북극해의 갈등 구조와 해양 지정학적 의미", 『세계지역연구논총』 28집 3호, 한국세계지역학회, 2010.

한종만, "북극권 인문지리: 인구의 역동성을 중심으로", 배재대학교 북극연구단(한종만 외 9인) 편, 『북극의 눈물과 미소: 지정, 지경, 지문화 및 환경생태 연구』, 서울: 학연문화사, 2016.

[국외문헌](영/러 순)

Arctic Council, DECLARATION ON THE ESTABLISHMENT OF THE ARCTIC COUNCIL & JOINT COMMUNIQUE OF THE GOVERNMENTS OF THE

ARCTIC COUNTRIES ON THE ESTABLISHMENT OF THE ARCTIC COUNCIL, Ottawa: Arctic Council, 1996.

Gautier, Donald L. and Moore, Thomas E. Introduction to the 2008 Circum-Arctic Resource Appraisal(CARA) Professional Paper, Reston, Virginia: U.S. Geological Survey, 2017.

ed. Heininen, Lassi. Arctic Yearbook 2012, Akureyri, Iceland: Northern Research Forum, 2012.

Hossain, Kamrul. "EU Engagement in the Arctic: Do the Policy Responses from the Arctic States Recognize the EU as a Legitimate Stakeholder?" Arctic Review on Law and Politics Vol. 6, No. 2, 2015.

Ministry for Foreign Affairs, Sweden's strategy for the Arctic region, Stockholm: Government Offices of Sweden, 2011.

-, Sweden's strategy for the Arctic region, Stockholm: Government Offices of Sweden, 2020.

Ministry of Defence, Main elements of the Government bill Totalförsvaret(Total Defence) 2021–2025, Stockholm: Government Offices of Sweden, 2020.

Spohr, Alexandre Piffero et al. "The Militarization of the Arctic: Political, Economic and Climate Challenges," UFRGS Model United Nations Journal Vol. 1, 2013.

Бокерия, С. А., Кернер Е. А. и Кузнецова Д. А. "Эволюция приоритетов арктической политики стран Северной Европы (на основе контент-анализа доктринальных документов)," Via in tempore История Политология Том 47, №2, 2020.

Плевако Н. С. "Выборы в Швеции и НАТО," Научно-аналитический вестник ИЕ РАН № 4, 2018.

Цверианашвили, И. А. "Экологический аспект Арктической стратегии Швеции на современном этапе," Гуманитарные и общественные науки №4, 2017.

[언론기사]

"[우크라 침공] 스웨덴·핀란드 나토 가입 현실화…발트해 긴장 고조," 「연합뉴스」, 2022년 4월 26일. https://www.yna.co.kr/view/AKR20220426106700009?input=1195m (검색일: 2022.05.04).

"'푸틴의 오판'…스웨덴·핀란드 나토 동시가입," 「서울신문」, 2022년 4월 26일, https://www.seoul.co.kr/news/newsView.php?id=20220426500164&wlog_tag3=naver (검색일: 2022.05.04).

"한국, 북극이사회 정식 옵서버! 북극항로 열린다!"「뉴데일리」, 2013년 5월 5일,

http://www.newdaily.co.kr/site/data/html/2013/05/15/2013051500121.html (검색일: 2021.09.26).

"GLOBAL WARRING Russian and US warships converge on Arctic to build naval and air bases as melting ice leaves Cold War frontiers wide open," The Sun, Jun. 25, 2019,

https://www.thesun.co.uk/news/8272445/russia-us-arctic-bases-cold-war-frontiers/ (검색일: 2021.10.16).

[인터넷](국/영/러 순)

"국가법령센터 - 극지활동 진흥법,"

https://www.law.go.kr/LSW/lsInfoP.do?efYd=20211014&lsiSeq=231495#0000 (검색일: 2022.04.04).

"네이버 지식백과 - 두산백과: 라플란드,"

https://terms.naver.com/entry.naver?docId=1087115&cid=40942&categoryId=40467 (검색일: 2021.09.19).

- 시사상식사전: 다산과학기지,"

https://terms.naver.com/entry.naver?docId=74975&cid=43667&categoryId=43667 (검색일: 2021.09.26).

"외교부 - 북극이사회,"

https://www.mofa.go.kr/www/wpge/m_4046/contents.do (검색일: 2021.10.16).

"About the Nordic Council of Ministers,"

https://www.norden.org/en/information/about-nordic-council-ministers (검색일: 2021.10.06).

"AGREEMENT ON COOPERATION ON AERONAUTICAL AND MARITIME SEARCH AND RESCUE IN THE ARCTIC,"

https://oaarchive.arctic-council.org/handle/11374/531 (검색일: 2021.10.14).

"AGREEMENT on Cooperation on Marine Oil Pollution Preparedness and Response in the Arctic,"

https://oaarchive.arctic-council.org/handle/11374/529 (검색일: 2021.10.14).

"Agreement on Enhancing International Arctic Scientific Cooperation,"

https://oaarchive.arctic-council.org/handle/11374/1916 (검색일: 2021.10.15).

"Arctic Five,"

https://www.umu.se/en/arctic-centre/collaboration/arcticfive/ (검색일: 2021.10.11).

"ARCTIC COUNCIL - ABOUT THE ARCTIC COUNCIL,"

https://arctic-council.org/about/ (검색일: 2021.10.03).

- "OBSERVERS,"

https://arctic-council.org/about/observers/ (검색일: 2021.10.15).

"Barents Euro-Arctic Cooperation About Us,"

https://www.barentscooperation.org/en/About (검색일: 2021.10.06.).

"Industrial development in the Arctic,"

https://www.grida.no/resources/7004 (검색일: 2021.10.13).

"Introduction", "History of the Convention" and "List of Parties,"

https://www.cbd.int/intro/ (검색일: 2021.09.30).

"Icebreaker Oden,"

https://www.polar.se/en/research-support/icebreaker-oden/ (검색일: 2021.10.11).

"Ottawa Declaration (1996),"

https://oaarchive.arctic-council.org/handle/11374/85 (검색일: 2021.09.19).

"Sweden's strategy for the Arctic Region,"

https://www.government.se/country-and-regional-strategies/2011/10/swedens-strategy-
for-the-arctic-region/ (검색일: 2021.10.03).

"The SDGS in Action,"

https://www.undp.org/sustainable-development-goals?utm_source=EN&utm_
medium=GSR&utm_content=US_UNDP_PaidSearch_Brand_English&utm_
campaign=CENTRAL&c_src=CENTRAL&c_src2=GSR&gclid=Cj0KCQjwwN
WKBhDAARIsAJ8HkhcqRK0trL8tB_TIv11qsb7q8CATppCPbsc9mA6N3A-
2tUrgrprqPK8aAuEcEALw_wcB (검색일: 2021.09.30).

"UArctic - About UArctic,"

https://www.uarctic.org/about-uarctic/ (검색일: 2021.10.11.).

"UArctic - north2north,"

https://education.uarctic.org/mobility/about-north2north/ (검색일: 2021.10.11).

"Welcome to Nordic Co-operation - About the Nordic Council of Ministers,"
https://www.norden.org/en/information/about-nordic-council-ministers (검색일: 2021.10.15).
"2021 Military Strength Ranking,"
https://www.globalfirepower.com/countries-listing.php (검색일: 2021.09.23).

"Атомный ледокольный флот,"
https://www.rosatom.ru/production/fleet/ (검색일: 2021.10.08).
"Генерация электроэнергии,"
https://rosatom.ru/production/generation/ (검색일: 2021.10.08).
"Указ Президента Российской Федерации от 05.03.2020 № 164 'Об Основах государственной политики Российской Федерации в Арктике на период до 2035 года', с. 12,"
http://publication.pravo.gov.ru/Document/View/0001202003050019?index=1&rangeSize=1 (검색일: 2021.09.23).

'유람시아(Euramsia: Europe-America-Asia)'의 꿈: 베링해협 해저터널 프로젝트의 가능성과 한계성

한종만*

I. 프롤로그: 철도의 르네상스

세계문명사는 정복과 개척이라는 목적하에 시/공간 극복과정의 역사였으며, 여러 교통수단과 새로운 길을 만드는 과정으로 점철되어왔다. 이 과정에서 인류에게 많은 긍정적 효과와 갈등과 반목, 전쟁, '철의 장막' 설치 등 부정적 요인도 함께 도출됐다. 제국주의와 냉전 시대의 종료 이후 '길'을 연결하여 지구촌 평화 달성을 통해 언급한 부정적 요인을 완화하면서 교류 증대는 물론 인류의 삶을 증폭시킬 수 있는 선순환 구조에 이바지해야 한다. 길은 인류의 위대한 진전이며, 평화로 귀결되어야 한다.

세계화와 정보화 그리고 교통과학기술, 특히 4차 산업의 발달 덕택으로 세계는 인류역사상 어느 때보다 시간과 공간의 벽을 허물고 있다. 또한 지구온난화와 기후변화로 인해 북극양의 빙하가 녹으면서 인류의 생활공간은 북쪽으로 올라가는 상황을 만들고 있다.

세계는 교통과학혁명으로 철도의 르네상스 시대에 접어들고 있다. 19세기 말과 20세기 초에 세계 주요 도시에서 가장 중요한 문제로 마차교통에서 사고

※『도서문화』 2021년 제28집에 실린 논문을 수정 및 보완한 글임
 * 배재대학교 명예교수

처리와 말뚱 처리의 문제를 해결하기 위해 자동차교통이 급부상했지만, 현재 자동차교통은 대기오염과 이산화탄소 배출의 주범 역할을 담당하면서 전기/수소차의 확산뿐만 아니라 철도 교통의 중요성이 배가되고 있다. 철도교통은 서비스 개선의 확대와 고속전철, 자기부상철도, 하이퍼루프 등의 기술 확산으로 자유성과 시간성 제약을 완화하면서 인적/물적 대량수송 가능과 친환경적이란 이점을 가지고 있다.[1]

실례로 홋카이도와 혼슈를 연결하는 세이칸 해저터널, 영불 도버해협을 연결하는 유로터널이 운영되고 있을 뿐만 아니라 세계 곳곳의 단절구간을 연계하는 많은 해저터널 프로젝트(제주, 한일, 중국 본토와 대만, 한중, 지브롤터 해협, 헬싱키-탈린, 터키 보스포루스 해협, 사할린과 러시아 극동과 일본 홋카이도 연결, 베링해협 해저터널 프로젝트 등이 구상되고 있다.

베링해협 해저터널 프로젝트는 국가 간 '길'과 단절구간을 연결해 지구촌 평화 정착에 지대한 역할을 담당할 것으로 기대된다. 이 프로젝트가 실현된다면 5대륙 가운데 오세아니아 대륙을 제외한 모든 대륙이 연결된다는 것을 의미한다.

이러한 맥락에서 이 글의 제2장에서는 베링해협의 지리적 특성을 고찰한 후 제3장 베링해협 연결 프로젝트 구상의 역사적 현황을 기술한다. 제4장 베링해협 프로젝트의 내역에서는 가능성과 한계성을 SWOT를 중심으로 분석한다. 제5장 에필로그에서 '유람시아(Euramsia: Europe-America-Asia)'의 꿈의 결정판인 이 길은 인류의 위대한 진전이며 평화로 귀결되어야 한다는 '당위성'을 바탕으로 모든 주체들의 '의지/실천성'을 도출해야만 한다.

---

1) 한종만, 「베링해협 프로젝트, 런던에서 뉴욕까지 기차로!」, 『통일한국』 12, 평화문제연구소, 2011, 65쪽

II. 베링해협의 지리적 특성[2]

베링해협은 러시아 추코트카반도와 미국 알래스카 슈어드반도 사이에 있는 태평양 해협으로, 그 위치는 북극권 남쪽 북위 65도 40분, 러시아와 미국의 해양경계선은 서경 168도 58분 37초로 분리된다.[3] 러시아와 알래스카 본토까지 베링해협의 최단거리는 86km이며, 이 해협의 평균 수심은 50m며, 다이오미드 제도와 페어웨이 암초(Fairway Rock)가 이 해협에 존재하고 있다.

[그림 1] 베링해협 다이오미드 제도와 페어웨이 암초 전도[4]

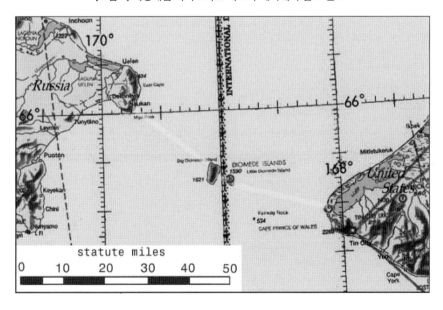

---

2) 한종만, 「북극해의 관문 베링해협의 자연 및 인문 지리적 특성」, 『북극연구 The Journal of Arctic』 17, 2019, 1-20쪽.
3) 러시아는 유럽/아시아 국가로 세계 제1위의 영토대국이며, 엄밀한 의미에서 서양, 동양, 서양(러-미 해양국경선 일부 지역)을 보유하고 있다.

베링해협에서 러시아와 알래스카 본토에서 가장 가까운 거리는 86km로 러시아 춘구(Chungu)반도 데쥬네프 곶으로 아시아대륙 동쪽 끝 지점으로 서경 169도 39분이며, 북미 대륙의 서쪽 끝 지점은 알래스카 프린스 오브 웨일스 곶(Cape Prince of Wales)으로 서경 168도 5분이다. 베링해협의 수심은 30-50m다. 베링해협의 경계는 북쪽으로 북극양의 축치해와 보퍼트해, 남쪽으로는 베링해로 구분된다.

국제날짜선은 이 해협의 다이오미드 제도 사이 1.5km 거리의 등거리 선. 러시아와 미국 측 베링해협은 다른 시간대를 형성하고 있으며, 데쥬네프 곶은 미국 베링해협 지역보다 21시간(서머타임 시 20시간) 빠르다.

빅 다이오미드(Big Diomede) 섬은 러시아어로는 오스트로프 라트마노바 〈(óстров Ратмáнова) 혹은 라트마노프(Ratmanov) 섬〉, 이누피아트 원주민 어로는 이마클리크(Imaqɬiq) 혹은 '내일의 섬'(날짜변경선 근거)으로 명명되고 있으며, 베링해협 중간 지역에 2개의 다이오미드 섬 중 서쪽에 위치하며, 이 섬은 러시아 극동연방관구 연방주체 추코트카 자치구 내 추코트카 지구에 소속한다. 빅 다이오미드 섬은 추코트카반도 데쥬네프 곶(Cape Dezhnev) 남동쪽 약 45km에 있으며, 러시아 동쪽 끝 혹은 서방의 끝 지점이다. 이 섬의 위치는 북위 65도 46분 52, 서경 169도 3분 25부터 북위 65도 78분 11, 서경 169도 5분 69.4에 있다. 암석 경사로 이루어진 이 섬의 면적은 29㎢이며, 날짜변경선(International Date Line)까지 거리는 1.3km이다.

리틀 다이오미드 섬〈러시아명: 크루젠슈테른(Kruzenshtern)〉의 면적은 7.4㎢다. 베링해협 한가운데 위치한 리틀 다이오미드 섬은 알래스카 본토로

---

4) "Ideas Competition for the Bering Strait Project Announces Winners", June 16, 2009. http://www.bustler.net/index.php/article/ideas_competition_for_the_bering_strait_project_announces_winners/ (검색일: 2010년 5월 7일).

부터 40km 떨어져 있으며, 날짜변경선까지 거리는 0.97km며, 빅 다이오미드 섬까지 거리는 3.9km이다.

페어웨이 암초(Fairway Rock)는 다이오미드 제도 동남쪽, 알래스카 케이프 프린스 오브 웨일즈(Cape Prince of Wales) 서쪽에 있는 베링해협 내 작은 섬이며 면적은 0.3㎢다. 페어웨이 암초의 동부 해역은 넓어서 동부 채널의 훌륭한 가이드를 제공하고 있다.

2-3만 년 전 아시아인은 베링기아(당시 육지 연결)를 통해 아메리카 이주했으며, 1만 6천 년 전 랜드 브릿지는 해협으로 분리됐다. 1648년 러시아 탐험가 세묜 데쥬네프(Semyon Dezhnev)가 처음으로 이 해협을 탐험하면서 정착촌을 발견했으며, 1728년 표트르 대제의 명을 받은 덴마크계 비투스 베링(Vitus Bering)이 이 해협을 탐험하면서 후에 베링해협으로 명명됐다. 러시아는 1649년에 캄차카반도와 추코트카반도 그리고 1741년에 알래스카까지 영토를 확장했으며, 북부 캘리포니아까지 출범하면서 '루스카야 아메리카(알래스카)'를 지배했다. 19세기 중반부터 베링해와 알래스카는 모피와 수산업(포경)이 활성화되면서 러시아, 대영제국, 스페인과 경쟁이 가시화됐다. 결국 1867년 알렉산드르 2세는 알래스카와 알류샨 열도의 대부분을 미국에 720만 달러로 판매됐다. [5]

---

5) 루스카야 아메리카와 알래스카 판매에 대서는 다음의 글 참조. Р. В. Кинжалов, *Русская Америка* (Москва: Мысль, 1994); 한종만, 「러시아 혁명 100주년과 미국의 알래스카 구매 150주년: 북극을 중심으로」, 『EMERiCs 이슈분석』 대외경제정책연구원, 2017, 1-6쪽. 1867년 3월 30일에 주미 러시아공사 에두아르트 스톡클과 미국 구무장관 윌리엄 슈어드는 720만 달러(현재 가치 16억 7,000만 달러)로 알래스카를 매매하기로 한 협상에 조인(알래스카의 면적은 미국 면적의 5분의 1인 160만㎢로 매매가격은 1㎢당 5달러 수준). 당시 알래스카 구매는 미국 내에서 '바보짓' 혹은 '슈어드의 얼음박스'라 조롱받았으며, 당시 앤드류 존슨 대통령도 '북극곰의 정원'이라 비판했다. 의회 비준이 늦어지면서 공식적으로 10월 18일(알래스카 날)에 지금의 싯카(Sitka); 러시아명 노보아르한겔스

III. 베링해협 프로젝트 구상의 역사적 현황

극동시베리아와 알래스카를 연결하는 베링해협 프로젝트는 오랜 역사를 갖고 있다. 1867년 러시아의 알래스카 판매 이후 1870년대부터 본격화되었지만 제1차 세계대전과 냉전으로 인해 이 프로젝트는 활성화되지 못했다가 소련 해체 이후 다시금 활기를 띠면서 수많은 포럼, 국제회의, 세미나, 콘퍼런스 개최, 언론매체에서 회자하고 있지만 아직 큰 진전을 이루지 못하고 있다.

베링해협 연결 프로젝트는 1870년대부터 냉전 시기까지 페리 철도, 교량, 해저터널 철도 건설 아이디어에서 2000년부터 고속철, 자기부상 해저터널 건설 프로젝트로 진전되고 있다. 또한 해저터널 철도와 병렬해서 도로, 전력선, 광케이블, 석유/가스 파이프라인, 담수 파이프라인 등의 건설도 논의되고 있다.

한국에서 베링해협 프로젝트 논의는 2010년 5월 평화통일재단 주최의 국제세미나(베링해협 프로젝트 - 공생과 국제평화의 길)를 계기로 본격화되면서 배재대학교 한국-시베리아센터에서 개최한 세미나 결과로 발간된 책과 논문[한종만(2010, 2013, 2015, 2017), 심성섭, 리루이펑(2015)]과 Barry(2011) 등이 발표됐다.

1869년부터 현재까지 베링해협 프로젝트 연결 구상의 역사적 전개 과정은

크(Новоархангельск)]항 언덕의 국기 게양식(러시아 국기를 내리고 미국 성조기를 올림)으로 일단락됐다. 현재 알래스카 구매는 미국에게 축복을 안겨 준 전대미문의 거래로 평가되고 있으며, 이에 성공한 슈어드에 관련한 여러 기념 작업이 시행되고 있다: 매년 3월 마지막 월요일을 '슈어드의 날'로 지정, 알래스카 내 '슈어드 만', '슈어드 하이웨이', '슈어드 항과 시' 등을 지정하고 있다. 실제로 알래스카 구매 이후 19세기 말 골드러시, 수산업(킹크랩, 연어, 큰 넙치 등), 광산개발(구리, 석탄, 비철금속), 목재개발, 유전발견과 연간 200만여 명의 크루즈선 관광 등 경제적 가치는 수십조 달러의 가치를 상회하고 있다. 미국 의회는 알래스카를 1912년 준주로, 1959년 1월 3일 49번째 주로 승격했다.

〈표 1-1〉, 〈표 1-2〉, 〈표 1-3〉과 같다.

〈 표 1-1 〉 베링해협 프로젝트 구상의 역사적 현황

연도	내역
1869-1876년	미국 링컨 대통령과 경제고문 헨리 케레이(Henry Carey) 철도망 건설을 생각했음, 1876년 미국독립 100년을 즈음하여 활성화 + 러시아 대학자인 드미트리 멘델레예프도 참가; 링컨은 윌리엄 길핀(William Gilpin 1813-1891)을 콜로라도 첫 번째 주지사로 임명
1890년	콜로라도 주지사 William Gilpin은 5개 대륙의 가장 큰 도시를 연결하는 새로운 전 세계 철도 시스템을 제안: 그의 저서 "The Cosmopolitan Railway: Compacting and Fusing Together All World's Continents" 에서는 베링해협에서 알래스카와 러시아를 연결하는 철도 다리를 구상: 이 아이디어는 미국 태평양도로 연합 대표가 지원하며 Harriman 계획의 일부였음; 철도 페리를 진수하겠다고 제안
1892년	금문교를 포함한 400개의 다리를 설계한 요셉 슈트라우스(Joseph B. Strauss)는 배링해협 교량 건설 제안
1890년대 말	러시아정부는 야쿠츠크부터 배링해까지 첫 번째 철도 건설계획; 지선으로 오호츠크해 연결, 마가단부터 해안을 따라 베링해까지 철도 건설계획
1900년	1900년 초: 트랜스알래스카-시베리아(Trans Alaska-Siberia) 주식회사 설립
1902년	프랑스 엔지니어 로벨(Loicq de Lobel)의 러시아철도사에 기존 노선에서 베링해를 경유하는 알래스카 철도연결 제안; 러시아와 프랑스 정부는 이 프로젝트에 긍정적인 반응을 보였으며, 로벨은 미국 철도연결을 위한 위원회를 뉴욕에서 결성; 미국의 '철도왕' Edward G. Harriman은 1899년 알래스카로 탐사하면서 Lobel의 프로젝트 자금 지원
1906-1907년	1906년 9월 니콜라이 2세, 비테 수상, 국방, 재무부는 승인했지만 1907년 3월 니콜라이 2세는 Lobel의 계획을 거부, 1907년 7월 10일 짜르의 동의를 얻어 10월까지 로벨과 그의 팀은 치타에서 북쪽으로 150km 경로를 준비; 당시 일본과 평화 유지와 미국의 시베리아 침공에 대한 두려움 연기됨
1914년	1차 세계대전 발발로 베링해협 프로젝트는 무산됨
1918년 4월	중앙집행위원회에서 레닌은 천연자원 개발을 기속화하기 위해 베링해협 터널과 북극권 철도연결 결정 서명: 야쿠츠크부터 아얀(Ajan)과 에이칸(Eikan)항구, 니콜라예프-나-아무르 철로와 베링해협 터널 연계 발표
1930년대	스탈린은 북극권 철로, 북부 시베리아 철로(보르쿠타-추코트카 아나디르)건설 표명(1,700km 트랙이 건설됨)
1942년	2차 세계대전 중에 시애틀에 소지한 미국 공병대는 캐나다 브리티시 컬럼비아 조지(Prince George)부터 알래스카 페어뱅크스(Fairbanks)를 거쳐 알래스카 북서부 철로 건설 타당성 조사 실행: 2,300km 철도건설 비용은 8,700만 달러, 기관차와 철도차량 비용은 2,400만 달러로 추정; 원래 이 조사는 추코트카 우엘렌(Uelen)항까지 연결을 계획했음; 미국 루스벨트 대통령 특사 홉킨스(Harry Hopkins)의 모스크바 방문(건설 제안) 루스벨트 대통령, 외무장관 헐(Cordell Hull)과 루스벨트 대통령의 삼촌 델라노(Frederic Delano), 기타 관련자들이 타당성조사의 재원 조성; 그러나 1942년 6월 미드웨이 제도에서 일본군을 격퇴한 후 중단
1945년	스탈린은 미국 트루먼 대통령에게 베링해협 철도연결을 제의했지만, 미국 반대로 무산

연 도	내 역
1960년	미국 엔지니어들은 러시아와 미국의 전력 시스템의 병합 제안: 송전선을 포함한 ICL - World Link 다중 운송 회랑의 구현은 러시아와 미국 간의 '에너지 브릿지'를 만들기 위한 전제 조건이며 연간 2,000만 달러의 절감 효과를 추정함
1960년대	중국계 미국인 엔지니어 Lin Tongyan은 베링해협을 가로지르는 '대륙 간 평화 다리'계획을 제안했으며, 이 계획은 국제협력의 상징이자 잠재적으로 중요한 무역로로 간주
1990년	워싱턴, 모스크바, 앵커리지, 노보시비르스크, 페어뱅크스에서 개최된 주요 국제회의와 바르셀로나에서 개최된 유엔 글로벌 프로젝트 회의, 노르웨이에서 해저터널에 관한 회의, 핀란드에서 북극 문제에 관한 회의에서 베링해협 프로젝트 논의
1991년	국제비영리 기업 워싱턴 소재 북반구간베링해협터널철도그룹(IBSTRG: Inter-hemispheric Bering Strait Tunnel and Railroad Group) 혹은 'Transcontinental' 설립: 미국 측은 알래스카주, 철도조합, 철도 관련 대기업 건설, 자문회사 등이며, 러시아 측은 IBSTRG 부회장 라스베긴(W. N. Rasbegin), R&D 조정위원회 담당 학술원 회원 멜니코프(P. A. Melnikov), 러시아철도부, 에너지부, 경제부, 재정부, 북방위원회, 통합에너지시스템, 러시아 학술원 등 40개 조직이 참여하고 있음: 베링해의 공동 이용 가능성 모색
1992년부터	Lydon LaRouche와 Helga Zepp-LaRouche는 유라시아와 세계 랜드브리지(베링해협 철로 포함)를 위해 고속전철과 자기부상철도 건설 제안

〈표 1-2〉 베링해협 프로젝트 구상의 역사적 현황

연 도	내 역
1994년	알래스카 페어뱅크스에서 미국 엔지니어조합 주최 베링해협 터널 회의 개최: IBSTRG 부회장 라스베긴, 쿠퍼사의 자문 엔지니어 할 쿠퍼(Hal Cooper) 참여; 4월 16일 LaRouche가 발행화는 시사지 EIR에서 베링해협 터널과 철도 프로젝트 타당성 조사 내용 게재
1994년 5월	북경에서 국제 심포지엄(유라시아 대륙 간 가교) 개최
1996년	미국 정부는 ICL(Intercontinental World Link) 프로젝트에 관한 연구를 위해 IBSTRG에 1,000만 달러의 예산을 할당할 계획이었지만 자금 조달 실패; 앵커리지에서 개최된 고어-체르노미르딘 정부 간 위원회의 틀 내에서 '극동 러시아-미국 서부해안' 협력에 관한 실무 그룹회의 개최: 베링해협 프로젝트의 잠재력이 크며, 지원 공감; 이 프로젝트는 아시아태평양지역국가협력위원회(APR)의 우선순위 프로그램에 포함; 알래스카주는 미래 도로 경로를 위한 토지 확보에 관한 특별 법령을 채택
1998년 3월	러시아 정부와 상이한 선로 연결을 위한 타당성 조사 실시: 철도부, 건설부, 북방위원회, 추코트카 자치구, UES, Transtroy 등 참여
2000년 말	모스크바 지역교통연구소의 빅토르 라스베긴은 베링해협 터널 철도연결 타당성 조사 발표(경제 타당성이 있으며, 아시아와 아메리카의 화물 수송 촉진)
2002년 11월	노보시비르스크 국립시베리아철도대학 설립 70주년 행사에서 시베리아 교통발전 회의 개최
2005년 5월	국제터널협회(ITA)에서 러시아 엔지니어들은 사할린과 러시아 극동 본토를 잇는 타타르해협 철도터널과 베링해협 터널프로젝트 제안
2005년 9월	세계평화재단(문선명)의 베링해협 터널 건설 제안
2006년 7월	IBSTRG 회장 조지 쿠말(George Koumal)이 당시 미국 대통령 조지 W 부시와 베링해협 터널 프로젝트 논의

연 도	내 역
2006년 9월	러시아철도연방기구(Rosheldor) 주최 회의에서 야쿠츠크-마가단 철도 노선 결정, 베링해까지 연결 확정
2007년 3월	미하일 프라드코프 총리는 연방 목표 프로그램인 '극동 및 트랜스바이칼 개발'의 일환으로 마가단으로 가는 Berkakit - Tommot - Yakutsk 도로 건설 결정을 승인
2007년 4월	러시아 대통령 푸틴은 베링해협 프로젝트 지지 선언; 야쿠츠크에서 베링해협에 접근할 수 있는 우엘렌 (Uelen)까지 철도건설이 2030년까지 러시아 철도 운송 개발전략에 포함. 이 프로젝트는 우선순위와 전략적으로 중요한 프로젝트 중 하나로 간주; 국제회의 '대륙횡단 유라시아 - 베링해협을 통한 아메리카'가 모스크바에서 개최
2007년 5월	이고르 레비틴 러시아 교통부 장관은 예산 기금이 베링해협 아래 터널 건설에 사용되지 않을 것이며 터널이 수익성이 있다고 판단되면 민간기업의 자금 조달 지원
2008년	당시 추코트카 주지사 R. 아브라모비치는 독일 헤렌크네흐트(Herrenknecht AG)사로부터 굴착기 구매 가능성 시사(이 굴착기는 지름 18.989m를 뚫을 수 있는 용량)
2009년 2월	세계평화통일재단은 다이오미드 섬들을 통한 해협 터널 디자인상 선언, 6월 11일 수상자 결정
2010년	상하이 EXPO 2010에서 개최된 제4차 문명포럼의 혁신 프로젝트 경쟁에서 발표된 베링해협 터널의 대륙 간 운송경로가 그랑프리 수상
2010년 7월	미국 알래스카 사업가 Fyodor Solovyov는 미국과 러시아에서 로비를 목적으로 민간기업 InterBering을 등록하여 미국과 캐나다, 알래스카, 베링해협을 러시아연방으로 연결하는 철도건설 프로젝트를 진행. 이 프로젝트와 연계된 웹사이트(www.InterBering.com)구축
2011년 8월	650억 달러 규모의 TCM-World Link 터널 프로젝트 승인; 야쿠츠크에서 개최된 국제회의 '대륙횡단 고속도로 EURASIA-AMERICA'에서 다음과 같은 결의안을 채택: 1. 러시아 북동부의 인프라 통합 개발을 목표로 하는 시스템의 우선 과제로 베링해협을 통과하는 유라시아-아메리카 대륙횡단 고속도로 건설 프로젝트의 개발 및 구현을 고려, 2. TCM 프로젝트를 촉진하기 위해 정부 간 작업 그룹을 만들고 프로젝트에 잠재적 참가자 포함, 3. 2012년 APEC 총회에서 TCM 건설 프로젝트를 논의할 가능성을 고려하자는 제안으로 APEC의 정상과 정부에 호소
2011년 11월	러시아연방 대통령 드미트리 메드베데프는 야쿠티야와 국가의 주요 고속도로를 연결하는 Amuro-Yakutsk 철도 Berkatit - Tommot - Nizhniy Bestyakh 구간의 개통식 참여, 건설업자들에게 한 연설에서 그는 철도가 추코트카까지 계속될 것이라고 언급

〈표 1-3〉 베링해협 프로젝트 구상의 역사적 현황

연 도	내 역
2012년 4월	당시 러시아철도 책임자인 블라디미르 야쿠닌(Vladimir Yakunin)이 본선을 캄차카까지 연장한 다음 북미 철도와 연결을 다시 한번 제의; 블라디미르 야쿠닌 러시아철도 회장은 영국 기자들과의 회의에서 베링해협 아래 터널 건설은 2015년에서 2017년 사이에 결정될 것이며 터널 건설에는 10~15년 소요; 야쿠닌은 이 프로젝트를 '국가 간, 문명간 프로젝트'로 언급
2012년 7월	블라디미르 야쿠닌 러시아철도 회장은 미국 필라델피아에서 열린 'VIII World Congress on High-Speed Rail Transport - UIC HIGHSPEED 2012'에서 러시아의 고속 및 고속 교통 개발을 위한 프로젝트를 발표
2012년 10월	캐나다 기업인 Mat Vickers, Ward Kemerer, Tom Jackson, Len Wilson은 G7G, Ltd. 설립, 기존의 북미 하부 철도 네트워크를 Delta Junction 지역의 Alaska State Railroad와 연결하여 캐나다를 가로질러 알래스카까지 철도를 건설하기로 약속, 건설의 주요 목적은 해외 판매용으로 캐나다 석유의 수출을 보장

연도	내역
2013년 9월	발다이 국제 클럽 회의에서 블라디미르 푸틴 러시아 대통령은 카잔까지 연결되는 고속철도 사업의 중요성을 다시 한번 강조. 그는 극동과 동부 시베리아에서 인프라 개발 측면에서 막대한 사업을 수행 의지 피력
2013년 10월	러시아의 고속철도 운송 개발 및 모스크바-예카테린부르크의 설계 시작과 관련하여 고속도로를 크라스노야르스크까지 확장하고 더 나아가 시베리아, 러시아 동부 및 중국까지 지선을 확장할 예정
2014년	중국은 중국 본토에서 러시아 동부의 시베리아를 거쳐 베링해협-알래스카까지 이어지는 13,000km 길이의 고속열차를 건설하기를 희망: 슈퍼 트레인('중국-러시아-캐나다-미국' 라인)을 건설할 계획을 요약한 Beijing Times의 보고서에 의하면 캐나다의 유콘과 브리티시 컬럼비아, 그리고 미국으로. 일단 건설되면 국제 초고속 열차를 미국 전역으로 확장
2016년 7월	전 알래스카 상원의원 Michael Gravel은 이 프로젝트가 주요 경제적 측면에서 미국과 러시아에 혜택이라고 언급
2020년 9월	도널드 트럼프가 미국과 캐나다 간 2,400km 길이의 철도건설을 승인: "알래스카에서 앨버타까지"(A2A) 건설(건설비용 220억 달러 추산); A2A 프로젝트 승인 후 주목받는 베링해협 철도건설

자료: Hal Cooper, "Strategic Importance of Rail Corridor Links", EIR, Oct. 5, 2007, p.16; Дмитрий Шевко, "Из России в США — тоннель, соединяющий континенты," MOIA Russia, Дек 6, 2018; "Roman Abramovich denies Bering tunnel plans", Telegraph, Mar. 28, 2008; "Trump to approve $22B railway between Alaska and Alberta," CBC, Sep. 27, 2020.

IV. 베링해협 프로젝트 내역

1. 베링해협 프로젝트의 내용

베링해협 프로젝트는 150년 이상의 역사가 있었지만, 냉전과 러시아의 체제전환으로 수사학적 측면이 강했다. 1988년 3월 일본 혼슈와 홋카이도 간 쓰루가해협을 관통하는 세계 최대의 세이칸 해저터널(총길이 53.85km) 철도 개통과 영불을 관통하는 유로(채널) 터널(총길이: 50.45km)이 1994년 5월 개통되면서 세계 곳곳에 단절된 길의 연결 가능성이 가시화됐다. 2000년부터 유가 상승의 덕택으로 러시아 경제가 활성화되면서 베링해협 프로젝트는 2007

년 푸틴이 공식적으로 지지하면서 탄력을 받았다. 2007년 1월 다보스 포럼에서 당시 제1부총리였던 드미트리 메드베데프는 베링해협 프로젝트를 통해 러시아경제의 향상화는 물론 유라시아의 에너지와 물류 센터로서 역할을 담당할 것으로 예측했다.

2007년에 공포된 '철도전략 2030'에서 바이칼-아무르철도(BAM)를 확장하

[그림 2] 러시아연방의 '철도전략 2030'의 철로 지도

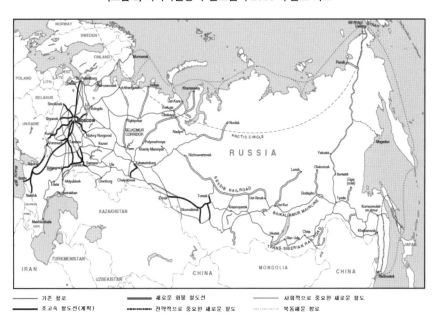

주 : 이 지도는 2007년 '러시아철도'사의 '2030년 러시아연방 철도 네트워크의 발전계획'안에서 추출한 것임. 이 지도에서는 '하바로프스크-블라디보스토크' 철로 구간을 고속철도선으로 표시되어 있지는 않은 상황임. 2009년 10월에 러시아와 중국 간 3개의 고속철도 사업 협력을 체결한 상황. 러시아 극동지역에서 최초의 하바로프스크와 블라디보스토크 고속철도선 이외의 2개의 고속철은 '모스크바-흑해 소치 선'과 '모스크바-니쥬니-노보고로드 선'으로 확정됨. 2009년에 러시아 연방정부와 사하(야쿠티아)공화국은 BAM노선의 북부 틴다(Tynda)부터 '베르카키트(Berkakit)-톰모트(Tommot)-야쿠츠크'를 연계하는 노선을 확정. 이 노선은 베링해협으로 이어지는 '전략적으로 중요한 새로운 철도'의 시작을 의미한다.
Rachel Douglas, "Russia Seeks to Develop Far East: Invite U.S. Role", EIR Economics, Jan. 15, 2010, p.36.

여 2030년까지 베링해 우엘렌까지 철도건설을 확정했다. 실제로 BAM의 북부 노선 틴다부터 베르카키트-톰모트-야쿠츠크 노선이 2012년 건설됐다(〈그림 2〉 참조).[6]

베링해 철도는 야쿠츠크부터 마가단을 거쳐 추코트카 자치구의 주도 아나디르와 우엘렌을 거쳐 알래스카까지 6,000km에 이르고 있다. 2007년 봄 모스크바에서 개최된 국제컨퍼런스에서 참석자들은 러시아 극동 동북부 추코트카와 알래스카와의 대륙 연결의 지지를 표명됐다. 미국 측 전 내무부장관은 이 사업이 미국과 러시아의 전쟁 방지를 위한 세기적 사업이라고 밝혔다. 또한 철도, 도로, 전력선, 파이프라인(송유관, 가스관), 광케이블 건설을 통해 세계 물동량의 3%를 담당할 수 있을 것으로 전망했다. 전력선이 연결될 경우 러시아는 북미지역에 연간 200억 달러의 전력을 공급할 것으로 예상했다. 러시아 철도 야쿠닌 회장은 야쿠츠크에서부터 베링해까지 3,000km 연결 사업에 우선순위를 세우고 있다고 밝혔다.

러시아 추코트카반도의 데쥬네프 곶(Cape Dezhnev)과 알래스카 웨일스 케이프 프린스(Cape Prince of Wales) 사이에 있는 베링해협은 이론적으로 교량 혹은 터널을 통해 연계될 수 있다. 베링해협의 연계는 호주 대륙을 제외한 모든 대륙, 아시아, 북아메리카와 남아메리카, 유럽, 아프리카와 육로와 이어지는 것을 의미한다. 베링해협 프로젝트는 다이오미드 제도를 경유하는 3개의 해저터널을 건설하고 두 대륙 각각의 철도 시스템에 연결된 철도구간을 포함하고 있다. 2개의 터널은 양방향 교통을 수용하며, 2개의 레벨로 구성된다. 하부는 느리게 움직이는 화물 및 여객수송이며, 상부는 고속철로 구성되

---

6) 한종만, 「철도의 르네상스와 러시아 TSR의 확산: 베링해협 프로젝트를 중심으로」, 배재대학교 한국-시베리아센터 편, 『TSR(한반도 종단철도)건설: 북한을 열고 세계를 묶다』, 명지출판사, 2013, 193쪽.

며, 3번째 터널은 비상터널 역할을 하며 중간에 설치한다는 것이다.

〈표 2〉 쿠퍼 컨설팅(Cooper Consulting)사의 베링해협 프로젝트 건설비용 추정치

지역	철도 루트(Corridor, Connector, Magistrral)	루트 길이		자본비용(100만$)*	
		마일	km	싱글트랙**	더블트랙***
북미	Central Trade Corridor	2,055	3,298	4,896	11,370
	Hudson Bay Connector	1,097	1,760	1,662	5,675
	British Columbia Connector	503	807	200	985
	Canadian Prairle Connector	1,360	1,605	3,794	7,320
	Alaska-Canada Connector	2,490	3,995	5,489	14,745
	Western Alaska Connector	710	1,140	4,189	8,680
북미 총	전체 네트워크 구간	8,215	12,605	20,320	48,775
베링해협	베링해협 해저터널	65	105	15,400#	25,000##
러시아	Uelen-Egvekinot Connector	275	441	1,075	2,825
	Yakutsk-Chukotka Magistral	1,690	2,715	4,163	10,665
	Yakutsk-Amur Magistral	1,320	2,120	2,600	4,910
	Yakutsk-Irkutsk Magistral	1,140	1,830	2,860	6,280
	Near Polar Magistral	3,125	5,019	10,805	16,265
러시아 총	러시아 네트워크 전체 구간	7,550	12,125	21,505	40,945
총합계	북미 + 러시아 네트워크 전체 구간	15,830	24,835	56,735	114,720

주: * 모든 자본비용은 2003년 불변가격 기준; ** 싱글트랙 루트 구성은 20마일 철로 측선(대피선)을 갖춘 디젤견인차 기준; *** 더블트랙 루트 구성은 5마일 분기점을 갖춘 전철 기준; # 베링해 터널 비용요인은 두 개의 튜브 터널 기준; ## 더블트랙 구성은 북아메리카 구간(Wales-Whitehorse) 총 1,240마일과 러시아 구간(추코트카/우엘렌-에그베키노트) 총 275마일에 대해 3중 트랙을 포함한 수치.

출처: Hal Cooper, "Strategic Importance of Rail Corridor Links", *EIR, Oct*. 5, 2007, p.19.

2007년 쿠퍼 컨설팅사는 베링해협 프로젝트에 관한 광범위한 타당성 조사를 발표했다. 이 조사에서 베링해협 해저터널(105km) 공사에만 단선/복선에 따라 154-250억 달러의 건설비용을 추정했다. 북미 5개 철도 루트(1만 2,605km) 건설에 203-488억 달러, 러시아 5개 철도 루트(1만 2,215km) 건설에 568-1,150억 달러 비용이 들 것으로 추정했다. 북미 + 러시아 네트워크 전

체 구간(2만 4,835km) 건설에 총 567-1,147억의 비용을 추정했다.

베링해협 해저터널 길이는 세계에서 가장 긴 64마일(103km)로 예상된다. 이 터널은 영국과 프랑스의 도버해협을 연결하는 채널 터널(Channel Tunnel)보다 2배나 길다. 이 터널을 통해 지구 둘레의 4분의 3에 해당하는 런던부터 뉴욕까지 철도로 연계되는 것을 의미한다.

러시아 경제발전부는 베링해협 프로젝트에 500-600억 달러(순수 터널 공사에만 100-120억 달러)가 소요되며 연간 화물운송량도 7,000만-1억 톤에 이를 것으로 추정하고 있다. 정상 운행 시 13-15년 후 자본회수가 가능할 것으로 예측했다. 또한 이 철로는 기존의 해운로보다 2주간의 시간 단축은 물론 비용도 10% 절약될 것으로 예상한다. 공사 기간은 10-15년이 소요될 것으로 예상했다.[7]

베링해협 해저터널은 옵션에 따라 98-113km이며, 해저터널과 러시아 철도 노선과의 연계를 위해 야쿠츠크-우엘렌까지 북부 노선(야쿠츠크-Zyryanka-우엘렌 3,850km), 남부 노선(야쿠츠크-Susman-Markov-Anadyr-우엘렌 4,200km), 야쿠츠크-마가단(1,560km)의 철로가 필요하며, 미국 철도노선으로 베링해 웨일스-페어뱅크스- 포트 넬슨까지 1,925km의 건설이 필요하다. IBSTRG((Inter-Hemispheric Bering Strait Tunnel and Railroad Group)는 야쿠츠크-우엘렌 철도 85-115억 달러, 웨일스-포트 넬슨 25-35억 달러로 철도 건설비용 120-150억 달러, 터널 건설 100-120억 달러, 전력선을 포함한 발전소 건설 230-250억 달러, 기타(사회 인프라, 광섬유라인 등) 100-150억 달러로 총 프로젝트 비용을 550-670억 달러로 추정했다. 이 프로젝트의 공사 기간은

---

7) "Tunnel unter Beringstraße aus Russland nach Alaska Moskau", *mig/.rufo*, Apr. 4, 2007.

[그림 3] 베링해협 프로젝트 중 북미 구간 전도[8]

10-12년 정도 소요될 것으로 예상되며, 투자 내부수익률(IRR: Internal Rate of Return)은 10% 정도로 추정하고 있다. 베링해협 철도의 주요 수입원은 화물 수송이 주이며, 전체 열차 중 여객수송 열차는 10%이며, 전체 수입의 5%를 충당할 것으로 추정하고 있다. 열차 편수는 하루 2020년 혹은 2022년에 15회에서 2050년 160회로 증가할 것으로 예상된다. 베링해협 철도는 세계 연간 철도화물 선적의 3% 이상을 담당할 것으로 예상한다. 터널 통과 화물은 연간 3억-3.5억 톤이며, 연간 통과 수입도 80-100억 달러로 추정하고 있다. 수자원은 물론 아메리카 대륙으로부터 중국행 석탄과 미국행 에너지 물동량이 큰 역할을 할 것으로 예상된다. [9]

베링해협 프로젝트 지분 참여자는 정부 또는 민간 베이스로 이루어질 것으로 예상된다. 지분은 러시아와 미국이 각각 25%를 가지며, 나머지 50%는 민간투자가와 국제금융당국이 소유할 것으로 예상된다. 러시아 지분 참여자는 러시아철도, 러시아통합에너지(UES), 석유운송사 트란스네프트(Transneft)사 등이라고 라즈베긴은 전하고 있다.

러시아 수력 전력(Hydro OGK)사는 2020년까지 오호츠크해 지역에서 투구르스카야(Tugurskaya) 5.3GW, 펜드쥔스카야(Pendzhinskaya) 10.5GW의 용량을 가진 조력발전소의 건설을 계획하고 있다. 이 프로젝트는 베링해 철도와 연계한 전력선을 통해 연간 200억 달러의 전력을 북아메리카에 공급할 것으로 기대하고 있다.

---

8) Richard Freeman and Hal Cooper, "Infrastructure Corridors will Transform Economy", *EIR*, Sep. 21, 2007, p. 28.
9) V. N. Razbegin, "The Intercontinental Eurasia-America Transport Link: Key Element of a World Transport System," pp. 13-16. http://www.schillerinstitute.org/media/Razbegin-eng.ppt(검색일: 2021년 9월 2일).

[그림 4] 베링해협 프로젝트 물동량, 환적, 연간 통과 수입[10]

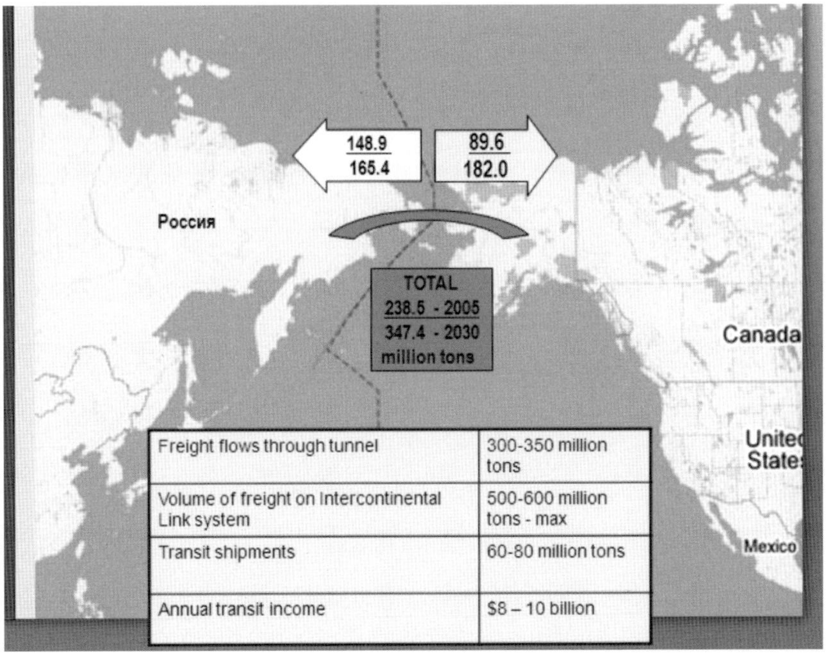

Freight flows through tunnel	300-350 million tons
Volume of freight on Intercontinental Link system	500-600 million tons - max
Transit shipments	60-80 million tons
Annual transit income	$8 – 10 billion

한국, 중국, 일본은 베링해 프로젝트에 지대한 관심이 있으며, 특히 일본기업은 터널 1km당 6,000만 달러 공사비용으로 가능할 것으로 예측하고 있다. 러시아 추코트카 전 주지사이며, 영국 FC 첼시 구단주인 로만 아브라모비치의 회사 인프라슈트룩투라(Infrastruktur, 모스크바 소재)는 8,000만 파운드에 상당하는 지구상에서 가장 큰 독일제 헤렌크네흐트(Herrenknecht) 굴착기 구매를 계획했었다. 이 굴착기는 지름 62.3피트(18.989m)를 뚫을 수 있는 용량을 가지고 있다.[11]

---

10) Ibid.

11) "Roman Abramovich denies Bering tunnel plans", *Telegraph*, Mar. 28, 2008. 이 드릴 기계는 독일 남부지역에 소재한 슈반아우(Swanau)에 소재한 헤렌크네흐사 주 식

그러나 베링해협 프로젝트는 2008년 가을 미국발 글로벌 금융위기 발생과 에너지 국제가격에 민감한 러시아 경제가 하락하면서 다시금 하강 국면을 맞이했다. 설상가상 2013-2014년 러시아의 우크라이나 동부 개입과 크림반도 합병 이후 서방의 대러시아 경제제재 이후 러시아와 서방과의 관계가 악화하면서 이 프로젝트는 큰 진전이 없었으며, 철도전략 2030에서 공포된 야쿠츠크-마가단 철도건설도 진전이 없는 상황이다.

G2로 부상한 중국은 괄목할만한 경제성장과 고속철 인프라 기술과 경험을 바탕으로 2014년에 중국-러시아-캐나다-미국 철도 노선의 건설을 제안했다. 고속열차가 네트워크를 통해 운행된다면 승객들은 미국과 러시아 사이를 20분 만에 이동할 수 있으며 유럽, 러시아, 중국, 일본, 한국, 캐나다 및 미국 사이에서 매년 최대 1억 톤의 화물 또는 세계 화물 화물의 8%를 처리할 수 있다고 언급했다. 또한 세계를 연결하고 이 프로젝트를 Global Land Bridge라고 명명했다. 평가된 총비용은 약 2,000억 달러로 당시 중국 엔지니어들은 라인 구축을 위해 러시아와 협의 중이라고 주장했다. 또한 상하이 인근의 항구 도시인 닝보에서 동해안의 섬들로 이루어진 군도인 저우산(닝보-저우산 터널의 길이는 77km이며 그중 16.2km가 수중)까지 이어지는 세계 최초의 수중 고속열차를 실현하고 있으며, 이 프로젝트를 베링해협 터널을 실현할 수 있는지 확인하기 위한 테스트 프로젝트로 간주했다.[12]

러시아계 미국 알래스카 사업가 표도르 솔로비요프(Fyodor Solovyov)는 베링해협 프로젝트 로비를 목적으로 민간기업 InterBering을 등록하여 미국

회사(Herrenknecht AG)에서 제작되고 있다.

12) "An underwater railway line from the USA to China: a dream project?," *RailFreight*, Jun. 18, 2021. "Bering Strait tunnel: pipe dream or game-changer for US-Russia-China ties?," Oct. 4, 2020.

과 캐나다, 알래스카, 베링해협을 러시아연방으로 연결하는 철도건설 프로젝트를 지지하고 있다.

InterBering이 제시한 프로젝트 고속철(최대 시속 400km)의 러시아 구간 (3,850km): 야쿠츠크-우스트-네라(Ust-Nera)-지리얀가(Zyryanka)-빌리비노 (Bilibino)-오제르니(Ozerny)-우엘렌항까지 건설비용을 1,000-1,150억 달러, 북미 구간(6,430km): 웨일즈-페어뱅크스-화이트호스(캐나다)-밴쿠버(캐나다)까지 건설비용을 1,700-2,000억 달러로 추정했다. 베링해협 터널의 길이는 110km로 건설비용은 300-350억 달러로 추정했으며, 러시아 구간과 북미 구간 총길이는 1만 390km로 건설 총비용을 3,000-3,500억 달러로 추산했다. 이 프로젝트의 철도 건설과정에서 7만-10만 명 고용 창출은 물론 유럽, 러시아, 중국, 일본, 한국, 캐나다 및 미국 간의 연간 화물 운송 최대 3억 톤 또는 세계 화물의 5-8% 및 석유, 가스 및 전력공급이 가능하며 베링터널을 통과하는 고속여객 열차는 유럽의 대서양 연안과 런던에서 캘리포니아, 텍사스, 뉴욕, 워싱턴까지 최대 시속 400km의 속도로 계속 이동이 가능할 것으로 전망했다. 철도건설과 병렬하여 가스관, 송유관, 전력선, 광섬유 통신선, 담수 파이프라인, 도로 건설도 필요하다고 지적했다.[13]

2. 베링해협 프로젝트의 가능성

북극은 지구 평균 기온보다 2배나 빠르게 진행되는 온난화와 해빙과 더불

---

13) "План строительства новых железных дорог в Российской Федерации (в Сибири), США (штат Аляска)и в Канаде и их соединение тоннелем через Берингов пролив," *InterBering*, http://www.interbering.com/InterBering-ru.html(검색일: 2021년 9월 20일).

어 제4차 산업혁명, 특히 교통과학기술의 발달로 북극은 인간의 접근이 불가능한 지역에서 가능한 지역으로 변모되면서 지정학(군사/안보)적 및 지경학(자원/물류)적 중요성이 부상하고 있다.

북극과 베링해협 지역은 자원(연료/원료), 전력자원(풍력, 조력 등), 담수자원, 수산자원, 생태관광 자원의 보고지역이며, 육상/해상/항공교통을 제공하는 공간으로 지경학적 가치가 높다.

미국 지질조사국(USGS)은 북극지역에 석유 900억 배럴, 천연가스 1,669조 입방피트(약 47조 2,607억㎥), 에탄 또는 프로판과 같은 액체가스 440억 배럴이 매장된 것으로 추정했다. USGS는 북극지역에 미발견된 세계 석유의 약 13%, 천연가스 30%, 액체가스의 약 20%가 매장된 것으로 추정했다. 북극지역에 기술적으로 채굴 가능한 미발견된 글로벌 석유/가스자원의 약 22%가 매장된 것으로 추정하고 있다.[14]

'북극전략 2035' 제5조에 따르면 북극 지역은 러시아연방에서 천연가스의 80% 이상과 석유(가스콘덴서 포함)의 17% 이상을 생산하고 있다. 러시아연방 북극 대륙붕에 85.1조㎥가 넘는 천연가스, 173억 톤의 석유(가스 콘덴서 포함) 및 러시아연방 광물자원 기반 개발을 위한 전략적 매장지라고 규정하고 있다.[15]

미국지질조사국(USGS)은 알래스카에 세계 석탄 매장량의 17%, 세계 구리

---

14) 미국지질조사국(US Geological Survey)은 미국 내무부 산하 학문적 원자재 조사기관으로 1879년 3월에 설립됐다. USGS(United States Geological Survey), "Circum-Arctic Resource Appraisal. Estimates of Undiscovered Oil and Gas North of the Arctic Circle," *Factsheet 2008-3049*, U. S. Department of the Interior, Reston 2008, p.1.

15) 한종만, 「러시아 2035 북극전략'의 내역과 평가」, 『북극연구 The Journal of Arctic』, No. 24, 2021, 10-11쪽.

매장량의 6%, 세계 납 매장량의 2%, 세계 금과 아연 매장량의 각각 3%, 세계 은 매장량의 2%, 희토류 광산 150여개 이상, 미국 목재 매장량의 17%, 미국 담수자원의 40%를 보유한 것으로 추정되며, 광물자원 이외에도 알래스카 해역은 미국에서 가장 생산적이며 고부가가치의 상업적 수상 활동이 이루어지고 있으며 알래스카 상업적 수산물의 가치는 36억 달러로 추정되며, 수산식품 산업은 약 58억 달러의 가치를 창출하고 있을 뿐만 아니라 7만 8,000여 명의 일자리를 창출하고 있다[16].

자원 잠재력 이외도 북극권과 베링해협 지역은 북극해의 관문으로 육해공의 '통합물류시스템(complexed logistics system)'의 최적지로 부상할 가능성이 큰 지역이다. [17]

베링해협은 한중일 관점에서 동해, 오호츠크해, 베링해를 통해 모든 북극항로(북동항로, 북서항로, 북극점경유항로)의 관문으로 축치해와 보퍼트해로 나아가는 해상교통의 요충지다(〈그림 5〉 참조). 베링해협 프로젝트는 알래스카와 극동시베리아 북극권의 자원개발에 획기적 기여뿐만 아니라 이 지역의 열악한 인프라의 개선을 통해 항만, 공항, 도로, 철도, 가스/송유관, 전력선, 광케이블 등 통합물류시스템을 구축하는 토대를 마련할 것으로 기대된다. 또한 북극항로와 베링해협 프로젝트는 새로운 국제 운송로의 출현을 의미한다. [18]

---

16) Charles M. Perry and Bobby Andersen, *New Strategic Dynamics in the Arctic Region: Implications for National Security and International Collaboration*, The Institute for Foreign Policy Analysis, Feb. 2012, p. 98.

17) 김정훈, 한종만, 「북극권 진출을 위한 해양공간 인문지리: 동해-오호츠크해-베링해」, 『한국시베리아연구』23-2, 배재대학교 한국-시베리아센터, 2019, 63-94쪽.

18) 2021년 3월 수에즈운하에서 일본 소유의 에버 기븐(Ever Given)호의 운항 사고로 운항 중지로 막대한 경제적 피해를 경험하면서 북극항로의 중요성이 주목받았다. Samy Magdy, "Plan made to refloat ship blocking Suez Canal using tide," *AP*, Mar. 27, 2021.

[그림 5] 북극해의 관문 베링해

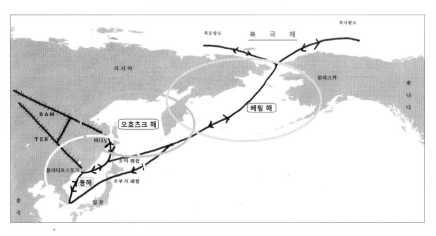

중국의 G2로의 급부상과 아태지역이 세계 경제의 중심축으로 떠오르면서 북태평양과 북극권에서 자원/물류 전쟁이 가시화되고 있다. 실제로 러시아는 국제협력을 통해 야말/기단반도에서 가스전 개발과 사베타 항만과 공항을 개발하면서 북동항로를 통해 유럽과 아태지역으로 LNG를 공급하고 있다. 러시아는 북극권 자원개발과 NSR 인프라 개발에 박차를 가하면서 NSR(북부해항로) 화물운송량은 2020년 3,300만 톤으로 급성장했으며, 2024년 8,000만 톤, 2035년경 화물량은 1억 3,000만 톤 목표치를 설정하면서 수에즈운하와 경쟁하는 새로운 무역 루트로 발전할 목표를 세우고 있다.[19] 베링해협 해저터널 프로젝트가 해상교통과의 경쟁 관계라는 사실을 부인할 수 없지만, 북극권 자원개발과 인프라 개발과정에서 베링해협 프로젝트도 탄력을 받을 것으로 예상된다. 해저터널의 육상교통과 해상교통은 '제로섬 게임(zero-sum game)'이

---

19) NSR 물동량, 자원개발, 안보에 관한 내용은 다음의 글 참조. 한종만, 「북부해항로 (NSR)와 러시아의 해양 안보: 현황과 이슈」, 『해양안보논총』 3-2, 한국해양안보포럼, 2020, 123-155쪽.

적용되지만 '포지티브 섬 게임(none zero-sum game)'으로 발전할 수 있다. 그 이유로써 북극권 자원/물류의 획기적 발전과 열악한 인프라 개선 등을 들 수 있다.

러시아 특별경제지역청 부의장 막심 비스트로프(Maxim Bystrov)는 베링해 협 프로젝트는 정치적 사업이 아니라 비즈니스 사업이란 것을 강조하고 있다. 이 프로젝트는 북미 대륙으로 향하는 한중일 상품의 운송로이며, 러시아도 에너지를 북미 대륙으로 수출하는데 기여할 것으로 예상된다. 러시아 극동 사하 공화국과 추코트카 자치구는 러시아 광물자원의 보고지역임에도 불구하고 사회간접자본의 부재와 열악한 자연환경으로 인해 부존자원의 1.5%만 개발되고 있다고 사하공화국 부통령 아르투르 알렉세예프(Artur Alexeyev)는 전하고 있다. 그는 베링해 프로젝트는 러시아 동북부지역의 발전의 견인차 역할을 할 것으로 기대하고 있다.[20] 히켈(Wally Hickel) 알래스카 전 주지사는 "베링 해협 터널 프로젝트는 세계 최대의 산업 국가를 북극의 광활한 미개척 광물자원과 연결함으로써 21세기의 번영을 강화하고 확장할 잠재력"을 가진 프로젝트라고 언급했다.

베링해협 프로젝트의 가능성으로 환경문제의 완화와 제4차 산업혁명과 연계된 최근 '철도의 르네상스'(서비스 개선, 고속철, 자기부상철도, 하이퍼루프 등)를 들 수 있다. 특히 터널 공학/공법(NATM, TBM, 침매 터널 등)의 획기적 발전[21]으로 '해저터널 전성의 시대'를 맞이하고 있다. 실례로 일본의 세이칸과

---

20) Yuriy Humber and Bradley Cook, "Russia Plans World's Longest Tunnel, a Link to Alaska", *Bloomberg*, Apr. 18, 2007.

21) 터널공법에 대해서는 다음의 글 참조. 이종철, 「제4차 산업혁명기술 작용, 해저터널 기술의 큰 도약」, 『유라시아 신시대를 위한 한일터널』 한일터널연구회, 2021, 142-155쪽.

[그림 6] 사할린철도의 확산[22]

영불의 유로 해저터널과 덴마크 코펜하겐과 스웨덴 말뫼를 연결하는 외레순 해저터널이 운영되고 있다. 베링해협 해저터널은 수심이 낮으며, 지진 가능성이 작고 해협 바닥에서 건설자재를 확보할 수 있으며, 세이칸과 유로터널보다 2배 이상 길지만, 해협 내 위치한 다이오미드 제도가 있어 터널 건설은 기술적으로 가능하다.

일본 홋카이도와 사할린섬 소야(라페루즈)해협(최단거리 40km) 터널, 사할린섬 포기비부터 러시아 극동 본토 라자레프 사이의 타타르해협(최단거리 7km) 해저터널 등이 논의 중이다. 이 프로젝트들이 한국종단철도(TKR)의 확산(북한 철도와 한일해저터널 연계)으로 이루어진다면 부산 혹은 도쿄부터 시베리아횡단철도(TSR)과 BAM(바이칼-아무르철도) 철도는 베링해협 해저터널 프로젝트와 연계되면서 시너지 효과를 창출할 수 있다. 베링해협 프로젝트는 알래스카와 미국 lower 48개 주와의 연계뿐만 아니라 오세아니아 대륙을 제외한 모든 도시를 연계하면서 글로벌 육로로서 국가 간, 문명 간 소통과 교류를 실현할 수 있다.

---

22) 한종만 「철도의 르네상스와 러시아 TSR의 확산: 베링해협 프로젝트를 중심으로」, 배재대학교 한국-시베리아센터 편, 『TSR(한반도 종단철도)건설: 북한을 열고 세계를 묶다』명지출판사, 2013, 199-202쪽. 1990년대 말 일본의 드주르(Dzuro)사, 2007년 '철도전략 2030'에서 사할린섬을 경유해서 일본과 러시아 극동지역 BAM과의 연계철도 프로젝트 제안했다. 이 프로젝트는 일본의 홋카이도섬 북부의 소야해협부터 사할린의 최남단에 있는 크리론 만까지 42km를 교량 혹은 터널을 이은 다음, 사할린섬의 서북부에 있는 포기비로부터 타타르해협을 거쳐 극동 본토의 라자레프까지 7km의 교량 혹은 터널을 건설하여 철도와 도로 그리고 파이프라인 수송 체계를 건설한다는 것이다(<그림 6> 참조). 극동 본토의 라자레프로부터 BAM 중심지인 콤소몰스크-나아무레까지 이어지는 노선이 필요하다. 이 프로젝트는 한일철도 연결 프로젝트와 경쟁 관계로 발전할 가능성이 있다. 이 프로젝트가 구체화 되면, 한국은 동북아 3국 중 여전히 섬처럼 남을 가능성이 농후하다.

베링해협 지역은 해당 관련국(러시아, 미국)에서 중요성이 상대적으로 낮은 지역이었지만, 이 지역의 지정/지경학/지전략적 가치가 높아지면서 국가 간 분규, 갈등, 경쟁, 협력이 가시화/가속화 현상이 출현하는 공간이다.

중국의 일대일로와 신실크로드 정책, 미국의 인도태평양 전략, 러시아의 '신동방정책', 일본의 우경화 정책, 몽골의 초원길 정책, 북한의 핵고도화 전략 그리고 한국의 '신북방정책'이 추진되면서 베링해협 공간은 각국의 이해관계가 교차하는 지역이기도 하다. 최근 들어 미중 간 패권 경쟁과 갈등, 미러 간 갈등, 한일 간 갈등, 미일 동맹의 강화 등의 현상이 가시화되고 있다. 미국과 러시아는 북극권에서 군사훈련 강화와 재무장, 동해와 오호츠크해에서의 러시아와 중국의 공동 군사훈련, 오호츠크해와 베링해에서의 중국 군함 출현 등 연구공간에서의 지정학적 리스크가 증가하면서 '신냉전'의 가능성이 인구에 회자하고 있다. 특히 러중 간 전 부문에서 협력 강화가 이루어지고 있으며, 향후 북·중·러 동맹 강화와 한미일 동맹 및 쿼드(미국, 인도, 일본, 호주) 블록 간 갈등, 분규, 전쟁도 배제할 수 없는 상황이다.

코펜하겐과 말뫼를 연결하는 외레순 해저터널과 유로터널로 EU 통합의 가속화뿐만 아니라 인적/물적 교류를 증진한 것처럼 베링해협 터널 프로젝트는 유라시아와 북미지역의 경제적 통합/번영과 인류복지에 구현될 수 있다고 생각된다. 이 프로젝트는 미러 간 관계의 경색국면을 고려할 때 중단기적으로 어렵다고 생각되지만, 역발상으로 이 사업이 이루어진다면 러시아와 미국 간 평화 달성뿐만 아니라 세기의 뉴딜정책으로 침체한 세계 경제를 활성화하면서 세계 경제의 선순환 구조로 발전될 수 있을 것으로 기대된다.

3. 베링해협 프로젝트의 한계성

베링해협 프로젝트의 경제적 및 비경제적 장점에도 불구하고 이 프로젝트는 자연, 생태, 기술, 재정, 정치적 한계성을 지니고 있다.

베링해협 공간은 열악한 자연환경(추위, 유빙, 돌풍, 눈보라)뿐만 아니라 지구 기후변화와 동식물의 서식/이동 등 생태계에 민감한 지역이다. 이 공간은 오존층 파괴, 지구온난화와 자연재해, 기후위기, 해수면 상승, 동토층과 툰드라 파괴, 토양침식, 생물서식지 파괴, 식생대 변화, 새로운 바이러스, 동토층 해빙에서 나타나는 신종 바이러스와 탄저병 발생과 메탄가스, 생물종 다양성 문제가 발생할 수 있는 지역으로 지역 주민(원주민 포함)과 국제 환경단체(NGO)는 인프라 개발보다 환경 보존/보호를 지지하고 있다. 이로 인한 갈등을 완화/최소화하기 위한 '사회적 합의(collective bargaining)'가 필요하다.

혹독한 추위와 자연환경으로 1년 중 공사 가능 기간이 짧으며, 베링해협 지역의 대부분은 툰드라, 동토층, 산악 지역이다. 그 결과 베링해협 지역의 낮은 인구밀도와 사회간접자본(SOC)은 매우 열악한 수준이다. 사고 발생 시 막대한 피해가 동반될 것으로 판단된다. 그러나 인구밀도가 낮아 사회경제적 피해는 적을 수 있으나 생태계 파괴는 심각할 수 있다. 또한 러시아의 북동부지역과 알래스카는 중심부가 아니라 오지로 각국의 연방정부의 정책 우선순위를 차지하지 못하고 있다. 실례로 철도전략 2030에 발표된 야쿠츠크-마가단 철로 건설은 진행되지 않고 있다. 또한 이 지역의 산업구조도 단일경제(연료/원료/수산)로서 경제 다각화/다양화가 필요하다. 알래스카 지역은 관광/서비스 산업이 지속해서 발전하고 있다. 러시아는 캄차카(알류샨 열도 포함)지역에서 물류 산업과 해상/육상 관광산업의 발전을 계획하고 있다.

러시아철도(광궤)와 북미철도(표준궤) 게이지의 상이성도 극복해야만 한다. 베링해협 철도와 러시아와 미국의 일부 구간까지 이중 철도 노선(광궤와 표준궤)을 건설해야만 하는 비용상승 요인을 가지고 있다. 유로터널보다 2배 이상의 길이를 가진 베링해협 해저터널 프로젝트는 많은 기술공학적 도전 문제를 극복해야만 한다. 이 프로젝트는 해상교통과의 경쟁 관계로 해운업체와 육상교통 업체 간 갈등 요인의 증가는 앞에서 언급한 것처럼 상호 공생할 수 있다고 생각된다. 열악한 자연조건과 기술적 문제는 과학발전을 통해 극복 가능하다고 생각된다.

베링해협 프로젝트의 가장 큰 난제는 재원 조달과 국제정치적 문제의 해결이다. 이 프로젝트는 해협 해저터널 건설과 단절구간까지 포함하면 천문학적 비용(1,000-3,500억 달러)이 소요되는 세계 최대의 국제적 인프라 건설 사업이다. 베링해협 프로젝트의 비용은 인플레이션 압력과 공사 기간, 안정성, 신속성, 환경영향평가에 따라 언급한 비용도 올라갈 수도 있지만 제4 산업혁명의 획기적 발전 등으로 감소할 여지도 존재한다. 이 비용은 러시아와 미국(캐나다 포함)이 각각 반만 투자하면 된다. 이 프로젝트는 비용/편익 관점에서 앞에서 언급한 인적/물적 물동량이 가능할 것인가? 세계는 탈탄소화 혹은 탄소 제로 사회로의 에너지전환 시대에 과연 북극권 탄화수소자원 개발/물류 이동은 한계성을 지니고 있다. 그러나 에너지전환 과정에서 금세기에 탄화수소자원 개발을 완전히 포기할 수는 없는 상황이다. 베링해 공간에서 원전[추코트카 틱시항 해역에 설치된 부유식 원전 로모노소프, 2027년까지 사하공화국 내 소형 모듈식 원전(SMR: Small Modular Reactor)] 건설계획, 재생에너지(풍력, 조력, 수력발전)의 풍부한 잠재력이 있어 그린 수소의 생산, 저장, 운송 등과 연계할 수 있다. 또한 이 프로젝트는 비경제적 편익(평화, 안보, 통합, 신뢰 자본, 심리적 장벽 해소 등)을 고려해야만 한다. 1916년 완공된 TSR 건설과 제1

차 세계대전 중 건설된 페트로그라드-무르만스크 철도는 경제 비용보다 비경제적 편익 관점에서 이루어졌다. 그 결과 러시아(소련)는 국토의 균형 발전과 제2차 세계대전의 승리 등의 편익을 가져다주었다.

미국과 러시아의 경제 규모를 고려하면 이 프로젝트의 재원 조달은 어려운 문제는 아니다. 물론 코로나-19 방역, 사회복지비용과 경제 활성화에 큰 비용이 투입되고 있지만 '위드 코로나' 단계를 거쳐 안정될 것으로 기대해본다. 미국은 2001년 9.11 사태 이후 이라크 및 아프간 전쟁과 테러 방지를 위해 5조 8,000억 달러를 투입했으며, 지난 20년 동안 아프간 전쟁에 2조 3,000억 달러를 투입했다고 미국 브라운 대학의 연구자는 추정했다. [23] 미국 CIA는 1979-1986년 소련의 아프간침략 전쟁에 500억 달러 상당의 전비가 소요된 것으로 추정했다. [24] 특히 이 프로젝트는 전쟁 방지와 평화경제 달성으로 각국의 국방비를 줄일 수 여지를 제공할 수 있다. 2020년 전 세계 국방예산의 규모는 1조 9,800억 달러로 미국은 GDP의 3.4%로 7,780억 달러로 세계 점유율은 39%이며 러시아는 4위로 617억 달러를 투입했다. [25]

유로터널은 영불 정상(대처와 미테랑)이 건설을 결정한 후 민간기업이 건설했다. 베링해협 프로젝트는 국내외 민관파트너십(PPP: Public-Private Partnership)으로 이루어질 가능성이 커 해당국 정부 투자액은 줄어들 것

---

23) Deirdre Shesgreen, "'War rarely goes as planned': New report tallies trillions US spent in Afghanistan, Iraq," *USA TODAY*, Sep. 1, 2021.

24) "The Soviet Invasion -1979-1989," *Global Security. org*, Feb. 15, 2019.

25) 그 뒤를 이어 중국 2,520억 달러, 인도 729억 달러, 러시아 617억 달러, 영국 592억 달러, 사우디아라비아 575억 달러, 독일 528억 달러, 프랑스 527억 달러, 일본 491억 달러, 한국 457억 달러, 이탈리아 289억 달러, 호주 275억 달러 순이다. GDP 대비 국방예산 중 미국(3.4%)을 능가하는 국가는 사우디아라비아, 이스라엘, 러시아뿐이다. "World military spending rises to almost $2 trillion in 2020," *SIPRI*(Stockholm International Peace Research Institute), Apr. 26, 2021.

이다.

베링해협 프로젝트와 북극권과 연계한 청색성장(Blue Growth)[26] 모색과 평화경제를 구현하는 데 지대한 역할을 담당할 수 있다. 청색성장이란 지구의 71%를 점유한 해양과 연안에 기반을 둔 혁신적이고 지속 가능하며, 포용적인 성장과 고용 확대를 높이는 것이다.

생태/환경문제와 관련해서 북극권의 이용과 개발, 항행, 베링해협 터널 프로젝트는 친환경 개발을 넘어서 '생태계에 기반을 둔 관리(EBM: Ecosystem-Based Management)'[27]가 필요하다고 생각된다.

베링해협 프로젝트의 가장 큰 난제는 국제정치적 문제, 특히 러미 관계가 경색국면이라는 점이다. 1990년 7월 소련과 미국은 베링해 국경조약을 체결했지만, 러시아 국가두마는 아직 비준을 유보하고 있다.[28] 미국은 해협을 포함한 베링해를 포함한 북극 선박 항행/항공의 자유 통행을 주장하고 있지만 러시아는 거부하고 있다.

2014년 우크라이나 동부지역 개입과 크림반도 합병 이후 서방권의 대러시아 경제제재 이후 미국과 러시아 관계는 경색국면(경쟁, 갈등, 분규 등)이 더

---

26) '청색성장'은 벨기에 환경운동가 군터 파울리의 저서 '청색경제(blue economy)'에서 비롯한 내용으로 자원을 고갈하는 적색경제(red economy)의 대안으로 오염이 발생하지 않는 청색경제가 미래의 대안으로 지금까지 미개척 분야이며 무한한 잠재력을 지닌 우주(blue sky), 해양(blue ocean), 극지(blue polar region)에서 생태계의 시스템을 모방하고 에너지와 자원을 순환하여 친환경적이며 지속 가능하며 포용적인 성장 및 고용 확대의 달성을 의미한다.

27) Paul A. Berkmann and Oran R. Young. 2009, "Governance and Environmental Change in the Arctic Ocean," *Science*, Vol. 324 (Apr. 17), pp. 339-340.

28) 해양국경선의 자세한 내용은 다음의 글 참조. 한종만, 「러시아와 미국의 베링해 해양 국경선과 러시아와 일본의 오호츠크해 쿠릴 4개 섬 영유권 현황과 이슈」, 『북극연구 The Journal of Arctic』, No. 14, 2018, 1-15쪽.

욱 가시화되면서 북극권과 베링해협 지역에서 군기지 건설과 군사훈련의 빈도수가 증가하고 있으며 신무기 등의 실험과 개발이 가속화되고 있다. 그 결과 미러 간 신뢰 부족이 최고점에 달하고 있으며, 체제와 주요 가치의 상이성(인권, 민주주의, 자유 등)도 더욱 두드러지면서 러중과 서방권은 블록이 형성되고 있다.[29] 러시아와 중국은 북극권 개발 프로젝트에 박차를 가하지만 서방권은 환경 보호/보존 정책(기후변화 대응, 탈탄소화 정책 등)을 중시하고 있다.

NSR의 활성화와 북극 자원개발이 가시화되면서 미국은 2019년 '새로운 북극 독트린'을 수립하면서 북극에서 러시아 북극권 군비 완화 촉구, 중국의 노르딕 북극권과 NSR 자원/물류 인프라 투자 협력의 제한 필요성을 강조했다. 워싱턴은 북극에서 러시아의 영향력 향상에 대응할 필요성을 반복해서 강조, 예를 들면 마이크 폼페오(Mike Pompeo) 국무장관은 NSR의 러시아 관할권, NSR과 중국의 실크로드에 연결할 계획에 대한 우려 표명했다.[30]

미국은 NATO 동맹국들에게 NSR 접근(개발과 이용) 자제를 권고했다.[31] 실제로 글로벌 기업의 NSR 이용 거부 선언, 예를 들면 2019년 가을 글로벌 환

---

29) 러시아와 미국은 알래스카 매매 이후 우호 관계를 유지했으며, 제1차, 제2차 세계대전에서 동맹 관계였지만 냉전으로 악화, 소련 해체 이후 체제 전환 과정에서 양국 관계는 양호적으로 발전했지만 푸틴의 '강한 러시아' 정책 이후 다시금 최악의 사태로 변했다. '영원한 친구도 없으며, 영원한 적도 없다'는 실리 중심의 대외정책이 중요한 가치로 자리 잡고 있다. 중국의 G2 부상과 모든 부문에서 대국굴기의 지향은 미중 관계를 악화시키고 있으며, 러중 관계도 악화될 가능성도 있어 러미 간 전략적 협력관계도 배제할 수 없는 상황이다.

30) "Российский Северный морской путь американцы хотят сделать общим," *19 Rus*, 17 октября, 2019. "США надо захлопнуть рот. Почему Северный морской путь останется русским," *Baltnews*, 15 октября, 2019.

31) "Доктрина США: Северный морской путь будет заблокирован," *АгитПРО*, 18 оактября, 2019.

경문제를 고려하여 MSC(지중해 해운회사), 프랑스 CMA CGM, 독일 Hapag-Lloyd 사를 포함한 세계 5대 컨테이너 해운회사 중 3곳은 NSR 이용 중단 선언[32]과 또한 글로벌 제조업체 Nike, H & M, Gap 및 Columbia 등 12개 기업도 동참 선언으로 당분간 NSR 글로벌 해운의 가능성은 미약하다.[33]

〈표 3〉은 베링해협 프로젝트의 강점과 기회 그리고 약점과 위협 요인(SWOT)을 본문의 내용을 중심으로 정리했다. 베링해협 프로젝트의 강점(S)과 기회(O)를 극대화하는 정책이 필요하며, 러시아와 미국뿐만 아니라 세계는 위협(T)과 약점(W) 요인을 극소화/완화하는 정책 혹은 공조가 절대적으로 필요할 것이다. 결론적으로 이 프로젝트의 '가능성 〉한계성'을 구현화를 위해 과학에 기반을 둔 획기적 기술 발전과 정책 결정이 필요하다.

언급한 베링해협 프로젝트의 많은 장애요인에도 불구하고 이 프로젝트는 유로터널처럼 러시아와 미국 정책결정자의 실천 의지만 있다면 가능하다고 판단된다. 그러나 현재 러미 간 경색국면과 신뢰 부족 등을 고려할 때 이 프로젝트는 단/중기적으로 어렵다고 판단된다. 최근 미국과 캐나다는 알래스카에서 앨버타까지 2,400km 철도건설을 승인한 것처럼 러시아도 '철도전략 2030'에 계획한 야쿠츠크부터 마가단 혹은 우엘렌까지 철도건설을 시행한다면 베링해협 해저터널 프로젝트는 탄력을 받을 것으로 예견된다.

---

32) Heiner Kubny, "Drei Reedereien verzichten auf die Nordost-Passage," *Polar Journal*, Okt. 29, 2019.

33) "Nike решила бойкотировать Северный морской путь," *Профиль*, Nov. 2, 2019.

〈표 3〉 베링해협 해저터널 프로젝트의 가능성과 한계성 대한 SWOT분석

S	W
-베링해협은 수심이 깊지 않으며, 지진 활동이 상대적으로 적으며, 해저 면에는 자갈 등 건설자재 풍부 -베링해협 중간에 다이오미드 제도와 페어웨이 암초 실재 -베링해협(축치해, 보퍼트해, 베링해 등)은 모든 북극항로의 관문 역할 담당, 알류산 열도와 쿠릴열도와 연계하면서 복합물류시스템의 최적화된 공간 -베링해협 러시아 북동부지역과 알래스카에 풍부한 연료/원료/생물/담수/관광자원이 풍부함 -베링해협 지역은 조력/풍력 발전 잠재력이 풍부함 -러시아 동북아와 알래스카에 거주하고 있는 이누이트, 틀링깃, 알류트 족과의 교류 경험 축적 -지구온난화와 과학기술의 발달로 북극권의 가치 증가와 지정/지경학적 중요성 증대 -철도의 르네상스: 세이칸 해저터털과 영불 채널 해저터널 건설 경험 -팍스 아티카 시대의 출현과 아태지역 경제권이 급부상하면서 인적/물적 교류 증대 예상	-러시아 북동부지역과 알래스카는 중심부가 아니라 오지로 러-미 중앙정부의 정책 우선순위가 아님 -베링해협 지역의 낮은 인구밀도와 SOC 미미 -베링해협 지역과 도시간 철도 단절 구간이 많음 -이 지역의 산업구조도 단일경제(연료/원료/수산)가 주도적; 북미와 러시아 철도 게이지 상이성 -열악한 자연환경(추위, 유빙, 돌풍, 눈보라 등) -베링해는 기후변화와 동식물 민감한 생태계 공간 -미러 간 해양 국경선 문제(조약에서 러시아 국가두마 비준이 이루어지지 않은 상황) -크림반도 합병 이후 서방의 대러시아 경제제재 -재정 문제: 수 천 억 달러 조달 문제 -미러 간 베링해를 포함한 북극 선박 항행/항공의 자유통행에 대한 불일치 -미국과 러시아 관계의 경색(경쟁, 갈등, 분규 등) 국면 가시화: 베링해협 지역에서 군기지 (재)건설과 군사훈련 증가 -미러 간 신뢰 부족, 체제와 주요 가치의 상이성(체제, 인권, 민주주의, 자유 등)
O	T
-북동·북서항로의 운행, 북극권 항구, 북극 철도, 베링해협 철도, 내륙하천과 북극양과의 연계 로지스틱 -베링해협 지역 육상/대륙붕 자원개발 잠재력 구현 -새로운 길의 연결로 유라시아와 아메리카 연결이라는 '유람시아 꿈' 실현: 신무역로 탄생 -인간의 생활공간 북쪽으로 이동 -기능(신)주의 측면의 상호의존성 증가로 세계 평화 증진에 기여 -베링해, 캄차카, 알래스카, 알류산 열도 지역에서 생태/크루즈관광의 증가 -베링해 수산(생물자원)업의 활성화 -해상/항공교통의 대안으로 육상교통의 활성화: 담수, 석유, 가스, 도로, 전력, 광케이블 파이프라인 등 -베링해협 지역과 연계한 우랄/시베리아/극동 및 알래스카/캐나다 북서부지역 자원개발 활성화 -베링해협 지역에서 저온 집약적 산업(데이터/클라우드 등)과 4차 산업(AI, IoT, 로봇, 해저터널 공법 기술(TBM), 철도 기술(고속철, 자기부상, 하어퍼루프 등) 활성화 기여 -'청색 성장'과 평화경제의 구현에 기여 -항공교통을 두려워하는 심리적 장벽의 대안으로써 베링해협 연결은 세계인의 버킷 리스트	-생태/환경 문제: 오존층 파괴, 기후변화와 자연재해(폭풍, 산불, 가뭄), 기후 위기, 해수면 상승, 영구동토층과 툰드라 파괴, 토양침식, 생물서식지 파괴, 식생대 변화, 새로운 바이러스, 예를 들면 영구동토층 해빙에서 나타나는 탄저병; 메탄가스(화석연료보다 20배 이상 CO_2 발생), 생물종다양성 문제 등 -자연/기술 문제: 추위와 자연환경으로 1년 중 공사 기간이 매우 짧은 상황; 특히 추코트카 지역의 대부분은 툰드라와 산악지역임; 사고 발생 시 인프라 부족 -베링해협 지역 원주민의 생활공간 축소와 사회경제적 문제, 북극 원주민의 보건/의료 문제 -군사적 위험, 신'great game', 신냉전 가능성 -최근 미국의 '북극독트린'과 미국과 서방국가의 경제제재, NATO 훈련강화, 다국적 기업의 NSR 이용 거부 -중국의 북극 진출 가속화와 중국 군함의 오호츠크/베링해 출현과 러-중의 오호츠크해와 베링해 군사훈련 등; 미-중, 미-러 간 갈등 가시화 -베링해협 프로젝트와 관련된 개발과 환경 관점에서 국제정치적 거버넌스 도전, 국제협력(UN, IMO, AC, 국제 NGO 등)의 갈등 가능성 -베링해협 프로젝트 과정에서 사고 개연성

V. 에필로그

유라시아와 아메리카 대륙을 연결하는 '유람시아의 꿈'인 베링해협 해저터널 프로젝트는 인류의 인문학적 상상력과 과학기술 발전과 궤를 같이한 오랜 역사를 가지고 있다.

쥘 베른은 잠수함을 소재로 1869년 소설 '해저 2만리', '달나라 여행'(1869년), '80일간의 세계 일주'(1873년)는 이미 현실로 구현됐다.[34] 콜로라도 주지사 윌리엄 길핀의 1890년 저서 '코스모폴리탄 철도'[35](베링해협을 경유하는 알래스카와 시베리야 연결)는 아직 실현되지 못했지만 쥘 베른 공상과학 소설처럼 과학기술 발전을 통해 달성할 것으로 예견된다.

새로운 길인 베링해협 프로젝트는 인류의 염원인 동시에 위대한 진전이며 평화로 귀결되어야 하며 생태계에 기반하여 친환경적으로 조성(청색성장과 평화경제)되어야 한다. 이 프로젝트는 많은 장애요인으로 중단기적으로 어렵다고 생각되지만 역발상으로 이 사업이 이루어진다면 러미 간 혹은 세계 평화 달성뿐만 아니라 세기의 뉴딜 정책으로 정체된 세계 경제를 활성화시키면서 세계 경제의 선순환 구조로 발전될 수 있을 것으로 기대된다.

팍스 아티카(Pax Arctica) 시대의 대비와 미래 한국의 성장공간과 비전을 위해 유라시아를 포함해서 북극의 전초기지로 나아갈 해양공간인 동해, 오호츠크해, 알류산열도를 포함한 베링해와 알래스카와 캐나다 북극권까지 포함

---

34) "쥘 베른", 위키백과, https://ko.wikipedia.org/wiki/%EC%A5%98_%EB%B2%A0%EB%A5%B8 (검색일: 2021년 10월 19일).

35) 이 책의 원제목은 다음과 같음. William Gilpin, The Cosmopolitan Railway: Compacting and Fusing Together All World's Continents (Hardcover), Wentworth Press, Mar. 24, 2019.

한 '유람시아' 어젠다로 확대할 필요성이 있다. 이를 통해 한국은 대륙 세력뿐만 아니라 해양 세력과의 협력을 더욱 강화/심화할 수 있는 계기를 조성할 수 있으며 미국과 일본이 우려하는 대 중국 경사도 기울기를 어느 정도 만회할 수 있다.

한국의 발전이 서독(광부와 간호사), 월남전, 중동 등에서 인적자원의 투자 활성화로 이루어진 것처럼 향후 2050년쯤 한국의 극동시베리아, 북극, 베링해, 캄차카, 알래스카와 인적/물적 협력이 성공적으로 이루어져 천만 관객을 동원한 '국제시장'의 후속편이 나오기를 기대한다.

〈참고문헌〉

김정훈·한종만, 「북극권 진출을 위한 해양공간 인문지리: 동해-오호츠크해-베링해」, 『한국시베리아연구』 23-2, 배재대학교 한국-시베리아센터, 2019, 63-94쪽.

배재대학교 한국-시베리아센터 편, 『북극, 한국의 성장공간』 한국-시베리아센터, Peace Tunnel Magazine, 명지출판사, 2014.

심성섭·리 루이펑, 「베링해협 터널의 구상과 전개」, 『한국시베리아연구』 배재대학교 한국-시베리아센터, 19-2, 2015, 73-102쪽.

이종철, 「제4차 산업혁명기술 작용, 해저터널 기술의 큰 도약」, 『유라시아 신시대를 위한 한일터널』 한일터널연구회, 2021, 142-155쪽.

"쥘 베른," 위키백과, https://ko.wikipedia.org/wiki/%EC%A5%98_%EB%B2%A0%EB%A5%B8 (검색일: 2021년 10월 19일).

한종만, 「북극권 베링해협 터널 프로젝트의 현황과 이슈」, 『사회과학연구』 32, 배재대학교 사회과학연구소, 2010, 139-164쪽.

_____, 「베링해협 프로젝트, 런던에서 뉴욕까지 기차로!」, 『통일한국』 12, 평화문제연구소 2011, 65-67쪽.

_____, 「철도의 르네상스와 러시아 TSR의 확산: 베링해협 프로젝트를 중심으로」, 배재대학교 한국-시베리아센터 편, 『TSR(한반도 종단철도)건설: 북한을 열고 세계를 묶다』 명지출판사, 2013, 181-223쪽.

_____, 「러시아 극동·바이칼지역 사회경제 발전 프로그램과 한·러 경제협력의 시사점」, 『러시아연구』 24-2, 서울대학교 러시아연구소, 2014, 407-444쪽.

_____, 「러시아의 교통정책과 베링해협터널 프로젝트」, 『철도저널, Railway Journal』 18-3, 2015, 79-90쪽.

_____, 「유람시아의 꿈: 유라시아와 북아메리카의 연결」, 『북극연구 The Journal of Arctic』 9, 2017, 1-18쪽.

_____, 「러시아와 미국의 베링해 해양국경선과 러시아와 일본의 오호츠크해 쿠릴 4개 섬 영유권 현황과 이슈」, 『북극연구 The Journal of Arctic』 14, 2018, 1-15쪽.

_____, 「북극해의 관문 베링해협의 자연 및 인문 지리적 특성」, 『북극연구 The Journal of Arctic』 17, 2019, 1-20쪽.

_____, 「러시아 혁명 100주년과 미국의 알래스카 구입 150주년: 북극을 중심으로」, 『EMERiCs 이슈분석』 대외경제정책연구원, 2017, 1-6쪽.

_____, 「북극권의 진출로 오호츠크해와 베링해 지역연구: 선적활동과 장애요인」, 『한국시베

리아연구』 22-1, 배재대학교 한국-시베리아센터, 2018, 1-50쪽.

_____, 「북극권의 진출로 오호츠크해와 베링해 지역연구: 지속 가능한 개발협력과 시사점」, 『한국시베리아연구』 23-1, 배재대학교 한국-시베리아센터, 2019, 1-42쪽.

_____, 「러시아 북극권 자원개발과 물류 인프라 구축」, 『EMERiCs 전문가 오피니언-러시아유 라시아』 대외경제정책연구원, 2020, 1-8쪽.

_____, 「북부해항로(NSR)와 러시아의 해양 안보: 현황과 이슈」, 『해양안보논총』 3-2, 한국해 양안보포럼, 2020년 12월, 123-155쪽.

_____, 「러시아 2035 북극전략'의 내역과 평가」, 『북극연구 The Journal of Arctic』 24, 2021, 1-30쪽.

Arbatov, Alexey, "In Search of Light at the End of the Tunnel for U.S.-Russian Relations," *Russia Matters*, Jun. 26, 2018.

Barry, Mark P., "Advancing the Bering Srait Tunnel Porject in the United States and Canada," 『평화학연구』 12-2, 한국평화연구학회, 2011.

Bergeron, Louis P., "The Bering Strait: Choke Point of the Future?," *Second Line of Defense*, Nov. 19, 2015.

"Bering Strait tunnel: pipe dream or game-changer for US-Russia-China ties?," *This Week in Asia*, Oct. 4, 2020.

Berkmann, Paul A. and Oran R. Young. 2009, "Governance and Environmental Change in the Arctic Ocean," *Science*, Vol.324 (Apr. 17).

Blair, Scott , "Dream Projects: Bering Strait Tunnel Possible With 'Existing Technology'," *ENR(Engineering News-Record)*, Nov. 11, 2014.

Cagri, Erdem, "Connecting Eurasia and the Americas: Extension of the Historical Silk Road and Its Geopolitical Implications," *Acta Via Serica*, Vol.2, No.1, June 2021.

Cole, Dermot, "Is the world ready for a Bering Strait rail link between Alaska and Russia?," *Arctic Today*, Apr. 1, 2019.

Cooper, Hal , "Strategic Importance of Rail Corridor Links", *EIR*, Oct. 5, 2007.

Dunhill, .Jack , "China Wants To Build An 8,000-Mile Underwater Train Line To The USA," *Iflscience*, May 28, 2021.

Gilpin, William, *The Cosmopolitan Railway: Compacting and Fusing Together All World's Continents* (Hardcover), Wentworth Press, Mar. 24, 2019.

Han, Jong-Man, "The Survival Strategy of Russia and Korea Focused on Siberia & Arctic," *РОССИЯ И КОРЕЯ: ВЗГЛЯД ИЗ СИБИРИ – 2021, Тезисы и доклады Международной научно-практической конференции*, Иркутск, 9–10 октября 2021 г.

Koumal, George, "Transforming Alaska's next 60 years: The inter-continental railway," *Anchorage Daily News*, Jan. 23, 2019.

Kubny, Heiner, "Drei Reedereien verzichten auf die Nordost-Passage," *Polar Journal*, Okt. 29, 2019.

Mickler, Michael L., "The Bering Strait and Korea-Japan Tunnel Projects: A Strategic Planning Model," *Journal of Unification Studies*, Vol. 11, 2010, pp. 211-225.

Razbegin, V. N., "The Intercontinental Eurasia-America Transport Link: Key Element of a World Transport System," http://www.schillerinstitute.org/media/Razbegin-eng.ppt(검색일:2021년 9월 1일).

"Roman Abramovich denies Bering tunnel plans", *Telegraph*, Mar. 28, 2008.

Ryan, M. "Is there a bridge, tunnel, or ferry connecting Alaska and Russia?," *Interesting Answers.com*, December 22, 2020.

Schilling, David Russell, "Could the Bering Strait Tunnel Be the Right Project for the Hyperloop?," *Industry tap into news*, Nov. 13, 2013.

Selig, William, "Bering Strait Tunnel and Inter-Continental Railway Proposed as Steps Toward Peace," *UPF International*, Jun. 17, 2021.

Shepherd, Marshall, "Where Is The Ice: That Should Be In The Bering Strait Right Now?," *Forbes*, Mar. 6, 2019.

Shesgreen, Deirdre, "'War rarely goes as planned': New report tallies trillions US spent in Afghanistan, Iraq," *USA TODAY*, Sep. 1, 2021.

Shevchenko, Nikolay, "You could have driven a car from the U.S. to Russia had this CRAZY project materialized," *Russia Beyond*, Apr. 28, 2021.

Shira, Dezan, "Beyond the Silk Road - the Bering Straits Connection," *Silk Road Briefing*, Apr. 04, 2017.

"So near and yet so far: Russia's Chukotka and America's Alaska are an era apart," *The Economist*, Oct. 17, 2019.

"The Soviet Invasion -1979-1989," *Global Security.org*, Feb. 15, 2019.

Tice, Ryan, "The Bering Strait: An Arena for Great Power Competition," *The Bering Strait JFQ*, No.96, 1st Quarter 2020, pp. 58-63.

Woody, Christopher, "Military activity is picking up in the quiet waters between the US and Russia," *Business Insider India*, Nov. 14, 2020.

Young, Chris, "What Happened to China's Planned Underwater Rail Line to the US?," *Interest Engineering*, May 31, 2021.

"World military spending rises to almost $2 trillion in 2020," *SIPRI*(Stockholm International Peace Research Institute), Apr. 26, 2021.

"Nike решила бойкотировать Северный морской путь," *Профиль*, Nov. 2, 2019.

Вольтская, Татьяна, "Советские мечты об Арктике: от ледокола-танка до города-шара," *Радио Свобода*, 27.04.2018.

"Китай хочет построить подводный высокоскоростной поезд, который будет соединять его с США," *Finance.ua*, 02.06.2021.

Кинжалов, Р. В., *Русская Америка* (Москва: Мысль, 1994).

Маржецкий, Сергей, "Зачем России и США нужен транспортный тоннель через Берингов пролив," *Репортёр*, 17 апреля 2020.

"Мировые транспортные коридоры: Поддержит ли мировую экономику транспортный тоннель через Берингов пролив?," *Красная Весна*, 17 апреля 2020.

"Подводный тоннель через Берингов пролив: мега-проект будущего?," *Риа Новости*, 26.05.2021.

"Российский Северный морской путь американцы хотят сделать общим," *19 Rus*, 17 октября, 2019.

"США надо захлопнуть рот. Почему Северный морской путь останется русским," *Baltnews*, 15 октября, 2019.

Шевко,Дмитрий, "Из России в США — тоннель, соединяющий континенты," *MOIA Russia*, Дек 6, 2018.

Елисеев, Владимир Алексеевич, "Проблемы и факторы принятия решений при проектировании тоннеля под Беринговым проливом," *ЖУРНАЛ Экономические и социально-гуманитарные исследования*, 2016.

Фролова, Ольга, "Тоннель под Беринговым проливом: сможет ли человечество осуществить такой проект," *Travel Ask*, 2018.10.22.

북극 소수민족에 대한 러시아 언론의 보도내용 및 성향 분석 : '타스 통신사'의 뉴스 기사 텍스트를 중심으로

계용택*

Ⅰ. 들어가는 말

러시아연방 내에 거주하는 소수민족들은 불안정한 정치·사회적 환경 속에서 살고 있다. 이는 한편으로는 이들의 권리를 보장해 주는 법적 규범이 아직까지 불완전한 탓도 있지만, 이들에 대한 법적 규범을 확립할 수 있는 정치·사회적 안정적인 토대가 마련되지 않았기 때문이다. 러시아연방정부의 소수민족정책은 주로 명목민족, 즉 민족공화국과의 관계에 집중되어 있다. 또한 최근 기후 온난화로 북극항로 상용화 및 북극 자원개발 가능성이 커지면서, 2000년대 급속한 경제성장을 발판으로 북극개발에 역량을 집중하게 되었다. 그러나 러시아의 북극개발은 북극토착소수민족들의 삶과 문화에 큰 영향을 주어 민족소멸의 위기로 확대될 수 있는 계기가 될 수도 있다.

러시아 정부의 북극에 대한 관심이 정책적인 기반을 갖추게 된 것은 2013년 2월 푸틴 대통령이 '러시아 연방 북극권 개발 전략'을 공포하고 '북극 정책 2020'을 기반으로 한 분야별 실천 과제를 제시함으로써, 러시아 정부의 북극정책 추진 체계는 완성되게 된다(에너지경제연구원 2016, 17). 이후 2020년

※『아태연구』2022년 제29권 제1호에 실린 논문을 수정 및 보완한 글임
 * 러시아리서치 센터 대표

에 기존 북극정책 추진기한이 만료됨에 따라 "2035 러시아 북극정책 기본 원칙"이 마련되었다. 블라디미르 푸틴(Vladimir Putin) 러시아 대통령은 2020년에 '2035 러시아 북극 정책 기본원칙(Basic Principles of Russian Federation State Policy in the Arctic to 2035)'을 발표하였는데, 이 전략에서는 2020년부터 2035년까지 북극 온난화로 인한 자원개발 촉진과 북극 지역 인구 생활환경 개선 중심으로 계획이 수립되었다.

이 전략은 러시아 북극의 사회개발, 경제발전, 인프라 개발, 과학기술 개발, 환경보호, 국제협력 강화, 인구 및 영토 보호, 공공안전 확보, 군사안보 보장, 국경 보호로 나뉘어 있고, 장기적으로 북극항로 건설과 영토 보호를 위한 군사력 재건과 보존을 위한 계획을 제시하고 있다(경제·인문사회연구회 2021, 23). 2020년에 발표한 '2035 러시아 북극 정책 기본원칙'에서는 주요 정책 목표 중 하나가 사회·경제 개발 분야에서 북극권 거주민의 삶의 질과 복지를 보장하고 의료지원과 인재 양성을 하는 것이다. 이 역시 북극 지역 거주민 삶의 개선을 주요 과제로 삼고 있다.

북극 지역 주민이 안정적으로 거주할 수 있는 사회 환경을 구축하는 것에 정부의 초점이 맞춰지고 있으나 "2035 러시아 북극 정책 기본원칙"에서 북극에 거주하는 소수민족들에 대한 정책이 반영되지 않은 점은 소수민족에 대한 러시아 국민 및 정부의 의지가 반영된 것이라고 볼 수 있다.

러시아 국민 및 정부의 자국 거주 소수민족, 특히 북극에 거주하는 소수민족들에 대한 생각을 알기 위해서는 러시아에서 발행되는 뉴스를 분석하는 것이 중요하다. 또한 분석의 결과에 따라 북극 거주 소수민족에 대한 국내 연구의 방향성을 효율성 있도록 재조정할 필요가 발생할 수 있다.

매년 기하급수적으로 증가하는 뉴스 데이터는 매년 방대한 규모의 자료를 생산해낼 뿐 아니라 그 역사도 100년에 가까울 정도로 오래되었다는 점에서 빅데이터뿐 아니라 롱데이터(long data)로서 활용될 수 있다(김일환 2019, 43).

본 연구는 '타스 통신사' 뉴스 텍스트의 데이터 분석을 통해 사건들 상호 간의 관련성을 판단하여 네트워크를 형성함으로써 요약된 사건정보를 제공하고 이를 위해 텍스트 분석기법 및 연관분석 기법을 활용하여 정치사회적 이슈를 시스템적으로 분석한다.

II. 선행연구 분석

국내에서 '뉴스 분석 빅데이터'를 분석 방법으로 사용한 대표적인 사례 논문들에는 "뉴스 기사의 빅데이터 분석 방법으로서 뉴스정보원 연결망 분석"(박대민 2013), "장기 시계열 내용 분석을 위한 뉴스 빅데이터 분석의 활용 가능성: 100만 건 기사의 정보원과 주제로 본 신문 26년"(박대민 2016), "뉴스 빅데이터를 활용한 평생교육 토픽 분석"(김태종 · 박상옥 2019), "서울의 다문화 공간 연구: 뉴스 빅데이터 분석 시스템 '빅카인즈'를 이용한 국내 언론의 외국인 마을 보도(1990-2016) 분석"(이은별 외 2017), "빅데이터 분석 기법을 활용한 2015 개정 교육과정 정책에 대한 언론보도 분석"(유예림 2017), "도서관에 대한 언론 보도 경향: 1990-2018 뉴스 빅데이터 분석"(한승희 2019) 등 수많은 연구 논문들이 있다. 이들 국내 뉴스에 관한 논문이 출현하는 데에는 한국언론재단의 텍스트 분석 시스템인 '빅카인즈[1]'가 많은 도움을 주고 있기 때문이다. '빅카인즈'는 전국 언론 뉴스 데이터 베이스로 자체적으로 데이터 가공을

---

[1] 신문, 방송 등을 포함한 국내 최대의 기사 데이터베이스로 빅데이터 분석 기술로 뉴스 분석 서비스를 제공한다.

하여 연구자로 하여금 검색 및 분류, 데이터 시각화 등이 손쉽게 작성될 수 있도록 구성되어 있다.

　그러나 텍스트 분석 시스템이 제공되지 않는 외국 뉴스 기사에 대한 연구는 영어권 등 일부 외국어권에 한정되고, 특히 러시아어로 된 뉴스 분석에 관한 연구는 거의 없는 실정이다. 국내에서 러시아 뉴스를 분석한 논문에는 "러시아 신문에 보도된 한반도 뉴스 특성에 대한 연구: 2002-2010년의 이즈베스티야에 보도된 한반도 관련 기사 내용분석"(RADJABOVA 2011), "R 텍스트 마이닝을 활용한 러시아 진보계열 미디어의 '크림반도 합병' 관련 기사 분석: 'RadioFreeEurope/RadioLiberty', 'Новая газета'의 2014 · 2015년, 2019년 기사 비교를 중심으로"(박진택 2019), "북극에 관한 러시아 언론분석 및 한국의 대응전략"(계용택 2015), "러시아 언론의 북극에 관한 보도내용 및 성향 분석: 타스통신사의 뉴스기사 텍스트를 중심으로"(계용택 2020) 등이 있다.

　"러시아 신문에 보도된 한반도 뉴스 특성에 대한 연구"는 외국학자가 석사 논문으로 러시아 이즈베스티야 신문 뉴스 텍스트를 분석한 경우다. "R 텍스트 마이닝을 활용한 러시아 진보계열 미디어~"는 빅데이터 분석 방법을 사용하였지만 분석 데이터로 사용된 이즈베스티야 기사 건수가 적고 러시아어가 아닌 영문 텍스트를 사용한 것이 한계점이다.

　"북극에 관한 러시아 언론분석 및 한국의 대응전략"은 여러 러시아 매체에서 발행된 러시아어 뉴스 텍스트를 '빅데이터 분석 방법'을 사용한 연구이지만 연어 분석 및 단어 상관관계 분석 등이 충분하지 않다. "러시아 언론의 북극에 관한 보도내용 및 성향 분석: 타스통신사의 뉴스기사 텍스트를 중심으로"는 국내에서는 최초로 러시아어 뉴스 분석에서 연어 및 상관계수 등이 포함된 '빅데이터 분석 방법'을 충분히 활용한 연구논문이라 볼 수 있다.

Ⅲ. 자료수집

본 연구는 2004년 11월 23일부터 2022년 1월 5일까지 약 17년간의 '타스 통신사[2]'의 뉴스 기사 텍스트 가운데 '북극, 민족(арктика, народ)'으로 검색된 뉴스를 분석의 대상으로 삼았다. 논문의 분석에 사용된 전체기사는 2,401건이며 전체 단어수는 426,063개, 중복을 포함하지 않는 단어수는 31,848개이다.

Ⅳ. 연구방법

1. 텍스트 데이터 분석방법

데이터 정제 과정기법 중의 하나인 텍스트마이닝은 자연어처리(Natural language processing) 기술을 이용하여 비정형 혹은 반정형 텍스트 데이터로부터 유용한 정보를 추출 및 가공을 목적으로 하는 기술이다(전채남·서일원 2013). 텍스트마이닝 기술을 통해 방대한 텍스트 뭉치에서 유의미한 정보를 추출하고, 다른 정보와의 연계성을 파악하거나 텍스트가 가진 범주를 찾아내는 등 단순한 정보검색 그 이상의 결과를 얻어낼 수 있다(박만희 2016, 393). 형태소 분석은 텍스트 구성의 가장 최소단위인 형태소(단어)로 텍스트를 분석하는 가장 보편적인 방법이다. 이와 더불어 형태소 분석은 문법적 규칙 혹은 확률에 의한 품사 태깅(part of speech tagging), 개체명 인식(named entity

---

2) 러시아 통신사 타스는 러시아의 국영 통신사이며 전신은 소련의 국영 통신사인 타스이다. 본사는 모스크바에 있으며 1992년 이타르타스라는 이름으로 설립했다. 2014년 9월 타스로 변경.

recognition), 철자 교정, 단어 식별(tokenization) 기법 등으로 발전하여 분석 효율을 높이고 있다.

동시출현 단어 분석은 단어들 사이의 의미상의 관계성을 파악하기 위해 일정한 문맥 내에서 두 단어가 동시 출현하는 빈도를 구한 후, 다양한 통계적 방법을 활용하여 유의미한 단어 쌍을 추출해낼 수 있다.

기본적으로 동시출현 단어 분석은 단어들 사이의 의미상의 관계성을 파악하기 위해 일정한 문맥 내에서 두 단어가 동시 출현하는 빈도를 구한 후, 다양한 통계적 방법을 활용하여 유의미한 단어 쌍을 추출해낼 수 있다. 즉 동시 출현한 단어 개수 및 관계를 파악하여 단어 간의 관계를 파악하고 키워드의 동시출현 패턴을 발견한다. 이는 뉴스 텍스트의 단어 간의 동시 출현 행렬을 생성하여 네트워크 형태로 표현하는 방법이다. 이를 통해 네트워크의 전체 형태와 개별 단어 간의 역할 설명을 가능하게 한다.

텍스트 데이터 분석에 주로 쓰이는 문자열 분석은 영어의 음운이나 한국어의 글자의 개수(n-gram)를 지정하여 전체 텍스트 코퍼스를 분석함으로써 해당 문자열이 나왔을 때 그다음에 어떤 글자가 나올지를 확률분포를 통해 예측하는 N-gram[3] 알고리즘을 사용한다.

그밖에 출현단어 개수에 따라 단어의 크기가 변하는 그림으로 보여주는 워드클라우드 기법이 있다. 워드클라우드는 문서에 사용된 단어의 빈도수에 따라 많이 나오는 단어는 크게 표시되기 때문에 한눈에 키워드를 파악할 수 있다.

머신러닝 등에서 사용되는 벡터 공간 모델은 솔튼(Salton 1989) 등에 의해

---

3) n-gram은 n개의 연속적인 단어 나열을 의미한다. 갖고 있는 코퍼스에서 n개의 단어 뭉치 단위로 끊어서 이를 하나의 토큰으로 간주한다. n값이 1이면 유니그램(unigram), 2이면 바이그램(bigram), 3이면 트라이그램(trigram)이다.

1970년대에 주창되었고, 지금도 활발히 활용되는 방법이다. 벡터 공간 모델에서 문서(document)와 단어(term)를 각각 벡터(vector)와 차원(dimension)에 대응시켜 통계적 가중치를 구한다. TF-IDF(Salton & McGill 1983), 카이제곱 검정, 코사인 유사도 등을 통해 단어의 빈도수 분포에서 중요하지 않은 단어를 걸러내고, 문서의 유사도를 구한다. 이 모델을 적용한 기법으로 의미연결망 분석 및 토픽 모델링 방법이 있다. 의미연결망 분석은 키워드 동시출현 분석 기법에 기반하며, 단어 간의 의미 혹은 맥락상의 연결 관계를 정의하고, 해당 연결 관계를 시각화하거나 중요한 컨셉을 네트워크 속의 위상(centrality)에 따라 추출하는 방법이다(Wasserman & Faust 1994).

의미연결망 분석은, 단어출현 빈도수 및 하나의 문장에서 동시 출현하는 단어들의 관계로 텍스트의 의미화 패턴을 분석한다. 이때, 정보단위가 되는 단어나 구를, 각각의 노드(node)를 형성하는 개념으로 놓고 개념 간의 연결 상태를 링크(link)로 나타낸다. 여기서 링크로 드러나는 단어들의 공동출현 관계를 통해 의미를 해석한다(Wang & Rada 1998). 단어의 사용 빈도와 상호관계는 텍스트의 주된 상징성을 보여주고 단어들의 결합을 통해 문장 속에 숨어 있는 의미를 보여주기도 한다.

출현하는 단어들의 상관분석(Correlation Analysis)은 두 연속 변수가 서로 관련이 있는지 검정하는 통계 분석 기법으로, 상관분석을 통해 도출되는 상관계수를 통해 두 변수의 관련성을 파악한다. 상관계수는 0-1 사이의 값을 지니고 1에 가까울수록 관련성이 크다는 것을 의미한다.

토픽 모델링은 구조화되지 않은 대량의 텍스트로부터 숨겨져 있는 주제 구조를 발견하고 카테고리화하기 위한 통계적 추론 알고리즘으로, LDA(Latent Dirichlet Allocation) 모델이 주로 활용되며 각각의 창발적인(emergent) 주제를 각 행에 배열되는 단어들의 확률분포를 통해 표현한다(Blei et al. 2003).

텍스트의 감성 분석은 감성 사전을 기반으로 분석 대상이 되는 전체 텍스트의 감성 비율을 정량화하는 기법이다. 통상적으로 긍정, 중립, 부정 등의 '평가어' 분석이 감성분석으로 이해되나 이는 실제론 기쁨, 우울, 화남 등 심리학적인 감성 카테고리에 기반한 정량화의 한 특수한 사례이다.

그밖에 텍스트 분석에서 활용되는 머신러닝 기법들에는 SVM(Support Vector Machine),[4] 의사결정트리(Decision Tree),[5] 랜덤 포레스트(Random Forest),[6] 딥 러닝(Deep Learning)[7] 기법 등이 활용되고 있다.

2. 본 연구에서 사용한 방법

본 연구는 뉴스기사 내용 분석을 위하여 동시 출현 단어 빈도수 분석 기법을 이용하여 키워드의 네트워크 구조와 바이그램 및 트라이그램으로 내용을 가시화하고, 이를 바탕으로 뉴스 기사 텍스트 전체의 내용과 구조를 파악할 것이다. 본 연구에서 수행한 주요 연구 절차와 핵심 연구내용 및 연구 방법론을 개략적으로 설명하면 다음과 같다.

---

4) 서포트 벡터 머신은 인공지능의 기계학습 분야 중 하나로, 패턴인식, 자료분석을 위한 지도학습 모델로, SVM 알고리즘은 주어진 데이터 집합을 바탕으로 하여 새로운 데이터가 어느 카테고리에 속할 것인지 판단하는 비확률적 이진 선형 분류 모델을 만들게 된다.
5) 의사결정트리는 일련의 분류 규칙을 통해 데이터를 분류(Classification)와 회귀(Regression) 모두 가능한 지도 학습 모델 중 하나로 결과 모델이 Tree 구조를 가지고 있다.
6) 랜덤 포레스트는 대표적인 배깅(bagging) 방식 앙상블 알고리즘으로 여러 개의 트리 만들어 보팅으로 최종 클래스 값을 결정하는 알고리즘이다.
7) 여러 비선형 변환기법의 조합을 통해 높은 수준의 추상화를 시도하는 기계 학습 알고리즘의 집합으로, 사람의 사고방식을 컴퓨터에게 가르치는 기계학습의 한 분야이다.

본 연구에서는 텍스트마이닝을 위해 R의 TM 패키지를 이용하였다. 뉴스기사 정제를 위해 텍스트의 공백제거, 마침표 제거, 불용어 처리, 소문자 변환, 단어 형태소 분석-변환 등을 실시한다.

단어들 및 문서 간의 관계를 파악하기 위해 단어문서행렬(Term document matrix)을 생성하는 기법을 사용하였다. 이와 더불어 텍스트마이닝 결과 도출 모델 및 시각화에 N-gram(바이그램, 트라이그램) 및 워드클라우드, 의미연결망 모델을 사용하였다.

사용된 주된 컴퓨터 프로그램으로는 R(Rstudio) 및 분석모듈, 파이썬(Python) 및 분석모듈, MS Window Server 및 MS SQL Server 등이 있으며 스크립트 코딩에는 Visual Studio를 사용하였다.

작업환경으로 웹 브라우저에서 파이썬 코드를 작성하고 실행까지 해볼 수 있는 아나콘다 주피터 노트북(Anaconda Jupyter Notebook)을 사용하였으며, 수집된 뉴스 기사를 발행날짜, 인터넷주소, 기사 내용 등의 레코드로 구성하여 문장 단위로 분리된 레코드가 있는 데이터베이스를 구축하였다.

V. 연구내용 및 결과

1. 뉴스기사 성향 분석

'북극, 민족(арктика, народ)'으로 검색된 전체 기사건수는 모두 2,401건이다. 이들 뉴스를 타스 통신사의 뉴스 카테고리별로 분류하면 다음과 같다(숫자는 기사 건수).

[사회 689, 국내 360, 경제 314, 정치 149, 국제-파노라마 134, 과학 113, 뉴

스-파트너들 104, 우랄-뉴스 83, 문화 71, 시베리아-뉴스 62, 인터뷰 52, 북극-오늘 43, spb-뉴스 33, 사건사고 32, 아르히브 28, 프레스 15, 인포메이션 15, 국가-프로젝트 15, 군대-군산복합체 13, 스포츠 11, 오피니언 7, 모스크바 6, plus-one 6, 우주 6, 중소기업 6, 모스크바-지역 4, 북카프카즈 4, 지역-공무원 3, 아르한겔스크 주 3, 사람들-물건 3, 보도 자료 3, 사이언스 2, 무르만스크 주 2, 온라인-컨퍼런스 1, 고급-공무원 1, 당일 투표 1, vef-2017 1, 러시아 관광 1].

검색된 뉴스의 대부분은 사회, 국내, 경제, 정치, 국제-파노라마, 과학, 뉴스-파트너, 우랄-뉴스, 문화, 시베리아-뉴스 카테고리 등 다양한 분야에 속해 있기 때문에 편향되지 않은 다양한 내용의 뉴스가 포함되었다고 볼 수 있다. 〈표 1〉에 제시된 뉴스 카테고리별 뉴스 제목들을 보면 다양한 주제를 포함한 내용을 볼 수 있는데 이는 키워드 검색이 편중되지 않았음을 제시하고, 러시아 정부 및 국민의 성향이 충분히 포함되어 있다고 볼 수 있다.

〈표 1〉 검색된 뉴스의 URL주소 및 뉴스기사 제목

URL주소	뉴스기사 제목
https://tass.ru/ obschestvo/10022403(사회)	Комитет Думы одобрил законопроект об увеличении сроков перерегистрации охотничьего оружия
https://tass.ru/ obschestvo/10094463(사회)	Глава Якутии предложил провести в 2023 году всемирный мерзлотный саммит в Якутске
https://tass.ru/ v-strane/10013483(국내)	Быть чамалинцем: почему один из народов Дагестана оказался самым малочисленным в России
https://tass.ru/ v-strane/10214079(국내)	Представители КМНС из ЯНАО получат целевое образование в вузе Санкт-Петербурга
https://tass.ru/ ekonomika/10024653(경제)	Эксперты: окрестности городов и берега рек перспективны для выдачи "арктического гектара"
https://tass.ru/ ekonomika/10095025(경제)	РФ в рамках председательства в Арктическом совете усилит социально-экономическую повестку
https://tass.ru/ politika/11356697(정치)	Патрушев указал на рост экстремизма в СЗФО

URL주소	뉴스기사 제목
https://tass.ru/politika/12260005(정치)	Почти 500 представителей коренных малочисленных народов Севера досрочно проголосовали
https://tass.ru/mezhdunarodnaya-panorama/10075023(국제)	Эволюция протеста: почему в Таиланде хотят поменять конституцию
https://tass.ru/mezhdunarodnaya-panorama/13074315(국제)	Правящая партия Гондураса признала поражение своего кандидата на президентских выборах
https://tass.ru/nauka/10493481(과학)	Семена борщевика занесли в Арктику
https://tass.ru/nauka/12032535(과학)	Большая норильская экспедиция проведет экспертизу Норило-Пясинской водной системы
https://tass.ru/novosti-partnerov/10126721 (뉴스-파트너)	Фонд развития Югры поддержал продвижение производителей ХМАО в федеральных торговых сетях
https://tass.ru/novosti-partnerov/12688497 (뉴스-파트너)	Наталия Фиголь: молодежь готова жить в Арктике, если видит возможности самореализации
https://tass.ru/ural-news/10185129(우랄)	Власти ЯНАО выделили более 47 млн рублей на поддержку коренных народов Севера в пандемию
https://tass.ru/ural-news/11080535(우랄)	Югра приобретет второй медицинский теплоход для обследования жителей отдаленных поселков
https://tass.ru/kultura/10054143(문화)	В эвенкийском селе в Амурской области построят этнокультурный центр
https://tass.ru/kultura/13073937(문화)	Сокуров представит в Турине мировую премьеру восстановленной версии фильма "Молох"
https://tass.ru/sibir-news/10087727(시베리아)	Турпоток на Таймыр в 2020 году превысил показатели прошлого года
https://tass.ru/sibir-news/11624625(시베리아)	"Дочка" "Норникеля" дополнительно выплатит почти 16 млн рублей представителям КМНС
https://tass.ru/interviews/10512039(인터뷰)	Министр по развитию Дальнего Востока и Арктики: лед будет проломлен
https://tass.ru/interviews/5554565(인터뷰)	Глава ФАДН России: прививку от национализма нужно делать еще в детском саду

ФАДН = Федеральное агентство по делам национальностей
КМНС = Коренные малочисленные народы Севера

2. 뉴스기사 단어 빈도수 분석

기사의 뉴스 기사 본문 텍스트에 나타난 단어의 빈도수 분석 결과, 빈도수
가 높은 상위 50개 단어 및 빈도수는 다음과 같다.

[민족 5,643, 북극 4,898, 러시아 4,597, 지역 4,377, 북극의 4,328, 발전
4,062, 토착의 4,025, 프로젝트 3,289, 북방 3,215, 국가 2,727, 소수의 2,711,
러시아의 2,445, 영토 2,422, 일(업무) 2,371, 러연방 2,366, 북방의 2,321, 포
럼 2,280, 언어 2,196, 새로운 2,171, 국제적인 2,144, 문제 2,043, 주 1,839,
대표자 1,823, 우리 1,764, 첫째의 1,748, 시간 1,683, 프로그램 1,672, 단어
1,666, 관구 1,656, 위원회 1,613, 숫자 1,608, 대통령 1,576].8)

[그림 1] 검색된 단어들로 구성된 워드클라우드

---

8) народ 5,643, арктика 4,898, россия 4,597, регион 4,377, арктический 4,328, развитие
4,062, коренной 4,025, проект 3,289, север 3,215, страна 2,727, малочисленный 2,711,

이에 반해 북극에 거주하는 토착민족 각각의 명칭에 대한 빈도수는 상대적으로 매우 적은 편이다. 대표적인 민족과 빈도수를 보면 [한티족 520, 에벤키족 332, 사미족 233, 돌간족 115, 만시족 112, 셀쿠프족 94, 벱스족 69, 나가산족 63, 유카기리족 63, 에벤족 51, 축치족 48, 카략족 31, 알레우트족 30, 케트족 27, 우데게이족 26, 에스키모족 21, 니브흐족 20, 이텔멘족 17, 울리치족 14, 오로치족 10]으로 나타난다. 그밖에 소수민족 특성과 관련된 음악, 무용, 관습, 종교, 놀이, 거주지, 문자, 역사, 전통, 정체성, 음식 등의 단어가 상대적으로 매우 낮은 출현빈도를 보여준다.

3. 뉴스기사 단어 간 네트워크 분석

단어 간의 네트워크를 보면 어떤 단어 간의 상관관계가 높은지를 한눈에 알아볼 수 있다. 〈그림 2〉에서 '러시아 북극 지역 개발'이 매우 두꺼운 선으로 연결되었는데 이는 이들 단어 간의 관련도가 매우 높다는 것을 의미한다. 즉 러시아는 북극지역개발에 큰 관심을 가지고 있다는 것을 보여주는 것이다. 이에 반해 민족(народ)은 북극개발에 있어 관련성이 적은 것으로 나타난다.

검색어인 민족(народ)을 중심으로는 '토착의, 언어, 북부, 소수의' 단어들이

российский 2,445, территория 2,422, работа 2,371, рф 2,366, северный 2,321, форум 2,280, язык 2,196, новый 2,171, международный 2,144, вопрос 2,043, область 1,839, представитель 1,823, наш 1,764, первый 1,748, время 1,683, программа 1,672, слово 1,666, округ 1,656, совет 1,613, число 1,608, президент 1,576, район 1,515, центр 1,424, организация 1,407, день 1,397, федеральный 1,358, национальный 1,351, проблема 1,306, глава 1,298, ребенок 1,295, зона 1,292, рубль 1,280, поддержка 1,263, традиционный 1,245, компания 1,240, должный 1,231, правительство 1,230, мир 1,218, культура 1,177, место 1,175, москва 1,157

굵은 선으로 연결되어 있다. 이는 '토착 소수 민족 언어'의 상관도가 높을 것을 보여주는 것이다.

[그림 2] 단어 간의 네트워크 모습

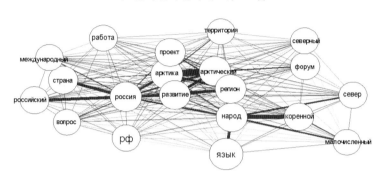

4. 뉴스기사 엔그램(n-gram) 단어 간 네트워크 분석

(1) 바이그램 분석

텍스트의 의미를 제대로 조합하기 위해서는 개별 단어보다 크고 문장보다 작은 단위가 중요하며 이를 위해 단어의 연쇄 추출이 가능한 엔그램(n-gram) 방법을 사용한다. 언어 분석을 통해 나타나는 단어들의 연결망에서는 단어들 사이의 관계가 나타나는데 가장 많이 사용하는 2단어 연어 분석(bi-gram)은 이웃하는 2개 단위로 묶어 분석하며, 1개 단어만으로는 이웃하는 단어들의 의미가 상실되는 점을 보완하는 용도로 사용한다. 2단어 연어분석은 연산 결과 표만으로는 의미 해석이 힘들어 연어 분석 관계를 시각화하여 관계를 살펴보는 것이 요구된다.

〈그림 3〉은 전체 기사 본문에서 추출한 바이그램 단어 쌍 및 단어 쌍 간의 네트워크를 표현한 것이다. 바이그램은 한 문장에서 나타나는 2개의 연속되

는 단어 가운데 빈도수 높은 것들을, 의미가 연결되는 단어 쌍으로 보여줄 수 있다. 그러므로 바이그램은 구체적인 의미를 파악하는 데 높은 효용성을 가진다. 뉴스 기사 본문 전체를 표현한 바이그램은 뉴스 기사 내용을 대표되는 몇 개의 키워드 그룹으로 나누어 질 수 있게 한다. 바이그램 단어들에는 소수 민족, 북방 민족, 토착 민족, 자치 관구, 극동, 북극 존, 쌍-페테르부르그, 북극 위원회, 북극 지역, 네네쯔 자치관구, 토착민족 대표자, 야말-네네쯔키이, 러시아 연방, 북극 개발, 북극 포럼, 크라스노야르 지방, 블라디미르 푸틴, 거주 형태, 북부 시베리아, 러시아연방 대통령 등이 있다.[9]

    〈그림 3〉을 보면 단어연결 고리가 몇 가지 그룹으로 나누어져 있음을 보여주고 있다. 여기에는 '북극지역개발', '북방 소수토착민족', '북방 해운 항로', '야말로-네네쯔 한티-만시 자치관구', '무르만스크 아르한겔스크' 그룹으로

---

9) малочисленный народ 2,593, коренной малочисленный 2,248, народ север 2,044, коренной народ 1,385, автономный округ 952, дальний восток 900, арктический зона 819, санкт петербург 753, арктический совет 750, арктический регион 643, ненецкий автономный 590, представитель коренной 535, ямало ненецкий 471, российский федерация 467, развитие арктика 462, форум арктика 416, сибирь дальний 409, красноярский край 407, владимир путин 405, образ жизнь 400, север сибирь 383, президент рф 350, окружающий среда 343, экономический развитие 337, родной язык 332, развитие арктический 331, регион россия 331, устойчивый развитие 330, социально экономический 314, населенный пункт 298, мурманский область 277, северный морской 277, морской путь 268, ассоциация коренной 253, арктика территория 250, архангельский область 247, крайний север 242, изменение климат 233, зона рф 232, язык коренной 230, президент россия 229, наш страна 218, глава государство 214, народ россия 214, ханты мансийский 213, территория диалог 210, арктический форум 205, северный форум 203, хозяйственный деятельность 202, округ янао 198, север кмнс 198, федеральный университет 198, арктический территория 197, традиционный образ 194, республика саха 189, северный олень 187, саха якутия 185, федеральный агентство 184, мансийский автономный 179, дело национальность 177

[그림 3] 뉴스기사 텍스트 바이그램

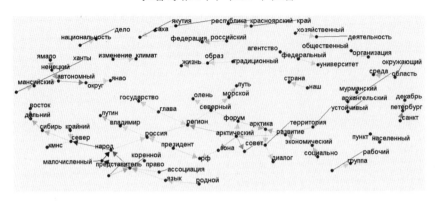

나누어져 있다. 이 중 가장 많은 단어가 연결된 그룹으로는 '북극지역개발' 및 '북방 소수토착민족' 그룹이다.

(2) 트라이그램 분석

다음은 200회 이상 출현한 트라이그램 및 빈도수를 나타낸 것이다.

여기에는 [토착 소수민족 2,240, 북방 소수민족 1,526, 네네쯔 자치관구 586, 시베리아 극동 409, 야말로 네네쯔 자치 400, 북방 시베리아 377, 토착민족 대표 366, 시베리아 북방 민족 347, 북방소수민족 262, 북방 바닷길 261, 토착 소수 협회 240, 러연방 북극 존 231, 사회 경제 발전 206, 북방 영토 대화 203] 등이 있다. [10]

---

10) коренной малочисленный народ 2,240, малочисленный народ север 1,526, ненецкий автономный округ 586, сибирь дальний восток 409, ямало ненецкий автономный 400, север сибирь дальний 377, представитель коренной малочисленный 366, народ север сибирь 347, коренной народ север 262, северный морской путь 261, ассоциация коренной малочисленный 240, арктический зона рф 231, социально экономический развитие 206, арктика территория диалог 203, автономный округ янао 197, народ север

[그림 4] 뉴스기사 텍스트 트라이그램

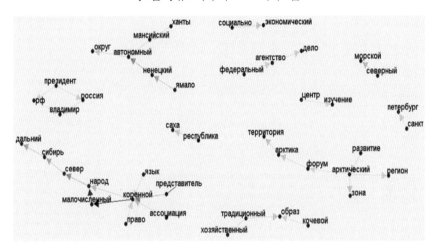

트라이그램(trigram)은 하나의 문장에서 3개의 연속된 단어들의 묶음으로
보여지기 때문에 문장의 구체적인 의미를 파악하는 데 바이그램보다 효용성
이 높다. 뉴스 기사 본문 전체를 표현한 트라이그램은 빈도수가 높은 키워드
그룹으로 나누어져 뉴스 기사를 구성하고 있는데 여기에는 '토착 북방 소수 민

кмнс 196, форум арктика территория 192, традиционный образ жизнь 191, развитие
арктический зона 179, ханты мансийский автономный 179, мансийский автономный
округ 178, республика саха якутия 178, санкт петербург декабрь 161, представитель
коренной народ 149, россия владимир путин 149, президент россия владимир 148,
федеральный агентство дело 146, агентство дело национальность 138, арктический
регион россия 135, рф владимир путин 122, президент рф владимир 121, язык
коренной народ 120, традиционный хозяйственный деятельность 112, арктический
форум арктика 111, кочевой образ жизнь 105, право коренной народ 104, центр
изучение арктика 103, язык коренной малочисленный 100, развитие дальний восток
99, дальний восток арктика 96, коренная малочисленный народ 96, научный центр
изучение 94

족', '야말로 네네쯔 자치관구', '북방 시베리아 극동', '북방 바닷길', '러연방 북
극 지역', '사회 경제 발전' 그룹 등이 있다. 〈그림 4〉에서 핵심단어 연결그룹
으로 '소수 토착 민족의 언어 및 권리', '러시아 연방 대통령', '야말로-네네쯔,
한티-만시 자치관구', '연방 협회 업무', '북극지역 발전 포럼', '민족의 전통 경
제 및 유목 생활'이 표시되고 있다.

5. 북극토착소수민족별 상관도 분석

전체 텍스트에서 '민족(народ)' 단어와 상관관계가 높은 민족들을 상관계수
가 높은 순으로 보면 한티족(ханты 0.22), 에벤족(эвен 0.17), 애밴키족(эвенк
0.14), 만시족(манси 0.14), 셀쿠프족(селькуп 0.14), 나가산족(нганасан 0.12),
축치족(Чукчи 0.12), 돌간족(долган 0.11), 사미족(саам 0.05) 등이 있다. 이것
은 러시아 국민들에게 있어 북극토착소수민족의 대표로 한티족 및 에벤족, 에
벤키족을 연상하게 된다는 것을 의미한다.

〈표 2〉 북극토착소수민족별 상관도가 높은 단어들

키워드	상관도 높은 단어
민족 (народ)[11]	토착의, 소수의, 북부, 전통의, 종족의, 민족성, 언어, 친족의, 보존, 대표(자), 협회, 문화, 연방 민족부, 북방토착소수민족, 모습, 거주, 언어의, 전통, 태고의, 바리노프(북방토착소수민족협 회장), 교과서, 가르치는 것, 인종의, 레드코프(연방위원회 회원), 업무, 네네쯔, 보스톡(восто к), 시베리아(сибирь), 한티족, 종족, 교육

---

11) 상관계수 коренной 0.82, малочисленный 0.69, север 0.45, традиционный 0.40, родной
0.39, национальность 0.39, язык 0.35, родные 0.31, сохранение 0.31, представитель
0.30, ассоциация 0.29, культура 0.28, фадна 0.28, кмнс 0.27, образ 0.26, проживание
0.26, языковой 0.26, традиция 0.25, исконный 0.24, баринов 0.24, учебник 0.24,
преподавание 0.24, этнический 0.24, ледков 0.23, дело 0.22, ненец 0.22, восток 0.22,
сибирь 0.22, ханты 0.22, этнос 0.22, владеть 0.22, коренная 0.21, образование 0.20,

키워드	상관도 높은 단어
한티족[12]	네네쯔족, 셀쿠프족, 심볼, 오브스키(обский) 가스화학 콤플렉스, 유그라족, 만시족, 민족, 토착의, (각 청의)국, 유고르스크의, 자치(주)의, 북방토착소수민족, 소수(민족)의, 한티만시스크, 북방, 습관의, 의식(儀式), 노래, 야말로-네네츠 자치구, 한티만시스크의, 한티-만시 자치구, 문학의, 구비문학, 명절, 모습, 명료한, 흑사병(돼지)
에벤키족[13]	에벤키의, 아무르의, 타이가, 생활양식, 언어학자, 지인(교제), 언어, 돌간족, 친절함, 기둥 모양의 물건, 예카테리나, 느가나산족, 착용자(보유자), 장식적인, 마을, 사전, 문자(문헌), 자바이칼의, 치밀한, 종족의, 크라스노야르스크, 희박한, 일상의, 언어의, 방언(사투리), 대학학과, 순록썰매, 에벤키 자치구, 텍스트
사미족[14]	사미족의, 콜라(반도)의, 무르만스크, 무르만스크의, 지방(끝)의, 묘사, 주의(областно), 반도, 마을, 대표자, 박람회, 자작농, 눈의(снежный), 포포프, 고고학자, 장식(물), 거주시설, 박물관, 나호드카, 희망, 국회, 축전(의식), 대회, 주(область), 수속(법률화), 생활양식, 노르웨이, 물건, 제작자, 희망, 기록, 의식(儀式), 민속학의

реестр 0.20

12) 상관계수 ненец 0.39, селькуп 0.39, символ 0.30, обский 0.26, югра 0.25, манси 0.23, народ 0.22, коренной 0.22, департамент 0.22, югорский 0.22, автономный 0.21, кмнс 0.20, малочисленный 0.19, хантымансийск 0.19, вести 0.18, север 0.18, привычный 0.18, обряд 0.18, песня 0.18, янао 0.17, хантымансийский 0.17, хмао 0.17, литературный 0.17, фольклор 0.17, праздник 0.16 образ 0.16, коренная 0.16, понятный 0.16, чума 0.15, этнограф 0.15, многочисленный 0.15, игра 0.15, округ 0.14, северянин 0.14

13) 상관계수 эвенка 0.55, эвенкийский 0.45, амурский 0.25, тайга 0.24, быт 0.22, лингвист 0.21, знакомство 0.20, язык 0.18, садиться 0.17, долган 0.17, добрость 0.17, рубрика 0.17, екатерина 0.16, эвен 0.16, исчезать 0.15, нганасан 0.15, носитель 0.15, декоративный 0.15, село 0.14, учить 0.14, познакомиться 0.14, заведующая 0.14, словарь 0.14, научаться 0.13, письменность 0.13, забайкальский 0.13, компактный 0.13, родной 0.12, красноярск 0.12, зафиксировать 0.12, редкий 0.12, повседневный 0.12, языковой 0.12, диалект 0.12, жить 0.11, издавать 0.11, кафедра 0.11, нарты 0.10, эвенкия 0.10, текст 0.10, причем 0.10

14) 상관계수 саамский 0.77, кольский 0.52, мурманск 0.30, мурманский 0.27, краеведческий 0.25, изображение 0.22, областной 0.21, полуостров 0.21, деревня 0.18, делегат 0.18, экспозиция 0.17, хозяин 0.16, снежный 0.15, попов 0.15, археолог 0.15, украшение 0.15, жилище 0.14, музей 0.13, насчитывать 0.13, находка 0.13, хх 0.13, желание 0.12, парламент 0.12, празднование 0.11, съезд 0.11, область 0.10, оформление 0.10, быт 0.10, норвегия 0.10, вещь 0.10, создатель 0.10, надежда 0.10, рекорд 0.10, обряд 0.10, фольклорный 0.10

키워드	상관도 높은 단어
돌간족[15]	돌간족의, 느가산족, 볼로찬카 마을, 타이미르, 창조, 촌락, 에벤크족, 치밀한, 무용, 네네쯔족, 포포브, 크라스노야르스크의, 자주적인, 의상, 가죽, 전통관례, 셀쿠프족, 노래, 문자(문헌), 두딘카, 에벤족, 섭리, 인종, 민족, 친족, 무상원조, 제조, 도구(악기), 인종의, 초중고생, 집(가정용)의, 크라스노야르스크
만시족[16]	스베르들로프의, 우랄의, 구매, 지위(상태), 비싼, 잡지, 토착의, 선택, 신용, 한티족, 행복, 테마, 문명(문화), 기숙사제 학교, 대학학과, 의미, 보통의, 한티족, 요구(수요), 전화, 유입(출입구), 출생, 고용(작업), 움직임, 사회(집단)
셀쿠프족[17]	네네쯔족, 한티족, 야말로-네네쯔 자치구, 북방토착소수민족, 모습, 언어학자, 토착의, 야말로네네쯔의, 프리우랄의, 대표자, 북방인들, 느가산족, 야말의, 타좁스키(라이온), 언어, 전러시아의, 인구, 숫자, 문자(문헌), 나이 어린, 야말, 인종의, 지역연구, 민족, 공보 담당실, 돌간족, 인터넷, 푸로브스키이(라이온), 소수의
나가산족[18]	타이미르, 돌간족, 볼로찬카 마을, 섭리, 에벤족, 문자(문헌), 돌간족의, 마을, 네네쯔족, 종족, 두딘카, 크라스노야르스크의, 툰드라, 조상(선조), 인종의, 셀쿠프족, 툰드라의, 지방(끝)의, 전통, 크라스노야르스크, 스베틀라나, 유목의, 춤(천막), 에벤키족, 마을, 관습, 세기, 니켈

---

15) 상관계수 долганский 0.48, нганасан 0.42, волочанка 0.37, таймырский 0.34, таймыр 0.32, денис 0.29, энца 0.26, творчество 0.25, поселок 0.21, эвенка 0.21, компактный 0.18, танец 0.18, ненец 0.17, эвенк 0.17, попов 0.16, красноярский 0.16, самобытный 0.16, одежда 0.15, шкура 0.15, традиция 0.14, селькуп 0.14, песня 0.14, письменность 0.13, дудинка 0.13, эвен 0.13, попадать 0.12, промысл 0.12, этнос 0.12, жить 0.11, изготавливать 0.11, народ 0.11, родственник 0.11, грант 0.11, изготовление 0.11, инструмент 0.11, этнический 0.11, школьник 0.11, возрождать 0.11, увидеть 0.10, домашний 0.10, красноярск 0.10, выигрывать 0.10

16) 상관계수 свердловский 0.70, уральский 0.35, пусть 0.31, сильно 0.30, покупка 0.30, статус 0.29, дорогой 0.29, интересоваться 0.27, делать 0.26, журнал 0.25, коренная 0.24, выбор 0.23, кредит 0.23, ханты 0.23, благо 0.22, тема 0.21, цивилизация 0.20, жить 0.19, интернат 0.19, факультет 0.19, значимость 0.19, обычный 0.18, хант 0.18, спрос 0.18, обязательно 0.18, соответственно 0.18, телефон 0.17, поступление 0.17, закрытый 0.17, род 0.16, занятость 0.16, динамика 0.16, общество 0.16

17) 상관계수 ненец 0.49, ханты 0.39, янао 0.33, хант 0.29, вести 0.28, кмнс 0.26, образ 0.25, лингвист 0.21, коренной 0.20, ямалоненецкий 0.20, приуральский 0.20, представитель 0.19, зафиксировать 0.19, северянин 0.18, увеличиваться 0.18, нганасан 0.18, ямальский 0.17, тазовский 0.17, энца 0.17, язык 0.16, всероссийский 0.16, население 0.16, численность 0.16, письменность 0.16, младший 0.15, ямал 0.15, этнический 0.15, регионоведение 0.15, народ 0.14, пресссллужба 0.14, долган 0.14 интернат 0.14, пуровский 0.14, малочисленный 0.13

18) 상관계수 таймыр 0.47, таймырский 0.45, долган 0.42, энца 0.40, волочанка 0.26,

키워드	상관도 높은 단어
에벤족[19]	축치족, 하바로프의, 정체성, 종족의, 마가단의, 민족, 에벤키족, 지방(край), 교과서, 보조금, 시설, 언어학자, 토착의, 돌간족의, 소멸, 언어, 보스톡(восток), 프리모르스키의, 하바로프스크, 희망하는, 상실, 방언, 가르치는 것, 교수, 세베르보스토치니이, 연주, 소수의, 북방, 학습의, 유전학의
축치족[20]	추코트의, 추코트카, 에벤족, 조상(선조), 미하일, 정체성, 지향(의지), 상실, 음악의, 마을, 교역(거래), 희망하는, 아나디리(지명), 주거지, 전통, 민족, 종족의, 확신하는, 선명한, 거주자

뉴스기사에서 북극토착소수민족에 연관된 요소로 민족의 전통, 언어, 생활 모습 등의 민족자체 특성 요소뿐만 아니라 북방토착소수민족협회 및 민족문제 관련 연방 위원회 등 공공-정부기관 등이 등장한다. 이것은 민족문제에서 자치단체 또는 공공적인 차원에서의 도움 및 관리가 필요하다고 보는 것을 의미한다.

промысл 0.26, эвенка 0.26, письменность 0.25, долганский 0.24, поселок 0.23, ненец 0.23, род 0.21, дудинка 0.21, красноярский 0.19, тундра 0.18, предок 0.18, этнический 0.18, селькуп 0.18, разговаривать 0.18, тундровый 0.17, краеведческий 0.16, когдато 0.16, традиция 0.16, денис 0.16, красноярск 0.16, светлана 0.16, кочевье 0.16, чум 0.15, утрачивать 0.15, эвенк 0.15, древний 0.14, обычай 0.14, передавать 0.13, век 0.13, никель 0.13, зафиксировать 0.13

19) 상관계수 чукча 0.28, хабаровский 0.27, идентичность 0.26, эвенка 0.21, родной 0.20, магаданский 0.20, народ 0.17, эвенк 0.16, желать 0.15, край 0.14, учебник 0.14, пособие 0.14, заведение 0.14, владеть 0.14, лингвист 0.14, коренной 0.13, долган 0.13, исчезновение 0.13, язык 0.12, восток 0.12, приморский 0.12, гарантировать 0.12, выявлять 0.12, хабаровск 0.12, желающий 0.12, утрата 0.12, диалект 0.12, преподавание 0.11, обусловливать 0.11, профессор 0.11, остро 0.11, северовосточный 0.11, игра 0.11, малочисленный 0.10, север 0.10, учебный 0.10, генетический 0.10

20) 상관계수 чукотский 0.56, чукотка 0.30, возрождать 0.29, эвен 0.28, родиться 0.28, бывший 0.27, предок 0.25, михаил 0.24, идентичность 0.23, побеждать 0.20, стараться 0.19, с,тремление 0.19, утрата 0.18, музыкальный 0.15, село 0.15, обучать 0.15, промысел 0.15, желающий 0.15, анадырь 0.14, постепенно 0.14, жить 0.13, крепкий 0.13, жилище 0.13, традиция 0.13, бросать 0.13, закупать 0.13, уверять 0.13, самостоятельно 0.13, придумывать 0.13, народ 0.12, родной 0.12, уверенный 0.12, яркий 0.12, житель 0.12

또한 토착소수민족에 따라 뉴스기사의 시각은 다양한 것으로 나타난다. 북극토착 소수민족으로 대표되는 한티족의 경우 '오브스키 가스화학 콤플렉스' 및 한티 만시 자치구 관련 정치-경제적 실질적인 삶의 모습을 비중 있게 나타내는 동시에, 한티족의 전통, 의식(儀式), 노래, 구비문학, 명절 등과 같은 민족적 요소를 중요하게 다루고 있다. 이에 반하여 돌간족의 경우 무용, 의상, 가죽, 전통관례, 노래, 악기, 문자(문헌), 거주지 등 주로 민족적 요소만을 강조하고 있다. 특히 축치족의 경우 전통, 음악 등의 민족적 특성과 더불어 민족의 고유성 및 지향점, 의지 등이 포함된 민족 정체성이 부각되었다. 만시족의 경우 민족적 요소보다 거주민으로서의 생활과 관계되는 직업활동, 사회활동, 교육과정 등에 중점을 두는 경향을 보이고 있다.

VI. 결언

'타스 통신사' 뉴스 기사 텍스트 본문 분석에서 단어 빈도수(워드클라우드 제시) 분석, 단어 간의 네트워크 분석, 상관분석(Correlation Analysis)을 실시하였다. 엔그램(n-gram) 분석에서는 바이그램 분석, 및 트라이그램 분석을 통하여 보다 세밀한 연구를 시도하였다. 이러한 연구에서 도출된 키워드를 가지고 기사 내용의 본질적인 의도를 추론하였다. 검색된 기사들에서 출현빈도수가 높은 단어로는 [민족 5,643, 북극 4,898, 러시아 4,597, 지역 4,377, 북극의 4,328, 발전 4,062, 토착의 4,025, 프로젝트 3,289, 북방 3,215, 국가 2,727, 소수의 2,711, 러시아의 2,445, 영토 2,422, 일(업무) 2,371, 러연방 2,366] 등이 있다. 대부분의 단어들은 러시아의 북극개발 프로젝트와 관련된 단어들이다.

이에 반해 북극에 사는 토착민족들 관련 단어들의 출현 빈도수는 상대적으로 매우 적은 편이다. 대표적인 민족과 빈도수를 보면 [한티족 520, 에벤키족 332, 사미족 233, 돌간족 115, 만시족 112, 셀쿠프족 94, 벱스족 69, 나가산족 63, 유카기리족 63, 에벤족 51, 축치족 48, 카략족 31, 알레우트족 30, 케트족 27, 우데게이족 26, 에스키모족 21, 니브흐족 20, 이텔멘족 17, 울리치족 14, 오로치족 10]으로 나타난다. 그밖에 소수민족과 관련된 음악, 무용, 관습, 종교, 놀이, 거주지, 문자, 역사, 의복, 명절, 축제, 전통, 정체성, 음식 등의 단어가 상대적으로 매우 낮은 출현빈도를 보여준다.

바이그램 및 트라이그램, 상관관계 분석에서도 북극토착소수민족 단어들의 상관도는 북극개발 프로젝트에 비하면 매우 낮은 수준이라 볼 수 있다. 이러한 연구결과로 볼 때 검색된 '타스 통신사'의 전체 기사의 핵심 키워드는 '러시아 북극지역 사회경제적 개발' 및 '북극지역 소수민족 언어 권리'이며, 전체 텍스트 문맥상 북극의 소수민족 문제는 러시아의 북극개발 과정에 있어 아주 작은 부분에 지나지 않는다는 점을 보여주고 있다.

2020년에 발표한 '2035 러시아 북극 정책 기본원칙'에서 북극권 거주민의 삶의 질과 복지를 보장하고 의료지원과 인재 양성 및 북극 지역 거주민의 삶의 개선을 주요 과제로 삼고 있다. 또한 북극 지역 주민이 안정적으로 거주할 수 있는 사회 환경을 구축하는 것에 정책의 초점이 맞춰지고 있으나 이는 북극에 거주하는 일반 주민을 대상으로 하는 것으로, 북극개발에 의해 삶의 터전과 고유문화가 파괴되는 소수원주민들의 삶에 대해서는 고려가 없는 것으로 보인다. '타스 통신사' 뉴스에 반영된 북극토착소수민족들에 대한 러시아 국민 및 정부의 태도를 감안하면, 이러한 정책시행으로 북극에 거주하는 토착소수민족들의 인구감소 및 민족문화의 해체나 소멸을 더욱 가속화시킬 것으로 보인다.

〈참고문헌〉

1. 논문 및 단행본

계용택, "북극에 관한 러시아 언론분석 및 한국의 대응전략," 『한국 시베리아연구』제19권 2호, 2015, pp. 35-72.

_____, "러시아 언론의 북극에 관한 보도내용 및 성향 분석: 타스통신사의 뉴스기사 텍스트를 중심으로," 『한국 시베리아연구』제24권 4호, 2020, pp. 31-59.

김일환, "인문학을 위한 신문 빅 데이터와 텍스트 마이닝," 『어문론집』제78권, 2019, pp. 41-62.

김태종·박상옥, "뉴스 빅데이터를 활용한 평생교육 토픽 분석," 『평생교육학연구』제25권 3호, 2019, pp. 29-63.

박진택, "R 텍스트 마이닝을 활용한 러시아 진보계열 미디어의 '크림반도 합병' 관련 기사 분석: 'RadioFreeEurope/RadioLiberty', 'Новая газета'의 2014·2015년, 2019년 기사 비교를 중심으로," 『서울대학교 2019학년도 유럽지역학 연계전공 우수논문』, 2019, pp. 1-63.

박대민, "뉴스 기사의 빅데이터 분석 방법으로서 뉴스정보원 연결망 분석," 『한국언론학보』제57권 6호, 2013, pp. 234-262.

_____, "장기 시계열 내용 분석을 위한 뉴스 빅데이터 분석의 활용 가능성: 100만 건 기사의 정보원과 주제로 본 신문 26년," 『한국언론학보』제60권 5호, 2016, pp. 353-407.

박만희, "동시단어분석을 이용한 품질경영분야 지식구조 분석," 『품질경영학회지』제44권 2호, 2016, pp. 389-408.

유예림, "빅데이터 분석 기법을 활용한 2015 개정 교육과정 정책에 대한 언론보도 분석," 서울대학교 박사학위논문, 2017.

이은별·전진오·백지선, "서울의 다문화 공간 연구: 뉴스 빅데이터 분석 시스템 '빅카인즈'를 이용한 국내 언론의 외국인 마을 보도(1990-2016) 분석," 『미디어 경제와 문화』제15권 2호, 2017, pp. 7-43.

전채남·서일원, "빅데이터 분석의 기술마케팅 활용에 관한 연구: 잠재 수요기업 발굴을 중심으로," 『마케팅논집』제21권 2호, 2013, pp. 181-203.

한승희, "도서관에 대한 언론 보도 경향: 1990-2018 뉴스 빅데이터 분석," 『정보관리학회지』제36권 3호, 2019, pp. 7-36.

Blei, D. M., A. Y. Ng and M. I. Jordan, "Latent Dirichlet allocation" *Journal of machine Learning research*, Vol. 3 No. 1, 2003, pp. 993-1022.

RADJABOVA, DILOROM, "러시아 신문에 보도된 한반도 뉴스 특성에 대한 연구: 2002-2010 년의 이즈베스티야에 보도된 한반도 관련 기사 내용분석," 이화여자대학교 석사학위 논문, 2011.

Salton, G., *Automatic text processing*, MA: Addison-Wesley, 1989.

Salton, G. and M. J. McGill, Introduction to modern information retrieval, New York, NY: McGraw-Hill, 1983.

Wang, W. and R. Rada., "Structured hypertext with Domain Semantics," *ACM Train Inform System*, Vol. 16, 1998, pp. 372-412.

Wasserman, S. and Faust. K., *Social network analysis: method and applications*, New York: Cambridge University Press, 1994.

2. 기타

경제·인문사회연구회, 『러시아 북극개발전략과 연계한 북극진출 방안 연구』, 국무총리(국무조정실), 2021, pp. 1-405.

에너지경제연구원, "러시아의 북극지역 자원개발 동향과 전망," 『세계 에너지시장 인사이트』 제16-7호, 2016, pp. 17-28.

러시아 통신사 타스. https://tass.ru/. (2022년 01월 20일 검색)

지속 가능한 러시아 북극 원주민의 미래 : 청소년 미술 공모전 출품작을 통해서 본 사하공화국 북극 원주민의 삶

박종관* · 최주화**

I. 서론

북극이 남극보다 매력적인 이유는 바로 북극의 바다를 활용할 수 있다는 것이다. 지구온난화의 역설로 북극항로 활용이 가능해진 지금, 북극권에 매장된 수많은 석유와 천연가스, 광물자원 및 수산자원 운송 등 북극항로를 통한 최단 거리 해상 운송 루트가 주목받고 있다. 이에 북극권에 영유권을 가진 국가들, 러시아, 미국, 캐나다, 노르웨이, 덴마크, 아이슬란드, 스웨덴, 핀란드 등 북극이사회(Arctic Council)[1] 주요 8개국은 오롯이 자신들이 북극권 개발의 주체임을 강조하고 있다. 특히 중국이 북극 진출에 대한 속내를 드러내려 할 때 마이크 폼페이오 전 미국 국무장관은 지난 2019년 5월 북극이사회 각료회의 연설에서 "오직 북극 국가와 비(非) 북극 국가만 존재하며 제3의 범주는 존

※『슬라브연구』2022년 제38권 1호에 실린 논문을 수정 및 보완한 글임
 * 조선대학교 유럽언어문화학부 교수
** 동북아시아지역자치단체연합(NEAR) 사무국, 국제협력부장(직무대리)

1) 북극 이사회(Arctic Council)는 1996년에 캐나다 오타와에서 발족한 북극에 관한 여러 현안을 논의하는 정부간 협의 기구이다. 북극에 인접한 노르웨이, 덴마크, 러시아, 미국, 스웨덴, 아이슬란드, 캐나다, 핀란드 8개국이 주요 회원국이다. 북극 이사회의 목적은 지속가능한 개발과 환경보호를 비롯한 공동문제에 있어 몇몇 원주민 공동체의 참여 아래 모든 북극 연안국의 협력, 조율, 상호활동을 도모하는 것이다.

재하지 않는다"고 강조했다.[2] 반면 북극권에 영유권을 가지지 못한 국가들, 특히 중국, 일본, 한국 등 동북아 국가들은 북극을 '지속 가능한 개발'을 모색하기 위한 단일 '공동 써클' 구역으로 인식해 북극개발에 힘을 쓰고 있다. 이렇듯 현재 세계는 북극항로와 북극 지역 개발에 관심을 보인다. 그런데 이 지역을 지속해서 개발하기 위해서는 무엇보다도 이 지역의 보존이 필요하다. 이미 20세기 말부터 전 세계적으로 화두가 된 '지속 가능한 개발'(Environmentally Sound and Sustained Development)이란 개념은 경제 발전과 환경 보존의 양립을 추구하기 위한 취지로 등장했다. 즉, 보존을 전제하지 않는 개발은 지속가능한 개발을 이어갈 수 없기 때문이다.[3] 이처럼 북극이 새로운 미래의 화두로 등장하면서 북극개발의 우선권을 확보하려 국가들이 앞다투어 경쟁을 벌이고 있다.

지금까지는 북극권의 가치가 과학 및 경제적 측면에서 국내외 전문가들에 의해 비중 있게 다루어졌다면, 인문 · 문화적 측면에서 아직도 미흡한 부분이 많다. 예를 들어 최근 러시아를 중심으로 한 북극 연구가 더욱 활발히 진행되어왔지만, 북극권 원주민의 삶의 형태에 관한 연구는 아직도 매우 부족하다. 따라서 본고에서는 러시아 북극권 원주민, 특히 사하공화국을 중심으로 한 인문 · 사회학적 문제에 대한 접근을 시도하고자 한다.

아울러 본 연구는 현재 동북아시아 국제협력 및 지자체협력 관련 기관에서 근무하고 있는 러시아 지역 전문가와 북극 연구자와의 공동연구로 진행되었다. 본 기관은 동북아시아 6개국 (한, 중, 일, 몽, 러, 북), 79개 광역지자체가 교류 협력하는 국경을 초월한 동북아 최대의 지방협력기구로서의 역할을

---

2) '미-중, 이번엔 북극 혈투 예고 ⋯ '친중' 러시아 변수도' (2020.1.26. 일자 연합뉴스TV)
3) 최우익, "러시아 북극권 주민의 사회경제적 변화와 특성," 『러시아연구』 제28권 제1호, 2018, p.208.

하고 있다. 본 기관의 사무국은 매년 동북아 지역 청소년들을 대상으로 지역의 사회 및 문화 등에 관한 관심 제고와 정체성 확립을 위해 그림 공모전을 개최하고 있다. 이러한 공모전을 통해 동북아 청소년들이 자신 고장의 문화유산 가치를 생각하고, 다른 지역의 문화도 그림을 통해 상호교류하며 배운다는 점에서 본 사업의 의의가 매우 크다 할 수 있다. 특히 본 공모전에 참가한 러시아 청소년들의 출품작 중 상당수의 학생이 러시아 원주민을 소재로 그림을 그렸다. 그림 속 원주민들은 생태기후가 좋지 않은 척박한 환경에서 생활하지만 이러한 자신들의 삶의 환경을 다양한 방법으로 보존 및 묘사하고 있다. 북극권 원주민의 삶을 소재로 한 러시아 청소년 그림을 보면서 북극권 원주민의 삶의 가치나 자연과 동화되어 살아가고 있는 그들의 생활에 대해 관심을 두게 되었고, 따라서 본고를 통해 러시아 원주민들의 토착 문화 소개를 통해 지속 가능한 개발에 대한 현대의 삶을 조명하고자 한다.

본 논문은 1장 서론에 이어, 2장에서는 북극해와 맞닿은 러시아 사하공화국 5개 지역 특징과 북극권 원주민에 대해 살펴보고, 3장에서는 2019년 ~2020년 실시된 동북아시아 국제협력 및 지자체협력 기관의 청소년 그림 공모전 참가작품 중 러시아 원주민 문화를 소재로 한 학생의 작품을 통해 러시아 사하공화국 북극권 원주민들의 세계관과 생활상을 살펴본다. 4장에서는 러시아 사하공화국 북극권 원주민을 위한 추진 정책과 방향을 알아보며, 끝으로 5장에서는 필자의 소견을 중심으로 한 연구 결과를 요약하고 연구의 의의를 정리한다.

Ⅱ. 북극해와 맞닿은 러시아 사하공화국 5개 지역 특징과 북극권 원주민

　북극 원주민들은 오랜 기간 사용해온 고유 언어, 문화를 갖고 있고, 수렵, 유목 등 전통 생활방식을 고수하고 있다. 그리고 그러한 생활 속에서 그들만의 전통지식을 쌓아왔다.[4] 러시아는 북극해 연안 5개국 중에서도 가장 큰 영토를 갖고 있으며, 이러한 이유에서 북극에 대한 최고의 수혜국가는 러시아다.[5] 영토의 북부지역은 북극해와 길게 연결되어 있는데, 러시아 지질학자들에 따르면 북극 영토의 북극연안지대에서 러시아 해안은 북극해 해안선의 약 45%를 차지한다.[6] 러시아 북극의 전체 영토는 약 3백만㎢(러시아 전체 영토의 18%)이다. 이곳에는 약 250만 명이 거주하는 육지영토 220만 ㎢가 포함된다. 러시아에서 북극권에 포함된 지자체는 7개 지역으로 유럽권역인 서쪽에서부터 '무르만스크주', '아르한겔스크주', '네네츠 자치구', '야말로-네네츠 자치구', '추코트카 자치구', '크라스노야르스크변강주', '사하공화국'이다. 그중 사하공화국은 러시아 지방정부 중 가장 큰 영토인 3,083,523 ㎢이고, 세계에서 가장 단위 면적이 넓은 행정구역을 가지고 있다. 가장 큰 영토에 반해 사하공화국의 인구는 단위 면적당 세계적으로 매우 낮은 편이며 2021년 기준 약

---

4) 서현교, 『흥미진진 북극전략』(서울: 지식노마드, 2021), p.81.

5) 박종관, "러시아 북극권 철도 회랑 연구: 벨코무르와 북위도 철도 회랑을 중심으로," 『한국 시베리아연구』제23권 1호, 2019, p.112.

6) "Российская карта островов Арктики. Кому принадлежит арктический сектор", ⟨https://goarctic.ru/news/rossiyskaya-karta-ostrovov-arktiki-komu-prinadlezhit-arkticheskiy-sektor/⟩(검색일:2020.10.02.). (재인용)박종관, "우랄-시베리아 자원지대와 북극항로 연계된 러시아 북극 철도회랑 개발정책 연구," 『한국 시베리아연구』제25권 1호, 2021, p.113.

100만 명에 못 미치는 981,971명[7]이 거주하고 있다.

[그림 1] 사하공화국 위치와 북극항로 및 북극권 국가 현황[8]

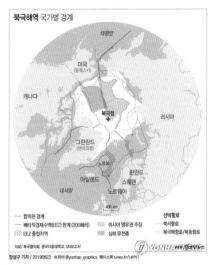

북위 66.33도 이상의 지역을 북극권이라 정의할 때, 사하공화국의 북극권도 사하공화국 행정구역과 마찬가지로 북극권의 단위 면적은 제일 크고, 북극권 원주민의 수는 적다. 사하공화국은 지방정부 차원에서 정책을 마련하여 소수 원주민 보호를 위한 인권 보호, 민족문화 보존 정책 등 다른 북극권 지역들에 모범사례가 되고 있다는 점에 주목하여야 한다. 러시아 북극권 소수민족은 지역적으로 북극권, 시베리아, 극동 등 러시아 전역에 분포되어 있으며, 공통적인 문제점으로는 민족의 경제적, 사회적, 문화적 및 환경적 위기상황을 맞이

---

7) https://ru.wikipedia.org/wiki/%D0%AF%D0%BA%D1%83%D1%82%D0%B8%D1%8F (검색일:2021.11.04.)
8) 문화일보, 자원 '노다지' 품은 북극 관문···21세기 '콜드 러시' 꿈꾼다 (검색일 : 2021.10.14.) 연합뉴스, https://www.yna.co.kr/view/AKR20190822095200009 (검색일:2021.10.15.)

하고 있다는 것이다.[9] 북극권이라는 척박한 극지의 환경속에서 전통적 삶을 이어가고 있는 북극권 소수 원주민들의 사회적 실상을 살펴보면, 특히 중앙정부로 부터의 구조적 차별 및 인종주의, 의료 서비스의 원활한 지원의 한계로 인한 평균수명의 상대적 저하, 소수 원주민의 언어 보존 및 교육 환경 문제의 심각성이 대표적이다. 더 큰 문제는 북극권 소수 원주민들의 정통적인 삶의 변화로 인해 실업과 빈곤, 특히 최근 들어 알코올 중독자의 증가로 사회적 문제로 대두되고 있다.[10]

[그림 2] 러시아 북극권 점선 영역 표시 (북위 66,33도 이상)[11]

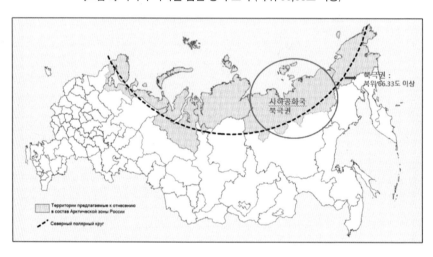

한편 사하공화국 북극권은 총 13개 울루스(郡 단위 행정구역)로 구성되어 있고, 그중 5개 울루스가 북극해와 맞닿은 곳에 있으며, 8개 울루스는 내륙지역이다.[12] 사하공화국의 북극권 면적은 약 1,608,800㎢로 사하공화국 총면

---

9) 배규성, "위기의 캄차트카 토착 소수 민족: 이텔멘,"『북극저널』№.19, 2019, p. 43

10) https://sakhapress.ru/archives/194506(검색일:2021.12.26.)

11) Google Images 필자 재구성

[그림 3] 러시아 사하공화국의 북극권 13개 울루스[13]

적의 절반이 넘고 사하공화국 전체인구의 약 7%, 총 67,674명(2019년 기준)
이 북극권에 거주하고 있다. 북극권의 주민들을 민족별로 살펴보면 야쿠트인
(47.9%), 러시아인(19.4%), 에벤키인(12.1%), 에벤인(11.3%), 돌간인(2.1%),
우크라이나인(2.1%), 유카기르인(1.3%), 축치인(0.8%), 그 외 민족이 2.4%를
차지하고 있다.

사하공화국 북극권 중 동북 최극단에 위치한 5개 울루스의 지역 특성과 원
주민들에 대해 살펴보면, 즉 '알라이호브스키'(Аллаиховский), '아나바르스키'
(Анабарский), '불룬스키'(Булунский), '니즈네콜림스키'(Нижнеколымский),
'우스티-얀스키'(Усть-Янский)는 북극해와 맞닿은 최북단에 자리 잡고 있

---

12) [그림 3] 참조
13) http://arctic-megapedia.ru/ 사이트 참조, 필자 재구성

고, 이들 5개 울루스의 지역상징 문장(紋章)을 [표 1]과 같이 분석할 수 있다. 러시아의 지역 문장에 사용된 문양, 색채, 기호 및 패턴 등으로 해당 지역의 정체성과 문화, 그 지역이 전달하고자 하는 메시지를 알 수 있다.

〈표 1〉 동북 최극단 사하공화국 5개 울루스 상징문장[14]과 의미

지역	지역 상징문장	문장 의미
알라이호브스키		• 중앙의 붉은 순록은 순록이 많은 지역을 나타냄 • 순록의 붉은색 : 에너지를 상징 • 초록색 : 짧은 여름을 상징 • 중앙의 흰색 : 긴 겨울을 상징 • 아래에 물고기 : 어종이 풍부하고 북극해로 나가는 지역임을 뜻함
아나바르스키		• 파란 바탕 : 사하공화국의 최북단 북극해에 인접한 툰드라 지역을 상징 • 중앙 순록 : 지역 주민들의 주요 산업은 17~18세기부터 이어온 순록을 이용한 산업인 뼈 장신구, 순록 축산업을 상징
불룬스키		• 청색과 은색 : 극지의 밤과 낮을 상징 • 중앙 북극성(폴라리스) : 북극의 아름다움과 영원을 상징, 주민들의 순결한 영혼을 나타냄
니즈네콜림스키		• 붉은색 : 태양을 상징하는 원형 • 흰색 북극곰 : 북극 지역의 특징을 상징하며 자신감, 견고함, 힘, 평화의 상징 • 은색 테두리 : 순수, 지혜, 기쁨의 상징 • 푸른색 : 거대한 북극해의 수자원을 상징
우스티-얀스키		• 중앙의 맘모스 : 이 지역에 맘모스의 흔적이 발견되고 있으며, 맘모스는 북극의 혹한을 이겨내는 용기와 인내를 상징 • 맘모스의 상아와 발톱의 금색과 은색 : 금 생산지와 주석 생산지를 강조 • 은색 바탕 : 연중 내내 눈으로 덮여 있는 북극 지역을 상징 • 금색 바탕 : 해가 뜨는 밝은 날을 상징 • 자주색 맘모스 : 이타심, 희망, 번영을 상징

---

14) 5개 울루스 지역의 문장은 공통으로 상단에 7개의 다이아몬드가 있다. 이는 사하공화국의 문장과 동일한 7개의 다이아몬드를 넣음으로써 울루스가 사하공화국 영토 안에 있다는 의미이다.

위의 [표 1]을 통해 5개 울루스는 북극권에 자리 잡고 있어, 긴 겨울 동안 태양을 자연스럽게 신성시했고, 순록업, 어업, 맘모스의 뼈 장신구 제작 등을 주요 산업으로 하고 있으며, 이 지역들은 금, 주석 등 천연자원 매장이 풍부하다는 것을 알 수 있다. 또 북극해로의 진출 가능성에 대해서도 상징문양을 통해 짐작할 수 있다.

사하공화국 북극권의 주민은 크게 두 부류로 구분되는데 '이주한 주민'과 '원주민'으로 나누어져 있다. 이들 중 '원주민'은 '에벤키인', '에벤인', '유카기르인', '축치인', '돌간인'으로 5개의 북극 원주민이 거주하고 있다.

다행히도 연구자들의 견해에 따르면, 러시아 전체 원주민 중 규모가 큰 민족은 매년 소소한 정도의 증가 추세를 보인다고 한다. 하지만 숫자가 적은 고립 원주민들의 수는 감소하거나 사라지고 있고, 1990년과 2018년도 사하공화국 북극권 주민 수를 비교해보니 '지간스키' 울루스 주민은 1990년 인구조사보다 2018년에 22% 감소하였고, '아나바르스키' 울루스 주민은 14%가 감소하는 등 사하공화국 북극권 주민들의 수는 1990년과 비교했을 때 2018년 전체 약 2,2배 감소했다. [15] 따라서 이들의 생활여건이 향상되지 않는다면 극한 기후조건에서 자신들만의 문화와 전통을 이어나가기는 쉽지 않아 보인다. 2019년 10월, 알렉산드르 크루츠코프 극동개발부 차관이 러시아 국영 통신사 '리아 노보스티'와의 인터뷰에서 북극권은 석유 및 가스 생산으로 러시아 GDP의 10%를 차지하고 노동 생산성의 향상과 높은 임금 성장률을 보여주고 있는 반면, 북극권 원주민들은 가난과 실업으로 인해 15년 동안 약 30만 명 줄어들었고, 생활 수준도 러시아 평균을 크게 밑돈다[16]고 했다. 특히 '에벤키인', '에벤

---

15) Стратегия социально-экономического развития Арктической зоны Республики Саха (Якутия) на период до 2035 года. 참조.

16) СеверПост.RU, https://severpost.ru/read/86078/(검색일:2021. 11. 15.)

인'과 '유카기르인'은 순록을 잡는 사냥꾼이자 순록을 길들여 생활하는 유목민이고, '축치인'은 바다짐승 사냥이 주업인데 최근 환경의 파괴, 고래와 바다코끼리의 대량 몰살 등으로 인해 유목민의 생활여건이 악화하는 것이다.[17]

〈표 2〉 북극해와 맞닿은 사하공화국 5개 울루스 민족 수[18]

(명/2010년 기준[19])

지역 민족	알라이호브스키	아나바르스키	불룬스키	니즈네콜림스키	우스티-얀스키
야쿠트인	1191	756	2123	896	3454
러시아인	968	130	2617	1897	2176
에벤키인	36	796	2259	7	81
우크라이나인	51	33	331	137	456
에벤인	612	225	1272	600	1333
타타르인	11	5	44	62	59
부랴트인	28	6	50	25	35
돌간인	4	1484	7	3	-
유카기르인	78	10	-	390	94
축치인	17	-	36	506	-
민족 총합계	2996	3445	8739	4523	7688
원주민 합계	747	2515	3574	1506	1508

위의 [표 2]를 통해 5개 울루스의 원주민인 '에벤키인', '에벤인', '돌간인', '유카기르인', '축치인'의 수는 전체 주민의 약 1/3을 차지하는 등 비교적 많은 원주민이 북극권에 거주하고 있다.

---

17) 양승조, 『러시아 극동지역의 역사』(서울대학교 아시아연구소 아시아 근현대사 총서 4), 진인진, 2018, p.137
18) 2010년, 러시아 인구 통계자료 http://bitly.kr/wlA3rku32 사이트 참조, 필자 재구성
19) 러시아 인구조사는 2010년 조사가 마지막으로, 가장 최근 러시아 총인구조사는 2021년 10월 15일~11월 14일까지 실시되었고, 데이터 집계는 2022년 4월에 발표된다. (https://www.strana2020.ru/사이트 참조)

Ⅲ. 청소년 미술 공모전 출품작을 통해서 본 사하공화국 북극권 원주민의 삶

동북아시아지역자치단체연합(NEAR) 청소년 그림 공모전은 미래의 주역인 5개국(한국, 중국, 일본, 몽골, 러시아) 청소년들에게 자국 문화의 우수성을 알리는 한편 동북아 교류협력에 관한 관심 제고를 위해 NEAR 사무국에서 2013년부터 현재까지 매년 개최하는 동북아 국제지역 행사이다. 그중 2019년과 2020년에 실시된 공모전 참가작품 중에서 러시아 원주민 문화를 소재로 한 출품작들을 추려 북극권 원주민의 삶의 모습을 학생 작품을 통해 엿보고 의미부여를 시도한다.

원주민 문화의 작품들은 전체적으로 그들의 주변 환경, 가옥과 전통문양이 새겨진 의복, 축제, 순록, 사냥, 낚시 등 전통적 생활 모습과 샤먼의식의 내용을 담고 있다.

[그림 4] 북극 원주민의 사냥을 소재로 한 NEAR 청소년 그림 공모전 출품작

① 시필로바 폴리나(16세), 크라스노야르스크시 아동예술학교 No.1 작품명 : 〈러시아 민족들의 생활-사냥을 마치고〉	② 푸르소바 엘레나(16세), 하바롭스크변강주 아무르 아동예술학교 작품명 : 〈강가에서〉

③ 야르체바 알렉산드라(14세),
하바롭스크변강주 아무르 아동예술학교
작품명 : 〈사냥꾼들〉

④ 졸로타료바 아리나(13세),
하바롭스크변강주 보스호즈데니예 청소년 예술 센터
작품명 : 〈아무르의 동화〉

⑤ 볼로츠키흐 울리야나(14세),
크라스노야르스크변강주 아동예술학교 №.1
작품명 : 〈우리 친구 순록〉

⑥ 야시쿠지나 엘레나(14세),
캄차카변강주 카라가긴스카야 아동예술학교
작품명 : 〈사냥꾼의 입문식〉

[그림 5] 북극 원주민의 낚시를 소재로 한 NEAR 청소년 그림 공모전 출품작

① 아쿨로바 알리사(15세)	② 암모소바 라다(13세)
크라스노야르스크변강주 아동예술학교 №1	사하공화국 야쿠츠크 아동미술학교 №1
작품명 : 〈4명의 유쾌한 축치인〉	작품명 : 〈어부의 아들〉

사하공화국 북극권 원주민들의 애초 주요 경제활동은 순록사냥, 낚시 등에 종사했으나, 외부인들이 북극권으로 진출하면서 맹수나 바다 동물의 대량 사냥으로 원주민들이 생존에 위협을 느끼게 되었다. 그 과정에서 원주민들은 그들의 살길을 찾아 러시아 농민과의 접촉을 통해 농업, 말 사육 등을 배우게 되었다. 이에 현재 원주민들의 주산업은 순록 산업을 비롯한 농업, 축산업, 어업, 맘모스 뼈를 이용한 장신구 제조 등을 하며 유목 생활을 이어오고 있다.

[그림 4]와 [그림 5]를 살펴보면, 주요 테마는 원주민들의 경제활동으로 사냥과 낚시를 표현했는데, 그림 속 소재들을 자세히 들여다보면, 타이가 및 강이나 바닷가의 자연환경, 원뿔꼴 형태의 원주민 가옥구조, 순록과 곰 등 야생동물 사냥, 원주민들의 의복, 생활상 등을 간접적으로 알 수 있다.

북극권 원주민들은 주로 순록이나 말의 가죽을 이용해 옷을 만들었다. 그래서 그림 속 원주민 의상 색은 대부분 고동색으로 표현되어 있다. 또 순록이나 말

가죽 의상은 비가 올 때 몸 안으로 빗물이 스며들지 않는 장점이 있을 뿐 아니라 순록 털이나 말총을 이용해 허리띠를 장식하면 액운을 막아준다고 믿었다.

사하공화국 북극권 원주민인 '에벤키인', '에벤인', '돌간인', '유카기르인', '축치인'의 생활상을 살펴보면, 5개 원주민 공통으로 지역의 자연환경에 순응하며 살고 있다. 즉, 타이가 지역에 거주하면 순록, 북극여우, 고라니, 노루, 산양, 꿩 등의 모피산업을 하고, 해변가 주변의 유목민들은 바다코끼리, 바다표범, 벨루가, 고래 등 바다낚시를 한다. 여름에는 순록에 타고 사냥을 하고, 겨울에는 순록 썰매를 이용한 사냥을 한다. [그림 6]을 보면, 순록사냥을 위한 올가미 던지기, 바다 동물 포획을 위한 창 던지기, 순록 등위에 타고 순록무리와 개무리를 관리하는 방법 등 원주민들의 수렵 활동이 사하공화국 레나강의 중, 상류 부근 암벽화에 사냥 의식, 춤 등 특유의 자세와 움직임이 새겨진 증거로 남아 있다.

[그림 6] 러시아 사하공화국 레나강 부근 암벽화[20]

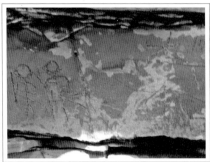

---

20) https://www.yakutskhistory.net/ 'Наскальная живопись в Якутии' (야쿠티야의 암벽화)

한편, 이들의 음식은 주로 사슴고기 등 사냥으로 얻은 고기와 생선이다. 음식들은 날것으로 먹거나, 삶거나 냉동형태로 먹는다. 이들이 가장 좋아하는 생선은 얼린 고기를 얇게 슬라이스해서 생으로 먹는 것이다. 또 저장용 생선은 구덩이를 파서 발효시키고, 사냥으로 잡은 거위나 오리는 땅속에 말려서 저장해 놓는다. 사냥에 있어 에벤인과 유카기르인의 차이점은 에벤인은 강을 건너는 순록 떼를 사냥할 때 강을 다 건너 육지에 도달해 있을 때만 사냥하지만, 유카기르인은 순록 떼를 오히려 강으로 몰아 사냥하는 것이 특징이다. 또 에벤인은 토템 숭배 사상이 있어 곰 사냥을 할 때 특별한 의식을 치르고 사냥에 임하며, 늑대, 독수리, 백조 등은 토템 숭배에 있어 고귀한 동물로 여겨 사냥을 금하고 있다[21].

[그림 7] 북극 원주민의 샤먼의식을 소재로 한 NEAR 청소년 그림 공모전 출품작

| ① 시도렌코 예카테리나(17세),
톰스크시 아동예술학교 №2
작품명 : 〈샤먼의식〉 | ② 아베리야노바 다리야(17세)
러시아 하바롭스크변강주 아무르 아동예술학교
작품명 : 〈캠프파이어 댄스〉 |

21) Энциклопедия коренных малочисленных народов Севера, Сибири и Дальнего Востока Российской Федерации, Россия, 2005. 참조.

③ 네포므냐시흐 엘레나(17세)	④ 그리고리예바 이리나(13세)
러시아 하바롭스크변강주 아무르 아동예술학교	사하공화국 야쿠츠크 아동미술학교 №1
작품명 : 〈조상의 땅〉	작품명 : 〈민족 영웅서사시 올론호〉

⑤ 데크타료바 엘레나(17세)	⑥ 미하일로바 빅토리야(14세)
캄차카변강주 카라가긴스카야 아동예술학교	사하공화국 야쿠츠크 아동미술학교 №1
작품명 : 〈샤먼〉	작품명 : 〈올론호의 3가지 세계〉

[그림 7]을 살펴보면, 원주민들의 샤먼의식을 소재로 한 그림임을 한눈에 알 수 있다.

사하공화국 원주민들의 세계관은 자연의 부흥과 멸종, 재생과 노화를 통해 시간이 주기적으로 반복되어 흐른다고 믿으며 현재까지도 계승되어 오고 있다. 또 북극 원주민들의 관념 속 시간의 흐름은 태양과 같은 원의 모양을 띠며, 겨울을 지나 여름으로 돌아갈 수 있게 하는 힘의 원천인 태양을 신성시한다. 이런 숭배 사상은 민족의 영적 문화에 큰 영향을 미친다. 그들의 전통문화는 자연을 섬기는 태도, 자연과의 조화가 특징이다. 따라서 태양을 비롯한 불 등 대자연을 숭배하며 모든 축제의 시작에 불을 피우고 불의 신에게 음식을 주어 제사를 지냄으로써 영적인 '정화', '부흥', '새로운 삶의 탄생'을 기원한다. 이처럼 [그림 7]에서도 알 수 있듯이 신에게 제사를 지내는 제사장이 불을 피우거나 원형의 북을 들고 있는 모습, 뒷배경에서 원 모양인 태양을 형상하는 샤먼의식을 볼 수 있다.

사하공화국 북극권 원주민 '에벤인'의 가장 큰 축제는 새 태양 맞이 행사로 6월 21~22일 열리는 행사이다. 'hэбдьэк'(헤브젝크)라고 불린다.[22] 왜 북극 원주민들에게 가장 큰 축제가 6월이었을까? 그들이 사는 지역이 북극권이라는 점을 보면 짐작할 수 있다. 즉 북극권은 백야현상과 극야현상이 나타나는데 바로 하지 때 (6월 21일경)는 태양이 지평선 아래로 내려가지 않아 태양을 숭배하는 이들에게는 최대축제일이 되는 것이다. 이날 축제에는 잘 차려진 음식과 춤, 경기, 놀이가 빠질 수 없다. 원 모양은 북극권에서 태양의 중요성을 강조했다고 할 수 있다. 제사장의 옷이나 뒷배경의 기하학적 문양들은 언뜻 보기에는 단순해 보이지만 태양, 별, 지구, 식물, 산, 열매 등과 같은 모든 자연을 형상화하고 있다. 축제에는 주로 인간의 병과 죽음은 악령으로부터 기인한다고 믿어 다양한 의식과 부적으로 그들을 보호했고, 부적을 옷에 꿰매거나 중

---

22) Юрий Алесеевич Слепцов, Применение традиционного праздника «Эвинек» в деятельности кочевого лагеря, Институт гуманитарных исследований и проблем малочисленных народов Севера СО РАН. 참조.

요한 축제에 순록과 개를 제물로 바쳤다고 한다[23].

[그림7]의 ⑥번 '올론호의 3가지 세계' 그림은 사하공화국의 원주민 의식을 잘 표현한 작품으로 악령이 사는 지하, 인간이 사는 지상, 천사와 신이 사는 천국의 3세계 상을 나타내고 있으며 신성한 나무가 3세계를 연결해 주고 있다.

IV. 러시아 사하공화국 북극권 원주민을 위한 추진 정책과 방향

러시아 정부는 '2025년까지 러시아 연방 북극권 사회경제 개발정책'(Программа социально-экономического развития Арктической зоны РФ до 2025 года)과 2015년 2월에 푸틴 대통령령으로 '북극개발을 위한 국가 위원회'(Государственная комиссия по вопросам развития Арктики)를 설립해 해당 지역의 국내외 북극 정책변화에 따른 정책 목적 및 목표설정, 북극권 사회경제 발전 프로그램 개발, 지속 가능한 개발정책 추진, 북극해 지역에서 군사력 강화 조치 등을 추진하고 있다.[24] 이를 근간으로 사하공화국 지방정부 차원에서는 '2035년 사하공화국 북극권 사회경제 개발 전략'(Стратегия социально-экономического развития Арктической зоны Республики Саха (Якутия) на период до 2035 года)을 추진하고 있다. 개발 전략의 주요 내용으로는 북극권 주민들의 교육 향상, 의료 서비스 개선, 문화개발, 원주민 보호 등을 포함하고 있다.

러시아는 최근 북극권 개발을 우선순위에 두고 '지속 가능한 개발'을 목표로

---

23) Энциклопедия коренных малочисленных народов Севера, Сибири и Дальнего Востока Российской Федерации, Россия, 2005. 참조.
24) '북극개발을 위한 국가 위원회' 홈페이지 https://arctic.gov.ru/ 참조

하고 있다. '지속 가능한 개발'이란 환경과 경제개발의 조화에서 시작하여, 주민들 생활 수준의 향상만이 아니라 삶의 질에도 관심을 기울여 개발을 이어나가야 함을 뜻한다. 이러한 러시아의 북극 정책은 최근 추진되고 있는 '북극 전략 마스터플랜'의 주된 내용으로도 담고 있다. 2020년 3월 5일 블라디미르 푸틴 러시아 대통령령으로 승인되었던 「2035 북극 정책 기본원칙」에서 러시아 연방 북극권의 국가정책 실현을 위해 ① 원주민의 삶의 질 제고를 최우선 과제로 하며, ② 북극권 경제개발 활성화를 통해 국가 성장에 기여, ③ 북극의 환경 보호 및 원주민 거주지 및 전통생활방식 보호, ④ 국제법에 의거한 북극권 내 분쟁의 평화적 해결, ⑤ 러시아 연방 북극권 국가이익 보호 등 원주민, 경제, 환경, 국제협력, 안보 5가지 분야에 대한 국가정책 목표를 설정하고 ① 사회개발, ② 경제발전, ③ 인프라 개발, ④ 과학기술 개발, ⑤ 환경보호 및 환경 안전, ⑥ 국제협력, ⑦ 북극권 지역 주민 및 영토 보호, ⑧ 공공안전 보장, ⑨ 군사안보 보장, ⑩ 국경 보호 분야에서의 10대 추진 과제를 설정하여 북극개발 방향을 제시하고 있다.[25]

러시아 사하공화국 지방정부 차원에서의 북극권 원주민들을 위한 추진 정책을 살펴보면, 크게 '북극 원주민의 전통문화 보존 및 개발', '북극 원주민 언어와 문화유산의 디지털화', '세계 유르타[26] 프로젝트'가 있다. 일례로 현재 유목 생활을 하는 사하공화국 북극권의 원주민 아동들을 위해 10개의 찾아가는 '유목학교'가 운영되고 있고, 그중 9개의 '유목학교가' 유네스코에 등재되어 있어 지원을 받고 있다. 하지만 이들 교육기관은 아직 졸업장이 교육기관에 인증되지 않는 맹점이 있다. 이를 보완하고자 '러시아 연방 교육에 관한' 법

---

25) 김민수 외, 『러시아 북극개발 전략과 연계한 북극진출 방안 연구』, 경제인문사회연구회 협동연구총서 21-36-01, 2021, p.171.
26) 유목민들의 이동 가능한 주거형태

령 개정을 추진하고 있다. 또 '북극 농업학교' 설립, 2024년까지 전 북극 지역 인터넷망 도입, 교통의 편의성을 위한 북극해를 운항하는 선박, 항공기 운항 등, 북극 지역 인프라 구축, 관광산업 활성화 방안으로 '세계 유르타' 체험 등이 있다. 또한, 2015년부터 수산업 단지의 현대화건설의 결과, 수산물 저장기술 능력 향상으로 어획량이 전해인 2014에 비해 15% 즉 연 600톤이 증가하였다. 앞으로는 이들 주요 수산업 외에 천연자원개발을 위한 지질탐사도 계획 중이다.

사하공화국 북극권 유목민들도 스스로 자신들의 전통문화를 계승하려고 노력하고 있다. 그 예로 매년 봄, 4월 말에서 5월에 열리는 '첫 번째 순록 맞이 축제'에서 순록경주대회가 열리며 여기서 우승한 자는 부와 행복을 상징하는 흰 순록이 부상으로 주어진다. 또 툰드라 지역에 거주하고 있는 '에벤인'들은 매년 봄에 낚시축제, 하지에 열리는 태양 맞이 축제 등 각 지역 축제를 개최하여 관광객을 유치하려 노력하고 있다. 민족관광과 지역 관광 브랜드 개발은 민속문화의 독특한 특성을 지키면서도 지역의 재정에 효과적인 방법이다. 북극권 관광은 주로 원주민 홈스테이, 민속 음식 체험, 순록 타기 체험, 전통의식 체험, 전통의상 체험, 낚시 등으로 이루어진다.

또, '에벤인'들은 자신들의 문화, 고유언어, 생활방식 등을 보존하기 위해 유목 생활을 하지 않는 '에벤인' 아이들을 대상으로 여름방학을 활용하여 2000년부터 유목캠프 'Нелтэнкэ' (에벤어로 '햇님'이라는 뜻)를 열어 후세대에 전통을 이어가려고 노력하고 있다.

이처럼 북극권의 유목민들을 위해 사하공화국은 러시아 정부 차원에서, 또 지방정부 차원에서 그리고 유목민들 스스로 자립하기 위해 노력하고 있다.

V. 결론

생태기후가 좋지 않은 척박한 생활환경 조건의 사하공화국 북극권 유목민들은 도시에서부터 멀리 떨어진 최북단에 있어 자신들만의 독립된 문화가 발달할 수밖에 없었다. 더군다나 자신들의 문화를 고대 민족들이 문자로 남겨 놓지 않았기 때문에 수 세기에 걸쳐 세대에 의해 전해진 삶의 경험들이 전통문화 속에만 녹아 있다. 그들은 최초로 북극해 연안에 진출했고 자연과 조화를 이루는 가옥구조, 수렵 활동, 목축업, 실용예술의 창조자로서 세계 문화유산에 값을 매길 수 없는 공헌을 했다.

러시아 청소년들의 그림을 통해서 바라본 러시아 유목민들은 자연에 순응해 살고 있다. 북극과 북극권의 환경 및 생태계 파괴 등은 북극 유목민들의 삶의 터전을 빼앗는 일임을 인식하고 그들의 문화를 존중하고 보존해야만 한다.

북극권을 개발하는 것에 우선순위는 '지속 가능한 개발'이다. '지속 가능한 개발'이란 북극권 주민들의 생활권 보장과 원주민의 문화 계승에 있다. 역사 · 문화적 콘텐츠로서 북극권 개발에 힘쓰고 주민들의 자아의식이 성장한다면 북극권 지역 성장을 이룰 수 있다.

실제로 북극권 원주민들은 러시아 연방법에 기초하여 법적 및 제도적 토대에서 보호를 받고 '지속 가능한 개발'의 보장을 받을 권리가 있다. (헌법 제 9조)에 따르면 "러시아연방은 국제적으로 인정되는 국제법 및 러시아가 맺은 국제조약의 원칙과 규범에 따라 소수 원주민의 권리를 보장한다"고 명시되어 있다.[27] 하지만 러시아 연방 북극권 소수민족의 실상은 냉소하다. 즉 북극

---

27) Статья 8. Права малочисленных народов, объединений малочисленных народов и лиц, относящихся к малочисленным народам, на защиту их исконной среды обитания, традиционных образа жизни, хозяйственной деятельности и промыслов. 참조.

권 원주민들의 사회적 실상을 살펴보면 다양한 문제점들이 발견되는데, 특히 중앙정부로 부터의 구조적 차별 및 인종주의적 대우, 의료 서비스의 원활한 지원의 한계로 인한 평균수명의 상대적 저하, 소수 원주민의 언어 보존 및 교육 환경 문제의 심각성이 대표적이다. 더 큰 문제는 북극권 소수 원주민들의 정통적인 삶의 변화로 인해 실업과 빈곤, 최근 들어 알코올 중독자의 증가로 사회적 문제로 대두되고 있다. 이 외에도 러시아 연방 시민으로서의 정치적 권리를 보장 받지 못하고 있다. 그렇기는 하나, 러시아 연방정부도 러시아 북극권 원주민의 '지속 가능한 개발'을 위한 법적 보장을 확대 지원을 위해 다양한 프로그램을 추진하고 있다. 대표적으로 지난 2009년에 비준된 '러시아연방 북부, 시베리아 및 극동 소수 원주민의 지속가능한 발전'(Концепция устойчивого развития коренных малочисленных народов Севера, Сибири и Дальнего Востока Российской Федерации.)개념이다.[28] 이를 통해 러시아 정부는 러시아 소수 원주민의 독특한 사회 · 경제적 및 민족 · 문화적 발전을 지원하고 있다.

앞서 여러 북극권 원주민 중에서도 러시아 지역의 가장 큰 면적을 차지하고 있는 사하공화국의 북극권 원주민들의 생활상을 청소년들의 그림으로 살펴보았다. 그림 공모전을 통해 러시아 청소년의 눈으로 바라본 북극권 원주민들의 모습은 자연이 파괴되었거나 삶의 터전을 잃어버린 것이 아니라, 자연에 순응하며 즐겁게 살아가는 모습을 담았다는 점에서 고무적이라 할 수 있다.

서론에서 언급한 '북극이 남극보다 매력적인 이유는 북극 바다를 활용할 수 있다'가 아니라, '원주민의 삶의 터전'이기 때문에 더욱 가치가 있는 공간이며,

---

28) Распоряжение Правительства РФ от 04.02.2009 N 132-р <О Концепции устойчивого развития коренных малочисленных народов Севера, Сибири и Дальнего Востока Российской Федерации>. 참조.

앞으로 북극권 개발에 있어 원주민의 '지속 가능한 개발'에 관한 정책 논의도 지속해서 이루어져야 하겠다. 앞으로의 과제는 원주민의 문화 계승 개발정책에 관해 분석해 보고, 원주민 스스로 '자립 생활권 보장'을 위한 방향을 제시하는 일일 것이다.

〈참고문헌〉

김민수 외, 『러시아 북극개발 전략과 연계한 북극진출 방안 연구』, 경제인문사회연구회 협동
    연구총서 21-36-01, 2021.

박종관, "우랄-시베리아 자원지대와 북극항로 연계된 러시아 북극 철도회랑 개발정책 연구,"
    『한국 시베리아연구』 제25권 1호, 2021.

박종관, "러시아 북극권 철도 회랑 연구: 벨코무르와 북위도 철도 회랑을 중심으로," 『한국 시
    베리아연구』 제23권 1호, 2019.

배규성, "위기의 캄차트카 토착 소수 민족: 이텔멘," 『북극저널』 №19, 2019.

서승현, "러시아 야말로네네츠 자치구 교육기관에서 사용되는 소수민족어의 현황과 보존,"
    『한국 시베리아연구』 제25권 1호, 2021.

서현교, 『흥미진진 북극전략』, 서울: 지식노마드, 2021.

양승조, 『러시아 극동지역의 역사』, 서울대학교 아시아연구소 아시아 근현대사 총서 4, 진인
    진, 2018.

최우익, "러시아 북극권 주민의 사회경제적 변화와 특성," 『러시아연구』 제28권 제1호, 2018.

Кочнев В.П., *Возникновение и становление физических упражнений, игр и состязаний
    коренных народнов Якутии*, Северо-Восточный федеральный университет им. М.К.
    Аммосова

Назипова Е., "*Полномочия Минвостокразвития России расширены на Арктическую зону
    Российской Федерации*," <https://minvr.ru/press-center/news/21131/>

СеверПост.RU, https://severpost.ru/read/86078/

"Российская карта островов Арктики. Кому принадлежит арктический сектор", <https://
    goarctic.ru/news/rossiyskaya-karta-ostrovov-arktiki-komu-prinadlezhit-arkticheskiy-
    sektor/>

Слепцов Юрий Алексеевич, *Применение традиционного праздника «Эвинек» в
    деятельности кочевого лагеря*, Институт гуманитарных исследований и проблем
    малочисленных народов Севера СО РАН.

Стратегия социально-экономического развития Арктической зоны Республики Саха
    (Якутия) на период до 2035 года.

Энциклопедия коренных малочисленных народов Севера, Сибири и Дальнего Востока

Российской Федерации, Россия, 2005.

Распоряжение Правительства РФ от 04.02.2009 N 132-р <О Концепции устойчивого развития коренных малочисленных народов Севера, Сибири и Дальнего Востока Российской Федерации>.

신문: "미-중, 이번엔 북극 혈투 예고 … '친중' 러시아 변수도'" (2020. 1. 26. 일자 연합뉴스TV)

신문: "자원 '노다지' 품은 북극 관문 … 21세기 '콜드 러시'꿈꾼다", 「문화일보」

인터넷: https://www.yna.co.kr/view/AKR20190822095200009

인터넷: http://bitly.kr/wlA3rku32, (2010년 전러시아 인구 통계 사이트 참조)

인터넷: https://www.yakutskhistory.net/ 'Наскальная живопись в Якутии' (야쿠티야의 암벽화)

인터넷: https://ru.wikipedia.org/wiki/%D0%AF%D0%BA%D1%83%D1%82%D0%B8%D1%8F

인터넷: http://arctic-megapedia.ru/

인터넷: https://arctic.gov.ru/

인터넷: https://www.google.co.kr, imghp

인터넷: https://sakhapress.ru/archives/194506

북극 소수민족 야쿠트인의 주거문화 속에서 발현되는 전통적 세계관

김자영*

1. 서론

지구상 가장 혹독한 기후조건을 가진 극북지역에도 인류의 역사는 그 흔적을 남겨왔다. 지난 수세기 동안 한티, 만시, 코미, 네네츠, 야쿠트와 같은 여러 민족들이 극한의 기후와 자연조건에 적응하며 시베리아와 북극을 포함한 북방 지역에서 자신들의 삶의 터전을 가꾸어왔다. 그 중에서 러시아의 사하공화국은 러시아의 여러 행정구역 가운데 가장 넓은 영토를 가지고 있으며 이곳의 중심민족은 야쿠트인(Якуты)이다.

야쿠트인은 스스로를 '사하(Caxa)'라고 부르며 전통적으로 반유목생활을 해 왔다. 이들은 튀르크 계통의 민족으로 사하공화국 지역에서 오랫동안 여러 다양한 소수민족들과 함께 생활해 왔다. 17세기 러시아가 이 지역에 대한 지배를 시작하고 이후 소비에트 연방에 소속되어 러시아계 이주민들과 함께 살아가는 과정 속에서도 야쿠트인은 자신들의 고유한 전통과 관습을 보존하면서 조상의 관습에 따라 생활하는 몇 안 되는 민족 중 하나이다.

앤서니 스미스(Anthony D. Smith)는 하나의 민족이란 '공유한 조상의 역사

※ 『한국 시베리아연구』 2022년 제26권 2호에 실린 논문을 수정 및 보완한 글임
 * 원광대학교 강사

[그림 1] 사하 공화국

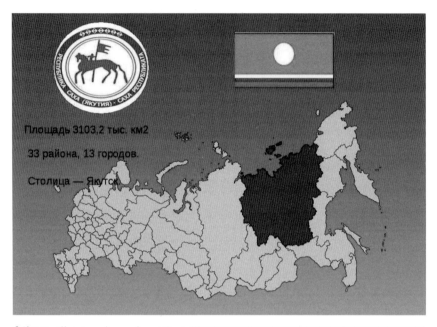

출처 : https://yandex.ru/images/search?text=%D1%8F%D0%BA%D1%83%D1%82%20%D1%80%D0%B5%D1%81%D0%BF%D1%83%D0%B1%D0%BB%D0%B8%D0%BA%D0%B0&from=tabbar (검색일: 2022.5.10.)

적 경험, 신화, 생활양식 등을 통해 연대의식을 가진 명명된 인간의 집합'이라고 정의한 바 있다. (앤서니 D. 스미스, 2018) 민족의 연대의식을 구축하고 하나의 공동체로 묶이도록 하는 이러한 공통의 경험들을 문화라고 볼 때, 문화를 통해 한 민족의 전통적 세계상을 고찰해볼 수 있다. 문화의 여러 다양한 영역 중 의식주 문화는 특히 한 민족의 세계상과 정신문화를 반영하여 그들의 고유한 민족적 특성을 알 수 있게 한다.

야쿠티야 공화국은 국토의 절반 정도가 북극 지역에 속하고 있고 연교차만 100℃에 가까울 정도로 혹독한 기후조건을 가지고 있는 만큼 주거문화는 이들의 대표적 민족 특성을 보여주는 영역이라고 볼 수 있다. 전통적으로 반유목생활을 하는 야쿠트인은 유르타(Юрта)라고 통칭하는 이동식 집을 짓고 목축을 위해 이동하는 삶을 산다. 유르타는 유목민족들에게 있어 '집', '가족' 등을 의미한다. 본고에서는 인간의 가장 기본적인 문화 영역인 주거문화와 야쿠트인의 전통적인 세계관의 조화를 고찰해 보고자 한다.

2. 야쿠트인의 주거 문화와 전통적 세계관

(1) 선행연구

국내: 야쿠트인들의 전통적 세계관과 관련된 연구로는 곽진석, 강정원, 김민수 · 이성원의 논문이 대표적으로 이들 논문은 모두 시베리아 원주민족들과 카자흐스탄민족의 전통적 세계관 중 종교, 장례부분을 고찰하고 있다. 이 민족들의 일상을 지배하던 샤머니즘 특히 백샤머니즘의 역사를 탐색하고 샤머니즘의 영향력이 러시아 및 소련의 지배 이후 극명하게 낮아지고 있는 근현대사회의 변화를 정리한다. 원주민족 중 야쿠트인의 문화에서 샤머니즘의 역할에 대한 고찰 외에 특히 주거문화 혹은 건축양식과의 연관성에 관해서 많은 부분 언급되고 있지는 않다.

러시아: 러시아 북방원주민족의 문화와 건축에 관한 연구로는 다닐로바 (Н.К. Данилова), 코스트이르코(В.С. Костырко), 르이코바(В.В. Рыкова), 로마노바 · 쿠즈네초바(Е. Романова, Е. Кузнецова)의 논문들이 대표적이다. 이 논문들은 북방원주민족의 샤머니즘 등 원시종교의 영향력과 관습, 러시아인이 시베리아 · 북방지역 건축에 미친 영향, 러시아 시베리아 · 북방지역의 자

연경관 및 독특한 기후환경과 원주민족들의 건축문화 사이의 상관관계 등에 관하여 탐색하고 있다.

본고에서는 북방 원주민족들 중에서도 러시아인의 지배와 영향에도 불구하고 조상들의 전통문화를 비교적 잘 보존하고 있는 것으로 알려진 사하인 즉, 야쿠트민족의 전통적 세계관과 주거양식의 조화로움에 관하여 탐구해보고자 한다.

(2) 야쿠트인의 전통적 세계관

사하-야쿠티야 공화국은 러시아연방 내의 독립공화국이다. 러시아 극동의 북서쪽에 위치하고 있으며 영토의 40% 이상이 북극권에 속해 있다. 사하-야쿠티야 공화국의 인구구성은 2010년 기준 러시아인이 37.8%, 야쿠트인이 49.9%를 차지한다. 야쿠트인은 튀르크계통의 민족으로 스스로를 사하(caxa) 혹은 우랑가이 사하(уранхай caxa)라고 부른다. (톨스토바 Толстова, 1956) 야쿠트라는 명칭은 이 지역에 진출한 러시아인들에 의해 불리기 시작한 이름이다.

야쿠트인의 기원에 대한 설은 여러 가지가 있는데 야쿠티야에서 주로 받아들여지고 있는 것은 그들이 바이칼호수 근처에서 발생한 튀르크-몽골족이 레나강 주변에 살고 있던 유카기르인과 퉁구스족들과 섞여서 만들어졌다는 것이다. 이들은 12세기에서 15세기 사이에 레나강을 따라 북방지역으로 이동하면서 빌류이강과 레나강 유역, 동시베리아 타이가 지대에, 극북지역 북극해 연안을 따라 숲이 없는 툰드라 지대까지 넓게 분포해서 살게 되었다. 이들은 일반적인 북방민족들이 그러하듯 수렵과 어업, 사냥, 목축 등에 주로 종사하며 살아왔다. 17세기 초반 러시아가 레나강과 빌류이강을 통해 야쿠티야 지역에 진출하면서 이후 소연방 시절을 거쳐 러시아문화의 강력한 영향 속에 들어가게 되지만 그들의 전통적 생활양식은 여전히 이어지고 있다.

주거는 모든 풍부한 민속적 정보와 관념들을 흡수한 문화의 핵심적 상징 중 하나이다. (다닐로바, 2008) 야쿠트인에게 있어서 주거는 공간 속의 공간으로써 가족과 문화전통의 보고이자 동시에 자연계에서 인간의 생명을 보호하고 휴식을 주는 장소이며 '액막이'의 역할을 하는 가장 근본적인 공간이었다.

야쿠트인은 전통적으로 샤머니즘을 믿어왔고 샤먼에 의해서만 중재될 수 있는 특별한 영적 세계인 도이두(Дойду)가 존재하며, 인간의 세계와 다른 세계는 아바스(абас)로 이곳을 다스리는 통치자로 울루 토욘(Улу Тойон)이 있다고 믿었다. 아바스와 대치되는 자비로운 영혼은 야쿠트인의 조상과 관련된 아이이(Айыы)라고 불렀다. 특히 이들의 일상생활에 깊게 자리하고 있었던 것은 소와 말의 수호신이며, 태양에 대한 숭배였다. 타이가와 툰드라 지대의 극한의 환경을 극복하며 반유목생활로 목축업을 통해 살아온 야쿠트인들의 신화 속에 소의 신과 말의 신, 태양에 대한 동경이 등장하는 것은 당연한 일일 것이다.

아바스의 신들은 인간에게 질병과 액운을 가져다 줄 수 있기 때문에 두려운 존재였으며 그와는 반대로 아이이는 인간에게 자비로운 좋은 영혼들의 존재라고 여겼다. 야쿠트인에게 있어 아바스-아이이는 서로 대립되는 존재이자 개념이었다. 야쿠트인은 이렇게 아바스-아이이, 나-외부, 삶-죽음, 선-악, 동쪽-서쪽, 인간-비인간, 낮-밤, 문화-자연, 행복-불행, 선-악 등 세계를 이분법적으로 받아들이는 이원적 대립을 형성한다. (코스트이르코, 2008) 세상을 바라보는 이러한 세계상은 자신의 것(내부, 집, 문화)-타자의 것(외부, 집 바깥, 자연)이라는 관념으로 연결되면서 인간이 살아가고 보호받기 위한 '공간'에 대한 개념을 정립시킨다.

야쿠트인은 전 생애를 통해 자신만의 '집'을 부여받는다고 생각했다. 잉태된 새 생명은 어머니의 자궁이라는 공간 속에서 보호받는다. 태어난 후에는 요람이라는 '집'을 얻고 죽은 후에는 다른 세계로 가기 위한 새로운 거처인 관에 놓여진다. 인간의 일종의 껍질과 같은 역할을 하는 집은 인간이 거하는 공간의 보편적 기준점이자 생명력의 원천이 된다. 외부의 세계와 나, 자신의 것을 분리하는 것이 집이고 이러한 의미에서 사람은 자신을 집을 세계의 중심이자 하나의 소우주로 보았다. (찌비얀, 1978) 머물 수 있는 집이 없는 사람은 존재할 수 없다고 생각했던 만큼 사람은 정해진 규칙대로 집이라는 공간을 대해야만 했다. 집 안에서 눈이나 먼지를 터는 행위, 큰소리를 지르는 행위, 휘파람을 부는 행위 등은 모두 금지되었다.

결혼식과 장례식 역시 야쿠트인의 전통적인 '집-공간'의 개념과 맞닿아 있다. 결혼식은 신부가 신랑의 새로운 공간 즉, 유르타로 들어가는 것이기 때문에 신랑은 신부의 자작나무 껍질로 만든 일종의 커튼(хаппахчы сабыыта)을 자신의 유르타 안에 설치하는데 이는 어머니의 자궁과 같은 역할로, 신부는 이 커튼 안에서 사흘 동안 머문 뒤 예복을 벗고 일상복으로 갈아입은 후 밖으로 나오면서 드디어 아내로서 새롭게 탄생한다. 이때 자작나무 껍질 커튼은 달의 위치인 유르타의 서쪽에 설치된다.

장례식에서 고인의 관은 유르타의 북서쪽에 배치된다. 이 위치에서 고인의 영혼이 인간의 세계를 통한 마지막 여행을 통해 '죽은 자의 세계'로 나아간다고 믿었기 때문이다. 죽음이 지나간 유르타는 악령의 지배를 받고 모든 것이 오염되어 불결하다고 믿었기 때문에 고인을 매장하고 돌아오는 길에 고인의 집을 불태우거나 아니면 고인의 집 앞에 불을 피워 훈증을 하고 모닥불을 건너가거나 서로의 등을 나뭇가지로 두드리는 등의 정화의식인 아르차(арча)를 시행함으로써 집-외부세계 사이의 균형을 잡기 전에는 그 집에 들어가는 것을 두려워했다. (브라비나 Бравина, 1996) 죽음은 살아 숨 쉬던 이세상이라는 공간을 떠나 그 반대되는 세계-공간으로 나아간 것이라는 야쿠트인의 이원적 대립이 보이는 지점이다.

따라서 야쿠트인은 이동 중 버려진 유르타에는 머물지 않았고, 오래된 재가 있는 자리에는 자신의 새로운 집을 짓지 않았다. 공동체 중 가장 나이가 많은 노인이나 샤먼의 주된 임무 중 하나는 신성한 점을 통해 새로운 유르타를 지을 적당한 주거지를 찾아내는 일이기도 했다.

새로운 유르타를 위한 적당한 공간을 찾아낸 후 건설하게 될 집은 인간에게 있어 소우주 자체였기 때문에 태양이 떠오르는 방향과 야쿠트의 '신들의 길'의 규칙에 맞추어 엄격하게 공간을 구분해야만 한다.

아바스 신들은 인간에게 질병과 액운을 가져다 줄 수 있기에 두려운 존재로 이들은 서쪽과 북쪽 방향의 길을 통해 인간에게 불행을 가져올 수 있다고 믿어졌다. 반대로 자비로운 신인 아이이는 동쪽이나 남쪽 방향의 길로 다닌다. 말의 신은 동남쪽의 길로 다니고, 소의 수호신은 그보다는 조금 더 북쪽의 길을 택한다. 야쿠트인의 문화 속에서는 신들도 통행이 가능한 정해진 길이 있고 인간에게 이로운 길과 그렇지 않은 길의 이원적 대립구도를 가지고 있었다.

야쿠트인에게 있어 신의 길과 태양(빛) 이외에 또 중요시 여겨졌던 것은 불이다. 불은 야쿠트인에게 있어 생명을 유지시켜주는 중요한 삶의 상징이자 신과 소통할 수 있는 매개체로까지 여겨졌다. 인간의 거주 공간 속에서 불은 난로의 형태로 나타난다. 난로는 유르타 속 삶이 유지된다는 것을 의미하는 삶의 상징으로, 야쿠트인의 주택 건설에서 중심적인 역할을 하는 요소 중 하나이다.

야쿠트인은 이원적 대립이라는 세계상을 통해 세계와 나를 바라보고 구분

짓는 세계관을 가지고 있었고 이를 통해 야쿠트인이 건설하고 살아가야 할 '공간'은 어떤 곳이어야 하는지에 대한 개념을 고착화하고 지켜나갔다. 이 '공간'은 또한 신의 길과 태양, 불과 같은 요소들을 중심으로 구분되었고 야쿠트인의 전통적인 주거문화 속에 녹아들게 되었다.

(3) 야쿠트인의 주거문화

전통적으로 반유목생활을 하는 야쿠트인은 계절에 따라 겨울 집과 여름 집을 짓고 일정기간 정착한다. 이들의 겨울 집을 발라간(Балаган), 여름에 머무는 집은 우라사(Ураса)라고 부른다.

겨울 정착지인 발라간은 보통 1-3개의 유르타로 이루어지고, 우라사는 최대 10개까지의 유르타로 구성되는데 발라간보다 더 규모가 크며 방목이 편리한 목초지 근처에 지었다. 야쿠트인의 주거는 장원 안에 주거용 건물과 여러 채의 별채, 가축우리가 있는 형태로 구성된다.

발라간(Балаган)

야쿠트족의 고대 주거 유형 중 하나로 겨울을 나기 위한 주거 형태이다. 야쿠트인이 사는 사하지역은 1년 중 7-8개월 동안 겨울이 지속되고 온도가 영하 60°C까지 떨어지기도 하기 때문에 난방과 단열은 매우 중요한 건축요소였다. 발라간은 일반적으로 사면이 잘린 형태의 피라미드와 유사한 모양으로 매우 완만하게 경사진 통나무 지붕을 얹고 통나무를 수직으로 세워 지붕을 받치고 있는 형태로 경사진 땅에 짓는다. 이는 건물이 열을 덜 뺏기기 위한 장치이다.

[그림 2] 발라간의 외형

출처 : https://yandex.ru/images/search?text=%D0%B1%D0%B0%D0%BB%D0%B0%D0%B3%D0%B0%D0%BD%20&from=tabbar (검색일: 2022. 5.10)

[그림 2]에서 볼 수 있는 것처럼 발라간은 벽이 기울어진 형태의 잘린 피라미드의 모양을 하고 있다. 네 모서리는 고대 튀르크인들에게서 나타나는 것처럼 사면을 가진 대지의 상징이라고 추측된다. (사타나르, 2019)

건물 한가운데에는 가장 중심이 되는 기둥을 설치하고 이것을 수평의 지지대로 다시 연결하여 고정한다. 이 위에 낮은 지붕을 만들고 지붕은 나무껍질과 잔디, 흙으로 덮은 뒤 다시 그 위에 흙을 얹기도 했다. 집 내부의 바닥은 모래를 두껍게 깔아 눈과 추위로부터 단열효과를 내도록 한다. 이후 러시아 이주민의 영향을 받은 사람들 중 부유한 자들은 바닥에 판자를 까는 방식으로 변하기도 했다. 벽은 얇은 통나무나 장대를 엮어 만들어졌고, 외벽은 소똥을 섞은 점토를 발라 코팅되도록 했다. 코팅 작업은 최소 1년에 한번 주로 가을에 이루어진다. 외벽 주위에는 낮은 흙 제방이나 나무 울타리를 세워 자신의 장원을 요새화하기도 했다. 문은 반드시 태양이 떠오르는 빛의 방향인 동쪽으로 내고, 창문은 서쪽과 남쪽을 향하도록 한다.

내부의 중심은 난로이다. 불은 야쿠트인에게 생사를 결정짓는 생명의 상징으로 집의 북동쪽 모서리에 가까운 입구 오른쪽에 위치하도록 한다. 야쿠트인

의 주거공간은 남성용과 여성용, '흰(명예로운) 공간'과 '검은(명예롭지 않은)

[그림 3] 야쿠트인의 장원

출처: https://museumdruzba.ru/?p=3216

[그림 4] 난로

출처: https://museumdruzba.ru/?p=3216

공간'으로 나뉘었다. 난로를 중심으로 난로쪽에 보다 가까우면서 오른쪽 방향
은 여성용, 남서쪽은 귀한 자리로써 남성이자 집의 주인에게 허용된 공간이었
다. 이는 동쪽에 위치한 문을 바라보았을 때 오른쪽이자 남쪽 공간은 남성용
이면서 흰 공간, 왼쪽이자 북쪽 공간은 여성용 혹은 일꾼용이면서 검은 공간
으로 설명될 수도 있다.

벽을 따라서는 판자로 만들어진 침대가 배치되었고 커튼으로 서로 분리시
켰다. ([그림 5]) 이것을 오론(орон)이라 하는데 오론 역시 위치에 따라 남성
용과 여성용, 명예로운 공간과 그렇지 않은 공간으로 구분되었다. 집주인이
동쪽을 바라볼 수 있는 서쪽 벽에 자리 잡고, 반대로 일꾼이나 여성이 문 근처
서쪽을 바라보게 되는 동쪽 벽에 자리 잡는 이유는 서쪽방향이 아바스가 지나
다니는 길이라고 생각했기 때문이다. (코스트이르코, 2008)

[그림 5] 오론

출처: https://museumdruzba.ru/?p=3216

겨울의 주거양식인 발라간을 지을 때 북쪽방향으로 외양간인 호톤(хотон)을 세운다. ([그림 6]) 호톤과 주거공간은 때로 얇은 판자로 분리되기도 했지만 분리되지 않고 서로 섞여 있기도 했다. 주거지와 바로 붙어 있는 호톤은 약

[그림 6] 호톤

출처 : https://yandex.ru/images/search?text=%D1%85%D0%BB%D0%B5%D0%B2%20%D1%8F%D0%BA%D1%83%D1%82%D0%BE%D0%B2&from=tabbar

간의 난방효과를 주기도 했지만 대개는 발라간 안의 공기를 오염시켜 야쿠트인의 건강에 부정적인 영향을 끼치곤 했다. 호톤을 만들 때도 야쿠트인은 소의 수호신이 지나는 길인 북쪽 방향에 자리를 잡았고, 집 내부에서 여성의 공간이 북쪽방향으로 정해진 것은 야쿠트인의 전통 속에서 주로 소를 돌보는 일을 맡았던 여성이 외양간과 가까운 곳에 위치하도록 하기 위한 부분도 있다. 남성이 책임지는 말 헛간은 집에서 조금 떨어진 동남쪽 방향에 지었다. 이것 역시 신의 길을 엄격히 지키기 위한 것이다.

우라사(Ypaca)

19세기 이후 여름용 주거지는 발라간과 비슷한 방식으로 건설되었으며 건축물의 뼈대를 보다 가벼운 가죽으로 제작하는 것과 주거지 내에 호톤이 없다는 차이가 있었지만, 고대 야쿠트인의 전통적인 여름 주거지 우라사는 이와는 다른 형태였다.

우라사는 야쿠트인의 가장 오래된 여름용 주거형태로 알려져 있는데 야쿠트인은 5월부터 8월까지 우라사를 건축하고 이곳에서 여름을 지냈다. 우라사는 자작나무 껍질로 덮은 기둥으로 만든 원뿔형 건축물로 평균 직경은 10m, 높이는 11-12m에 이르는 상당히 큰 규모로 지어졌다. 건축 시스템은 비교적 간단하여, 수직으로 땅을 파고 둥글게 만든 방의 형태를 띠고 있다. 둥글게 만든 뼈대에 길고 비스듬히 만들어진 기둥을 엮는다. 높이 약 2m의 기둥 10-12개를 직경 5m 정도의 원형으로 깎아 기둥 상단의 역시 둥근 나무 프레임과 겹친 뒤 약 8m 길이의 기둥이 서로 기대어 있도록 하는 방식으로 건축되었다. 우라사의 외부는 자작나무 껍질 조각으로 덮고, 입구에는 자작나무 껍질을 물에 삶은 뒤 표면을 칼로 긁어내고 끈으로 꿰어 커튼처럼 만들어진 문을 달았다.

침대는 발라간과 마찬가지로 벽을 따라 배치되었고, 이층침대의 형태로 만들어지기도 했다. 겨울이 아닌 계절에도 난로는 집이라는 '공간'의 중심에 위치한다. 우라사의 바닥은 흙으로 덮였고 그 중심에 난로를 세웠다. 대륙성 기후의 영향으로 혹독한 겨울만큼 더운 여름을 지내야 하는 야쿠트인은 우라사를 덮고 있는 자작나무 껍질로 인해 항상 신선하고 깨끗한 실내 공기를 유지할 수 있도록 했다.

우라사의 종류는 모굴 우라사(Могол ураса)와 달라르 우라사(Даллар ураса), 호죨 우라사(Ходьол ураса)로 구분된다.

모굴 우라사: 손님용 주거로 규모가 크게 설계되어 주로 대형으로 건설되곤 하는데, 집주인의 재력이 뒷받침되었을 때 건설할 수 있었다. 다른 우라사에 비해 규모도 크고 내외부적 장식성에 주의를 기울였다. 러시아인의 지배가 강력해지고 야쿠트인의 전통적 생활양식이 러시아의 영향을 많이 받기 시작한 이후 19세기 말까지 야쿠트인은 여름용 주거지로 대형 우라사 짓는 것을 멈추기도 하였다.

달라르 우라사: 모굴 우라사보다 크기가 조금 작고 야쿠트인의 평균적인 여름 주거지로 사용되었다.

호죨 우라사: 달라르 우라사보다 크기가 더 작고 일반적인 야쿠트의 여름 주거형태였다.

우라사는 발라간에 비해 보다 넓은 목초지 근처에 지어졌고, 호톤 대신에 티틱(титиик)이라 부르는 여름 헛간이 딸려있었다. 소와 말 등 가축을 사육하기 위한 헛간으로 겨울 집과 달리 사람의 주거지에서 조금 떨어진 곳에 지었다. 곡물을 저장할 용도의 헛간, 육류를 신선하게 보관하고 얼음에서 먹을 수 있는 물을 구하기 위한 지하실 등 별채가 포함된 우라사 장원은 역시 나무 울

[그림 7] 우라사의 내외부의 모습

[그림 7] 우라사의 내외부의 모습

출처 : https://yandex.ru/images/search?text=%D1%83%D1%80%D0%B0%D1%81%D0%B0%20%D1%8F%D0%BA%D1%83%D1%82%D0%BE%D0%B2&from=tabbar

타리를 세워 경계를 구분하고 외부로부터 안전하게 보호하기도 하였다.

비록 계절에 따라 서로 다른 주거 형태를 가지고 있지만 전통적 세계관과 관습에 따라 문을 내는 방향, 난로, 침대의 위치, 가족 중 남성과 여성 구성원의 자리, 우라사를 지을 땅을 선택하는 방법 등은 모두 발라간과 동일하다.

4. 맺음말

야쿠트인은 혹독한 기후와 자연조건 속에서 주변 환경과의 조화와 적응을 통해 오랜 세월 극북지역에서 자신들의 전통과 관습을 보존하며 살아왔다. 주거문화는 모든 풍부한 민속적 정보와 관념들을 흡수한 문화의 핵심적 상징 중 하나로 특정 민속지학적 집단의 정신문화 속 세계관을 읽어낼 수 있도록 한다.

야쿠트인은 시베리아, 북극이라는 북방지역의 조건을 극복하고 자신들의 문명을 일구어낸 고대민족이다. 북방지역의 가혹한 환경은 '나'라는 존재가 안전할 수 있는 부분과 그렇지 않은 부분에 대해 철저한 이원적 대립구도를 형성하는 가치관을 가질 수밖에 없었을 것으로 추정된다. 세계를 바라보는 이원적 대립구도를 통해 야쿠트인은 '공간'의 개념을 정립하게 되고, '공간'은 다시 신과 태양, 불이라는 요소를 통해 규칙화되고 구분되었다.

본고는 계절에 따라 이동하며 목축업을 하는 야쿠트인의 주거형태와 그 건축방식 속에 녹아 있는 이들의 전통적 세계관을 고찰함으로써 인류가 잊어버린 북방 민족의 고대의 삶의 형태 한 가지를 이해하고 정리하는 것에 의의가 있다.

주거문화 속에서 발현되는 전통적 세계관 중 이원적 대립구도, 불, 태양, 신의 길에 관해서 분석하고 정리하였지만, 야쿠트인이 오랜 세월 살아온 러시아 북방지역의 자연환경적 조건과 주거양식의 관계, 신화 속에 등장하여 야쿠트인의 정신문화의 중심으로 거론되곤 하는 세계수와 주거문화의 관계, 러시아 지배 전과 후의 건축양식의 변화 등 연구주제 확장과 심화에 대한 필요성이 있으며 이는 다음 단계의 연구에서 연결될 수 있으리라 기대하며 졸고를 마친다.

〈참고문헌〉

강정원, "체제 전환과 러시아 사하-야쿠치아의 백 샤머니즘", 비교문화연구 제15집 2호, 2009.

김민수 · 이성원, "카자흐인과 야쿠트인 전통 장례 비교연구," 슬라브연구 37권4호, 2021.

앤서니 D. 스미스, 『민족의 인종적 기원』, 그린비, 2018.

Гоголев, А.И., *Истоки мифологии и традиционный календарь якутов*, Якутск, 2002

Данилова, Н.К., *Жилище в системе традиционного мировосприятия народа Саха*, Филология и человек, No. 3, 2008

Данилова, Н.К., "Формирование историко-культурного ландшафта якутов: этнолокальные модели и пространственные представления", Научный диалог No. 8, 2019.

Костырко, В.С. "Дороги божеств и пространство жилища в традиционной якутской культуре", Вестник РГГУ, Серия: Литературоведение, Языкознание, Культурология, 2008.

Рыкова, В.В., *Сибирское зодчество: прошлое и настоящее. Информационная обеспеченность темы*, Журнал Баландинские чтения, 2014

Толстова, С.П., *Народы мира этнографические очерки*, Изд. Академии наук СССР, 1956

Цивьян Т.В. Дом в фольклорной модели мира // Труды по знаковым системам. – Тарту, 1978.

https://bigenc.ru/geography/text/5753444? Большая российская энциклопедия (검색일: 2022. 5. 12)

https://museumdruzba.ru/?p=3216 Музей-заповедник "Дружба" (검색일: 2022. 5. 12)

https://100yakutia.ru/kultura-yakutii/traditions/388-yakutskaya-mifologiya Якутсая мифология(100лет ЯАССР 1922-2022) (검색일: 2022. 5. 13)

사할린섬 신석기시대 생활상에 대한 일고찰
-중기신석기시대 소니문화 자료를 바탕으로-

방민규*

Ⅰ. 들어가는말

러시아 영토 최동단에 위치한 사할린섬(Остров Сахалин)[1]의 원주민들인 니브흐인(Нивхи), 아이누인(Айны), 윌타인(Ульта)은 러시아와 일본의 침략이 있기 전까지 갈등과 공존을 반복하며 섬의 독특한 환경에 적응하며 살아왔다(이은경 2021).

이들이 살아온 사할린의 최초 인류 발자취는 적어도 23만 년 이전으로 올라가는 것으로 보고 있다(A.A. 바실리예프스키 2017). 지난 20년간 사할린에서 진행된 사할린-2 프로젝트(1994-2009)[2]는 장기간의 공사와 파이프라인 공사를 동반하기 때문에 러시아 정부는 개발 지역 내 문화재 발굴과 보존에 각별

※『아태연구』2022년 제29권 제2호에 실린 논문을 수정 및 보완한 글임

* 국립해양박물관, 선임학예사

1) 정식 지명은 '사할린섬'이지만, 국내에서 일반적으로 '사할린'으로 불리고 있는 점을 고려하여 '사할린'으로 사용하고자 함.
2) 사할린의 석유 및 가스 개발 프로젝트로 오호츠크해의 필턴-아스토크스(Piltun-Astokhskoye) 유전과 룬스코예(Lunskoe) 천연 가스전 개발과 연안의 관련 기반시설 개발이다. 여기서 만들어지는 천연가스를 공급하기 위한 파이프라인(트랜스사할린 파이프라인) 건설을 위해 사할린에너지와 사할린국립대학교가 구제발굴을 진행했다 (2017).

한 노력을 기울이며 공사를 진행했다. 구제발굴을 통해 구석기시대부터 중세시대에 이르기까지 다양한 시기의 유적들이 발견되었으며 사할린의 중기신석기시대 소니문화에 속하는 여러 유적들 또한 발견되었다(A. A. 바실리예프스키 외 2016).

한국 고고학자들은 그간 러시아 고고학자들과 학문적인 교류를 통해 시베리아(후기구석기문화)와 연해주(고구려, 옥저, 발해) 지역과 관련된 연구주제에만 관심을 가져온 것이 사실이다(이헌종 2018; 강인욱 2020). 한편 후기구석기시대 이후 신석기시대 한반도와 시베리아, 극동 연해주 지역의 관계와 관련된 고고학 연구는 정석배(2008)의 연구 정도였다. 최근 한국학계에 시베리아와 극동 연해주에 대한 신석기시대 문화에 대한 소개가(S. V. 알킨 2014; 김재윤 2017) 간헐적으로 되고 있으나 관련 연구자가 양적으로 부족한 상태에서 동북아시아 지역 전체에 대한 신석기시대 문화의 양상에 대한 연구는 아직도 진행 중이라고 할 수 있다. 러시아 자료에 대한 검토가 우선되어야 하지만 현실적 상황과 함께 한국학계의 러시아 고고학 자료에 대한 편년 등과 관련된 정확한 이해가 부족하기 때문일 것이다.

한반도의 선사문화는 시베리아, 극동 연해주 그리고 사할린을 포함한 동북아시아를 중심으로 전 시대에 걸쳐 교류가 있었을 것으로 보이지만 신석기시대 고고학 연구성과들과 관련하여 한국학계는 러시아학자들의 최근 연구성과를 충분히 이해하지 못한 상태에서 우리 시각으로 러시아 연구성과를 수용하는 경우가 빈번했다(이헌종 2007). 이런 결과는 양 지역 간의 문화적인 교류를 이해하는데 있어서 그동안 양측이 제시한 편년에 상당한 차이가 있다는 문제를 발생시켰다. 이 문제를 해결하는 데에는 무엇보다 양측의 연대 차에 대한 검토 및 정리가 우선적으로 있어야 할 것이며, 그러한 연구를 위해서는 우선 양 지역의 자료를 양측의 학자들이 공동으로 검토해야 한다(방민규 2015).

특히 사할린의 고고학 발굴 연구성과는 그간 국내 학계에 간략하게 소개되어 전체적인 양상을 파악하는데 다소 어려움이 있었다(김재윤 2017). 이번 연구에서는 최근 발표된 사할린의 중기신석기시대 문화인 소니문화를 소개하고 시베리아, 극동 연해주 지역과의 편년 관계도 살펴보고자 한다.

본 연구의 목적은 사할린의 중기신석기시대 문화인 소니문화(культура Сони)의 고고학유적인 주거지, 토기의 양식 그리고 해양자원 활용의 특징을 살펴봄으로써 이 지역의 신석기시대 문화적인 양상을 살펴보고 과거 사할린 원주민의 삶의 모습에 대한 정보를 제공하는 것이다.

[그림 1] 러시아 극동의 지리적 분포

II. 사할린의 인문·지리적 배경

지난해 연말(2021년 12월 23일) 사할린 동포[3] 334명이 특별법 제정을 통해 영구귀국하면서 관심을 받았으나 한국인에게 사할린은 일제강점기 강제징용의 아픈 역사를 갖고 있는 북방의 영토로만 기억되고 있는 상황이다. 또한 이웃나라 일본과 러시아의 쿠릴열도(북방4도, 북방열도)를 둘러싼 치열한 영토분쟁의 현장이기도 하다.

사할린은 타타르 해협과 오호츠크해 사이에 위치한 러시아 최대의 섬으로, 세계에서 23번째로 큰 섬이다. 섬의 이름은 '검은 강의 바위'라는 뜻의 '사할랸 울라(Сахалян-Улла)'[4]라고 일컫는 아무르강에서 유래한 것으로 보고 있다. 사할린의 원주민이었던 아이누인과 윌타인은 카리프(Карап) 또는 카라프타(Карапта)로, 또한 사할린을 비롯해 아무르강 하류에 살고 있던 원주민 니브히인은 이흐-미프(Ыx-миф)라고 불렀다(Бойко 1988).

최초의 러시아 탐험가들은 사할린섬을 볼쇼이섬으로 불렀고, 19세기 유형수들은 소콜린(Соколин) 또는 소콜리니섬(Соколи- ный остров)이라는 전혀 다른 이름으로 생각했으며, 일본인들은 초기 '검은 자작나무의 섬' 또는 '중국인들의 섬'이란 뜻의 초카(Чжока), 시샤(Шиша)라고 불렀다. 일본은 사할린

---

3) 2021년 '사할린동포의 지원에 관한 특별법' 제정되었으며, 1938-1945년 사이 일제강점기 강제징용으로 이주한 한인은 약 15만 명이었다. 현재 한인과 후손 4만 3,000여명이 거주하고 있다(국립민속박물관 2001).

4) 이 명칭이 중세 지도에서 제작자의 실수로 섬의 이름으로 표기되었고, 이후 다른 지도에서도 계속 사용되면서 일반화되기 시작했다. '사할린' 또는 '사가렌'이라는 명칭은 청나라 황제의 명령으로 3인의 예수회 수도사가 청 제국의 판도를 측량하던 중에 아무르강 하구 맞은편에 섬이 있다는 이야기를 듣고, 만주어로 '사할랸 울라 앙가 하타(Сахалян ула анга хата)'라고 부른 데서 유래했다(이은경 2021).

을 가라후토(樺太)라고 일컫는데, 이는 이곳의 원주민이었던 아이누인이 사할린섬을 '카무이 카라 푸토 야 모시르(камуй-кара- путо-я-мосир)' 로 부른 데서 유래한다. 아이누인인 역시 흑룡강 하구에서 보이는 사할린섬의 위치에 주목하여 명칭을 부여한 것이다. 이후 메이지 정부에서는 사할린 남부를 가라후토로 지칭하고, 사할린 북부는 사가렌으로 구별하기도 했다(이은경 2021).

이처럼 사할린은 오래 전부터 아무르강을 기점으로 여러 종족집단에게서 다양한 명칭으로 불렸던 것으로 보인다. 오늘날 러시아, 중국, 몽골, 북한의 유역에 걸쳐 있을 정도로 큰 아무르강은 고대로부터 동북아시아의 교통로이자 북방문화의 중요한 발생지였다. '검은물'과 '하구'에서 기원한 명칭은 인접한 강의 색깔과 강에서 바라본 위치를 토대로 고대인들이 섬을 파악하고 있었다는 것을 알려준다.

문헌자료에 처음 사할린이 등장한 것은 기원전 11세기이다. 고대 중국지리서 『산해경(山海經)』에는 중국 북동쪽에 '검은 다리의 왕국'인 황구오가 있으며, 북쪽으로 더 가면 '털복숭이 왕국'인 미오링고와 라오족의 라오밍이 있다고 언급했다(Яншина 1977)[5].

중세 초에 사할린에는 두 개의 종족집단이 확실하게 정착한 것으로 보이는데, 남쪽에는 홋카이도섬에서 온 아이누인이 정착했고, 아무르강 하구에서 온 니브흐인이 북쪽에 정착했다. 러시아인이 아무르강에 등장하기 전까지 니브흐인은 오랫동안 중국과 교류를 해왔다. 13세기에 이르러 사할린은 치열한 갈등 속에 이전 시기와는 다른 양상이 펼쳐진다(Василевский и Потапова 2017). 바로 몽골의 일본 정복이라는 목적으로 아이누인을 사할린에서 쫓거나지만

---

5) 이 책의 주석은 마오밍고가 동남아시아 민족 중 하나이며 라오밍은 섬에 사는 민족 중 하나(1977, 191)라고 밝히고 있지만, 많은 연구자들은 이것이 니브흐인과 아이누인의 땅인 사할린에 대한 언급으로 추측한다.

몽골은 이내 사할린에서 철수한다(윤성학 2021). 이후 16세기 초 일본의 막부가 사할린에 관심을 갖기 시작한다. 러시아는 일본과 거의 동시에 1640년 모스크비틴(И. Ю. Москвитин)이 이끄는 러시아 카자크 부대가 오호츠크해로 가서 사할린 주민들에 대한 첫 정보를 얻었다. 1645년 포야르코프(В. Д. Поярков)가 이끄는 아무르 탐사대가 처음으로 사할린의 북서쪽 해안을 탐사했다(이은경 2021). 16세기에서 17세기에 사이 에벤크인과 윌타인(오로크인)과 같은 유목민들이 대륙에서 사할린으로 이주해 왔다. 1689년 네르친스크 조약이 체결된 이후, 니브흐인은 러시아인, 만주인, 일본인 사이에서 중개자 역할을 담당했다. 니브흐인은 아이누인에게 처음에는 적대적이었지만, 점차 그들 사이에 교역이 늘어나기 시작했다.

1787년 라페루즈(La Pérouse, Jean François de Galaup)[6]가 이끄는 프랑스 탐험대가 사할린 연안을 탐사하였다. 이후 1803년에서 1806년까지 기간에는 크루젠시테른(И.Ф. Крузенштерн)의 지휘 하에 '나데즈다(На-дежда)'와 '네바(Нева)' 범선이 러시아 최초로 세계 일주 원정에 나섰다. 1805년 5월 14일 사할린에 접근하던 크루젠시테른의 배는 아니바 만에 정박했다. 이때까지도 사할린은 본토와 모래 지협으로 연결되어 있는 반도로 간주되었다.

사할린이 섬이라는 것이 밝혀진 것은 1808년 마쓰다 덴주로(松田十郎)와 마미야 린조(間宮林蔵)가 이끄는 제4차 사할린 조사대에 의해서였다. 1808년 조사에서 좌우로 갈라져 전진하다가 만나면서 반도가 아니라는 것을 추측할 수 있었던 것이다. 하지만 러시아 지도제작자들은 한동안 사할린을 반도 형태

---

6) 1787년 5월 27일 라페루즈 탐험대는 서양인 중 최초로 울릉도를 발견하였다. 탐험대는 울릉도를 실측하였고, 탐험대원 중 이 섬을 가장 먼저 발견한 천문학자 다줄레(Dagelet)의 이름이 붙여진 이래 1950년대까지 150년간 서양 지도에서는 이 이름이 사용되었다(국립해양박물관 2016).

로 지도에 그려 넣었다가 1849년에 이르러서야 이곳이 섬이라는 결론을 내렸다. 이런 결정은 네벨스코이(Г. И. Невельской) 탐사대의 역할이 결정적이었다. 네벨스코이는 러시아 수송선 '바이칼(Байкал)'을 이끌고 아무르 강어귀를 조사했다. 러시아 선원들은 사할린과 본토 사이의 해협인 아무르강 어귀의 남쪽 입구를 발견하여 사할린이 섬이라는 점을 확실히 하였다.

이렇게 사할린의 정보가 알려지면서 이곳을 향한 러시아와 일본의 야욕은 노골화되기 시작했다. 대륙과 해양을 연결하는 중요한 연결고리로서 아무르 하류와 사할린을 점령하고자 했던 과정에서 원주민들은 상당한 피해를 겪었다. 더 나은 삶의 환경을 찾아 사할린으로 들어와 정착한 원주민들은 몽골의 침략과 러시아의 시베리아 정복 시기를 겪으면서 그들의 갈등상황은 더욱 심화되었다[7].

Ⅲ. 소니문화(культура Сони)의 고고학적 배경

사할린의 구석기문화에서 신석기시대로 이행하는 시기는 발굴된 유적들을 통해 대략 13,000-9,000년으로 보고 있다. 대표적인 후기 구석기시대 유적은 아고니끼-5(Огоньки-5), 소콜(Сокол), 올림피야-5(Олимпия-5), 포르치예-4(Поречье-4), 슬라브나야-4(Славная-4), 슬라브나야-5(Славная-5), 푸가체보-1(Пугачево-1)를 들 수 있는데 아고니끼-5 유적은 연대가 23,000년까지

---

7) 장기간 러시아인은 본토의 서쪽에서, 내몽골자치구와 아무르강에 거주하던 오로촌인은 중국에서, 아이누인은 홋카이도에서, 니브흐인은 아무르강 하구에서 사할린으로 건너왔다. 바다로 둘러싸인 사할린은 풍부한 사냥감과 어족자원으로 다양한 종족집단들이 살 수 있는 환경을 갖고 있었다. 1895년 무렵 사할린에는 130개의 마을에 25,495명의 러시아인, 2,000명의 길랴크인, 1,400명의 아이누인, 750명의 오로촌인 및 200명의 퉁구스인이 살고 있었다(이은경 2021).

도 보고 있다.

소니문화는 사할린 남부 신석기시대 중기문화로 방사성탄소연대 결과는 5,500~5,300년 전으로 나타난다(Kunikita et al., 2007). 지금까지 25개 정도의 유적이 발굴되어 이 지역의 문화양상을 파악하는데 많은 정보를 제공하고 있다. 1990년대까지만 해도 사할린 남부 지역(모네론 섬 포함)만을 한정했으나 2000년대 이후 북위 50°와 52°선에서도 발견되어 지리적 범위가 확장되었다. 흥미로운 점은 이 지역의 주거지들은 모두 바다를 바라보는 해안 절벽에 위치하고 있다는 점이다. 해발 70m 높이의 절벽을 통해 주변환경을 활용한 방어 성격을 나타내고 있다.

이중 대표적인 주거 유적인 쿠즈네쵸보-3, 4(Кузнецово 3, 4), 스따로두부스꼬예-3(Стародубское 3), 슬라브나야-4(Славная 4), 챠이보-6(Чайво 6) 유적들을 통해 사할린 남부 신석기시대 중기의 문화양상을 살펴보고자 한다.

1. 쿠즈네쵸보-3, 4 주거 유적

사힐린 섬의 최남단 라페루즈 해협에서 북으로 22km 지점에 위치한 주거지 유적이다. 쿠즈네쵸보 강을 왼쪽으로 끼고 해발 6-15m 높이에 형성되었다. 1937~1940년대 일본인 고고학자인 기무라 신로쿠(Kimyra Sinroky)와 이토 노부오(Ito Nobuo)에 의해 처음 발견되었으며, 근처 강의 아이누식 지명을 따라 '소니' 유적으로 명명하였다(Нииока, Утагава, 1990, с. 66-69). 1979년부터 시작된 발굴은 골루베브(Голубев В. А.)와 바실리에브스끼(Василевский А. А.)에 의해 진행되었으며, 1985-86년 수혈주거지 두 곳을 발굴하였다. 발굴 면적은 200㎡이었으며, 3호 주거지에서 획득한 불탄재의 분석을 통해 2개의 절대연대(5770±140년, 5960±140년)와 4호 주거지(5648±460년)에서 1개의

[그림 2] 쿠즈네쵸보-3 출토 소니유형 토기(A.A. 바실리예프스키 외 2016)

결과값을 확인하였다(Василевский 1995). 이들 주거지에서 남서쪽으로 150m 떨어진 곳에 또 다른 주거지가 발견되었는데, 심하게 훼손이 되었지만 일부 남아 있는 주거지의 양상을 통해 3호 주거지와 같은 유형으로 파악되었다. 구멍을 뚫은 석제품과 함께 토기가 발견되었다. 현대에 이르기까지 개간이 계속된 지역으로 이 주거지들과 유물은 이 지역에서 발견된 가장 오래된 유물로 평가받고 있다.

2. 스따로두부스코예-3 주거 유적

이 유적은 1930년대 일본인 고고학자 이토에 의해 발견되었다. 규모가 큰 마을인 스따로두부스코예 3(3지점) 마을의 가운데 부분을 차지하고 있다. 발전된 양식의 주거 양상과 함께 초기 철기시대에 이르는 유적으로 해안 테라스의 12~15m 지점에 위치한다.

154호 주거지와 문화층을 통해 소니문화로 분류되었으며, 초기 철기시대 또는 후기 신석기시대로 보고되었다(Василевский, Плотников 1992). 주거지에서 나온 목탄 분석을 통해 얻은 방사성탄소연대 측정값은 6588±125년으로 나타났다. 또한 토기 내벽의 탄소 침전물 분석을 실시하였는데, 그 결과는 방사성연대측정값보다 더 오래된 결과를 나타내었다(8660±70년). 이 결과에 대해서는 좀 더 자세한 검토가 필요할 것으로 보인다.

[그림 3] 스따로두부스코예-3 출토 간석기(A.A. 바실리예프스키 외 2016)

3. 슬라브나야-4 주거 유적

2006년 두 번의 발굴을 통해 슬라브나야-4 주거지는 소니문화로 분류되었다. 2회차 발굴에서 이른 신석기시대 수혈주거지가 발견되었는데 각각 8100±50 BP, 8135±50 BP의 방사성탄소연대 측정값을 보여주었다(Грищенко 2011). 하지만 소니유형 토기의 출토로 보아 이 주거지의 연대는 6,200~5,500년 전 형성된 것으로 보고 있다. 3회차 발굴에서는 주거지가 5,450~5,100년 전에 형성된 것으로 확인되어 전체적으로 슬라브나야 4 주거 유적은 이른 신석기시대에서 중기로 이어지는 모습을 보여주고 있다. 특히 토기 내벽의 두께에서 차이를 보이는데 2회차 발굴 출토 토기는 내벽 두께가 10~16mm이지만, 3회차 발굴 출토 토기의 내벽두께는 9~10mm로 소니문화 토기는 후기로 시간이

흐를수록 두께가 얇아지는 것을 확인하였다. 토기 성형 과정에서 두께는 얇게 하면서 강도는 높일 수 있는 성분들이 토기 성형 시 첨가된 것으로 보인다.

4. 챠이보-6(2지점) 주거 유적

챠이보-6(2지점) 주거 유적은 그리센코(2008)에 의해 발굴되었는데, 소니 문화의 편년설정과 문화양상을 파악하는데 중요한 유적이다. 특히 남쪽이 아닌 사할린 북부 챠이보 만 유역에 분포하고 있다는 점이 중요하다. 주거지 크기는 6×6m 정도이며, 북쪽벽에 화덕이 조성되어 있다. 방형의 형태를 갖추고 있으며 균일한 벽체와 복도 및 출구를 확실히 갖추고 있다. 주거지 형태와 발견된 도구들은 소니문화유형으로 분류된다. 출토된 석기들은 양쪽으로 다듬어진 칼날을 비롯하여 길이 10cm 내외의 형태를 띠고 있다.

발굴을 통해 수습된 토기들은 복원이 가능해 토기 2기의 전체적인 모습을 확

[그림 4] 챠이보-6(2지점) 주거 유적(A.A. 바실리예프스키 외 2016)

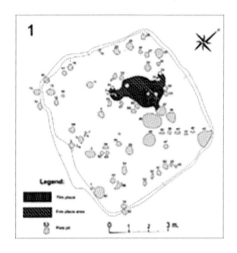

인할 수 있다. 토기의 모습은 평평한 저부와 둥근 몸체와 함께 구연부로 갈수록 넓어지는 형태를 띠고 있다(그림 6). 토기 표면은 대체적으로 거칠고 불에 탄 흔적이 잘 남아 있다. 황갈색을 띠고 있는 동체부 표면에는 문양이 없는 것이 특징이다. 목탄 시료를 통한 방사성탄소연대 측정 결과 화덕 시료는 6945±90 년을 나타냈으며, 벽 근처 시료에서는 6895±100년의 결과값을 얻었다.

[그림 5] 소니문화의 신석기시대 유적(A.A. 바실리예프스키 외 2016)

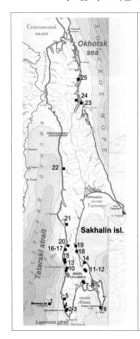

1. 모네론 섬, 콜로게라스(Бухта Кологераса о. Монерон)
2-3 쿠즈네쵸보(Кузнецово 3)
4. 코브리쉬카산 빈디스 곶(Мыс Виндис гора Коврижка)
5. 고르노자보드스크(Горнозаводск 2)
6. 슬류드 곶(Мыс Слюда)
7-8. 미추레브카 1, 2(Мицулевка 1, 2)
9. 사도브니끼 2(Садовники 2)
10. 피오네르 1(Пионер 1)
11-12. 돌린스크 1, 5(Долинск 1, 5)
13. 체호프 1(Чехов 1)
14. 스따로두부스코예 3(Стародубское 3)
15. 노보시비리스코예 1(Новосибирское 1)
16-17. 펜젠스코예 2, 3(Пензенское 2, 3)
18. 슬라브나야 4, 5(Славная 4, 5)
19. 브즈모리예(Взморье 2)
20. 일린스크 6(Ильинск 6)
21. 크라스노고르스크 1(Красногорск 1)
22. 일리보 3(Пильво 3)
23. 뉘이보(Ныйво)
24. 벤스코예 5(Венское 5 и 25)
25. 챠이보 6 2지점(Чайво 6 пункт 2)

신석기시대 소니문화유형에 대해서는 슈빈 외(1982), 골루베브(1986), 바실리예브스키 외(1986), 골루베브 외(1987), 쥬신호브스카야 외(1987) 바실리예브스키(2008) 등이 연구성과를 발표하였으며, 유적과 유물들의 비교분석을 통해 소니문화유형을 분류하였다.

5. 주거지와 토기를 통해 본 소니문화의 특징

(1) 주거지

대표적인 소니문화의 주거지인 쿠즈네쵸보 3, 스따로두부스꼬에 3, 슬라브나야 4 주거지들은 모서리가 무딘 방형의 형태를 띠고 있으며 지표면에서 최소 0.15~0.25m 땅속으로 조성되었으며 최대 0.5m까지 파고 들어간 것도 있다(반수혈주거지). 일부에서는 0.8~0.9m 높이의 벽체가 조성된 것도 발견되었는데 모두 모서리가 무딘 방형의 평면형태를 띠고 있는 것이 특징이다. 주거지의 길이는 보통 지름이 4m에서 큰 것은 10m까지 다양하다. 또한 외부출입구를 조성한 흔적은 보이지 않는다. 주거지 바닥에는 기둥구멍이 있으며 벽면밑에는 좁은 홈이 조성되어 있다. 쿠츠네쵸보 3 주거 유적의 2기, 스따로두부스꼬에 3에서 1기, 슬라브나야 4에서 1기의 화덕이 발견되었는데 죠몽문화와 달리 소니문화에서는 화덕 주위에 돌이 없는 것이 특징이다.

(2) 토기

소니유형의 토기는 점토에 광물을 포함한 천연 첨가제가 도입되었다. 첨가제의 재료로는 바다 연체동물 또는 잘게 썬 풀 등이 포함된다. 토기를 만드는 기술은 점토띠를 감아 올리는 형태를 보이며 표면은 시문이 없는 원시적인 형태를 보여준다. 토기 표면은 젖은 손으로 정리하였으며, 표면을 매끄럽게 하기 위해 유약 등을 사용한 흔적은 찾을 수 없다. 따라서 시간이 지나면서 태토의 산성도가 산화를 유발하여 토기에 불순물과 구멍이 형성되어 투수성이 높아져 강도가 약해지게 된다. 토기는 보통 400~500℃ 사이에서 구워지고 토기 색깔은 밝은 갈색을 띠고 있다. 토기의 형태는 모두 비슷한 형태를 띠고 있는데, 바닥은 평평하고 각진 방형의 형태를 갖고 있다. 바닥에서 위쪽으로 올라갈수록 넓어지는 형태이며 구연부가 넓게 열려 있는 형태이다.

토기 몸체는 대부분 직선이며 구연부에서 살짝 안쪽으로 구부러져 있다. 표면은 대부분 문양이 없는 것이 보통이지만 간단한 도구를 통해 작은 물결 모양이나 가로, 세로로 장식된 토기들도 발견된다. 토기의 크기는 대체적으로 작은 편이다. 높이는 10~20cm 사이이며, 바닥의 직경은 7~12cm, 구연부의 직경은 12~15cm 내외이다. 토기의 두께는 6~8cm이며, 두꺼운 것은 1cm까지 한다.

주거지에서 출토된 토기들을 비교한 결과 토기제작 발전과 시대 구분에 대한 정보를 얻게 되었다. 쿠즈네쵸보 3, 슬라브나야 4(2회 발굴), 챠이보 6 주거지의 연대가 좀 더 올라가는 것으로 보이며, 슬라브나야 4(3회 발굴), 쿠즈네쵸보 4 등을 비롯한 다른 유적들은 좀 더 발전된 단계로 볼 수 있게 되었다(골루예보 외 1987). 쿠즈네쵸보 3, 슬라브나야 4(2회 발굴), 챠이보 6 주거 유적 출토 토기들은 토기 두께가 균일하지 않지만, 슬라브나야 4(3회 발굴), 쿠즈네쵸보 4 출토 토기들의 두께는 6~8mm 내외의 균일한 외부 처리가 되어 있는 것이 특징이다.

초기 단계의 토기들은 장식이 없거나 토기 표면에 간단하게 수직으로 돌출되게 장식한 것이 보통이다. 후기로 갈수록 표면에 좀 더 복잡한 기하학 무늬의 장식을 하게 된다.

[그림 6] 소니유형 토기 : 사도브니끼 2(Садовники 2)주거지 출토(슈빈 1982)

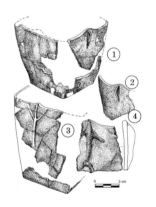

IV. 중기 신석기시대 원주민의 생활상

플라이스토세 말기 지구온난화의 결과로(15,000~12,000년 전) 빙하와 영구 동토층이 녹아 지구에는 극적인 해수면의 상승이 나타났다. 지금과 비교하면 해수면은 3m 정도 높았을 것이다. 결과적으로 수많은 호수, 늪, 강들이 만들어지며 수생 동식물들이 번성하게 되는 계기가 되었다. 이런 급격한 환경의 변화는 대형육상 동물의 감소를 가져 왔으며 수천 년 동안 이런 환경이 지속된다(표 1, 그림 8).

고고학 자료로 확인할 수 있는 사할린 원주민의 자원활용과 관련된 직접적인 증거는 사할린동쪽지역 석회암 동굴에서(12,000~8,000년 전) 발견되었다. 적어도 10,000명의 사람이 살았던것으로 추정되는데 화덕, 석기, 부서진 동물 뼈조각(곰, 늑대, 점박이사슴, 사향노루, 땅다람쥐등), 호랑이, 동굴사자, 그리고 어린이의 유치가 함께 발견되었다. 오스탄틴세바야 동굴에서는 곰의 두개골에 박편석기가 박혀 있는 것이 발견되었는데 창끝에 부착한 것으로 보인다. 이런 창을 통해 산과 바다에서 큰 동물들을 사냥했던 것으로 보인다.

이런 사냥은 육상동물의 감소를 가져왔으며 섬사람들에게는 새로운 방식의 삶을 찾게 하는 동인으로 작용하여 끊임없이 식량을 찾기 위해 이주하게끔 하였을 것이다. 하지만 이런 이동은 영원히 지속될 수 없었을 것이기 때문에 점차 사람들은 새로운 조건에 적응하기 위한 매커니즘을 개발하게 된다. 오호츠크해와 동해의 섬 지역에서 신석기시대로의 이행이 진행되는데, 초기에는 계절적인 조건으로 한정되었다. 겨울에는 사냥꾼들이 얼음 위에서 물개를 잡고, 봄에는 5월에서 11월까지 배를 타고 바다로 나가 바다동물을 잡았다. 연어 시즌은 계속 되었고, 가을에는 사냥 뿐만 아니라 열매 채집 또한 효과적이었다. 이런 생계방식은 궁극적으로 환경에 대한 이해를 갖게 해 자원에 대한 효율적

[그림 7] 해양포유류 공예품 및 어망 봉돌(A.A. 바실리예프스키 외 2016)

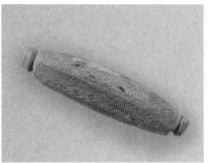

인 관리를 통해 가용 자원의 안정화를 가져오게 되며 해안 근처에 안정적으로 정착하게 되는데 영향을 주었다.

사할린의 초기 신석기 문화는 50여 개의 유적을 통해 알려졌는데 일부만이 발굴된 상태이다. 대표적인 유적으로는 초기 신석기시대 유적으로는 남쪽의 스따로두브스코에 3(하층), 포레취에 4와 북쪽의 임친-1, 오도푸토-1 그리고 섬 중앙의 바이다 산의 동굴 유적인 오스타트세바야가 있다. 발견된 유물의 분석을 통해 초기 신석기시대 사람들은 낚시도구를 제작했으며, 좀돌날을 계속해 사용한 것으로 확인되었다. 주거지들은 곳곳에 형성되었는데 해안가와 높은 산에 이르기까지 다양하지만 가장 큰 주거지는 만 연안에서 발견되었다. 이 시기 사람들에게 바다의 중요성이 점차 커지기 시작했던 것으로 보인다. 주거지에서는 수많은 목제도구와 함께 선박제작의 흔적도 발견되었다.

6천 년 전 남서부 사할린의 신석기시대 원주민들은 작은 섬 등을 이동하며 해양포유류를 포획하기 위해 계절별 사냥여행을 떠났다. 석기와 토기의 절대연대 측정을 통해 이런 생계방식의 편년을 추정할 수 있었다. 문화층은 크게 세 시기로 구분되는데 12,000~11,000년, 8,000~6,000년 그리고 3,700~2,500년으로 구분된다. 이 기간 동안 섬 인구는 폭발적으로 증가했으며 이는 안정적인 삶이 지속되었음을 의미한다고 할 수 있다. 하지만 필연적으로 한정된 자원에 대한 갈등 상황이 야기되며 새로운 자원을 찾기 위한 시도가 시작되었다. 이전 시기와 달리 신석기시대가 되면 다양한 자원을 활용하게 되는데 우선 물고기와 동물을 포획하는 기술이 발달하게 된다. 이를 통해 강 이외에도 심해에서 사는 상어, 돌고래 그리고 바다표범, 바다사자 등의 포유류를 잡을 수 있게 되었다. 이는 낚시도구와 선박과 같은 운송수단의 제작을 통해 가능하게 되었다.

중기 신석기시대 소니문화의 대표적인 유적인 쿠즈네쵸보 3, 사도브니끼 2, 브흐타, 스따로두브스코예 3 주거지들은 사할린 남쪽에 집중되어 있다. 하지만 네모난 바닥을 갖고 있는 소니유형 토기는 중부 및 북부 사할린에도 나타난다. 7,000~6,000년 전 등장한 이 원주민들은 주로 해안가에 집중적으로 거주하며 해양자원을 이용한 공예품을 만들 정도로 해양자원을 토대로 한 문화였던 것으로 보인다. 소니문화는 800~1,000년 정도 존속되고 사라진 것으로 러시아 학계는 보고 있다. 인접한 홋카이도와 쿠릴열도와 달리 소니인들의 주거지는 원형이 아닌 방형의 주거지를 짓고 살았다. 반수혈 주거지 안에 화덕은 중앙이나 북쪽에 위치하고 있으며, 벽체 앞으로 지붕 기둥들이 있다. 스따로두브스코예 3 주거에서는 견과류, 해양동물, 새뼈가 발견되었다. 또한 쿠즈네쵸보 3 주거 유적에서는 대형 어류와 물개의 척추뼈가 출토되었다. 이는 남부 사할린의 소니인들의 삶에 대해 많은 정보를 제공하고 있다. 주거지의 크기는 4~8m의 폭으로 5~6채의 주거지로 구성되어 있다. 바다와 접하는 만의 기슭에 자리 잡고 있다. 주거지 모두에서 다량의 물고기와 물개의 뼈가 발견되어 소니인들의 생계경제가 바다를 중심으로 한 어로 생활이었음을 짐작하게 한다. 강을 끼고 있는 50km의 해안가를 따라 4~5개 주거군이 분포하고 있고, 한 주거군에는 보통 50~200명 정도가 살았던 것으로 조사되었다.

러시아학계는 소니문화에 대한 기원과 관련하여 아직 명확한 해답을 내놓고 있지는 못하다. 다만 토기 태토의 혼합물, 구연부의 삼각형 돌출부의 존재, 표면문양 장식 등의 특징을 고려할 때 자생적인 문화라기보다는 외부에서 갖고 온 문화로 보고 있다. 특히 남쪽에 기반한 초기 조몬시대[8] 문화 전통에 영향을 받은 것으로 보고 있다. 하지만 몇가지 점에서는 차이를 보여 준다. 소니 토기 유형은 조몬시대 토기와는 차이가 나는데 조몬토기가 토기 표면에 새끼줄 문양이 있는 반면에 소니토기 유형은 몸체에 거의 문양이 없다는 점에서 차이가 있다. 초기 신석기시대 새로운 전통인 조몬시대 토기에는 토기 표면 전체에 시문이 되어 있다. 소니 토기 유형은 토기 디자인의 단순함에서도 차이가 난다. 소니 토기유형 단계에서는 바닥이 평평하고 사각형을 띠고 있지만, 조몬토기는 바닥이 뾰족하고 둥근형태를 갖고 있다. 일본 남부 초기 조몬시대 토기에 사각형 및 타원형의 전통이 나타나 연결고리를 찾을 수 있다. 하지만 소니유형 토기와 홋카이도의 초기 조몬시대 토기 유형에는 나타나지 않고 있다. 동시에 구연부의 삼각형 돌출부의 존재와 표면 장식 등의 소니유형 토기는 일본 열도 북부에서는 나타나지 않은 형태이다. 이런 장식은 남쪽 문화의 영향을 받은 것으로 사할린에 5,000전에는 이미 등장한 것으로 보인다.

소니문화의 남쪽 경계는 라페루즈 해협 남쪽으로 그 밑으로는 소니유형의 토기가 발견된 적이 없다. 소니 토기 유형은 형태와 기술적 차이로 콘돈, 보이스만, 루딘 문화 유형의 토기보다 고식의 형태를 보여 주고 있다. 소니문화의 아무르강 하류와 연해주 지역 문화와는 여러면에서 차이가 있는 것으로 보인다(표 1). 실제로 흑요석은 사할린의 초기 신석기시대 유적에서 자주 발견되

---

8) 조몬시대(繩文時代)는 일본의 신석기시대 중 기원전 1만 4500년부터 기원전 300년까지의 시기를 말한다. 일반적인 석기시대의 구분으로는 기원전 7000년까지의 전반기는 후기 구석기시대, 후반기는 신석기시대에 해당하는 것으로 보고 있다.

지만 소니 문화 유적에는 거의 발견되지 않았다. 좀 더 이른 시기의 층위에서 발견되고 있는게 사실이다. 이는 소니문화 주민들에게는 어떤 이유에서든 혹 요석의 필요성이 크지 않았다는 사실을 알려준다. 또한 소니문화 주민들은 북 쪽에서 온 이민자 집단으로 추정되는데 크릴론 반도가 초기 조몬인들의 이주 에는 자연지리적 경계로 작용하여 이주에 어려움을 주었을 것으로 보이기 때 문이다. 특히 이전 시기 얇게 다듬어진 화살촉의 경우 소니 문화에는 발견되 지 않고 있다. 이런 점에서 고고학 자료는 이주민에 의한 갑작스러운 교체로 인한 문화의 변화가 나타난 것으로 추정하게 해 준다.

소니문화의 원주민들은 주변환경에 잘 적응한 결과 해양자원을 활용한 수 렵과 어로의 생계양식을 만들어냈고 그를 통해 삶을 영위할 수 있게 되었다. 그 대표적인 유적이 모네론 섬 콜로게르사유적이다. 섬 사이의 해협을 이동하

[그림 8] 슬라브니야 주거지 출토 석기 및 골제 어망봉돌(A.A. 바실리예프스키 외 2016)

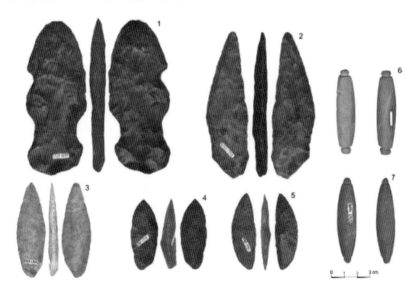

기 위해서는 적절한 기술과 선박이 필요하다. 모네론 섬의 주된 생계활동은 해양 동물의 사냥과 채취 그리고 깊은 바다에서 물고기를 잡는 것이었다. 섬에는 토지를 활용한 흔적은 보이지 않으며 연어는 모네론 강으로 회귀하지 않는다. 그래서 소니문화의 원주민들은 모네론 섬의 바다포유류를 사냥하는데 매력을 느꼈으며 적당한 장소로 콜로게르사를 선택했던 것이다.

〈표 1〉 러시아 시베리아, 극동 연해주지역 신석기시대 편년

구분	문화유형	연대	비고
시베리아	키토이(Китойская)	5,000-4,000 BP	신석기 중기 후반
	이사코보(Исаковская)	5,000-3,000 BP	신석기 후기
	세로보(Серовская)	4,000-3,000 BP	신석기 후기말
아무르강 중류	그로마투하(Громатухинская)	13-9,000 BP	신석기 전기
	노보페트로브카(Новопетровская)	10-8,000 BP	신석기 전기 후반
	오시노오제로(Осиноозерская)	4,500-3,700 BP	신석기 후기
아무르강 하류	오시포브카(Осиповкая)	13-10,000 BP	신석기 전기
	마린스카야(Мариинская)	9-7,000 BP	신석기 전기 후반
	말리셰보(Малышевская)	7-4,500 BP	신석기 중기
	콘돈(Кондонская)	7-5,000 BP	신석기 중기
	보즈네세노브카(Вознесеновская)	4,9-3,300 BP	신석기 후기
연해주	보이스만 2(Бойсманская 2)	7-5000 BP	신석기 중기 초반
	루드나야(Рудная)	5,500 BP	신석기 중기
	자이사노프카(Зайсановская)	5,370-3,500 BP	신석기 후기
사할린	소니(Сони)	6,7-5,800 BP	신석기 중기
	임친(Имчинская)	5,5-2,400 BP	신석기 후기

소니문화 원주민들의 주거지는 주로 해안가에 분포하고 있다. 유적에서 보이는 층위로 보아 소니문화의 주된 시기는 중기 신석기시대로 보여진다. 아직 소니문화의 기원에 대해서는 아직논의가 진행 중이지만 홋카이도 등의 북부보다는 남쪽 조몬시대와 관련이 있는 것으로 보고 있다.

[그림 9] 러시아 시베리아, 극동 연해주, 사할린의 신석기문화(A.N. 포보프 2008)

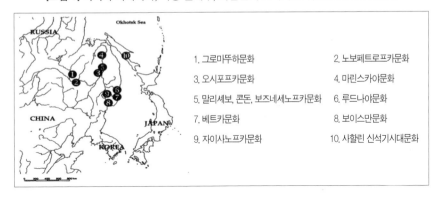

1. 그로마뚜하문화
2. 노보페트로프카문화
3. 오시포프카문화
4. 마린스카야문화
5. 말리셰보, 콘돈, 보즈네세노프카문화
6. 루드나야문화
7. 베트카문화
8. 보이스만문화
9. 자이사노프카문화
10. 사할린 신석기시대문화

Ⅳ. 맺음말

한반도의 선사문화는 시베리아, 극동 연해주 그리고 사할린을 포함한 동북아시아를 중심으로 전 시대에 걸쳐 교류가 있었을 것으로 보이지만 신석기시대 고고학 연구성과들과 관련하여 우리학계는 러시아학자들의 최근 연구성과를 완전히 파악하지 못한 상태에서 우리 시각으로 러시아 연구를 바라보는 경향이 있다. 이런 결과는 양 지역 간의 문화적인 교류를 확인하는데 있어서 그동안 양측이 제시한 시대 구분과 연대에 현격한 차이가 있다는 문제를 발생시켰다. 이 문제를 해결하는 데에는 무엇보다 양측의 연대 차에 대한 검토 및 정리가 우선적으로 있어야 할 것이며, 그러한 연구를 위해서는 우선 양 지역의 자료를 양측의 학자들이 공동으로 검토해야 한다. 특히 사할린의 고고학 발굴 연구성과는 그간 국내 학계에 간략하게 소개되어 전체적인 양상을 파악하는 데 다소 어려움이 있었다. 이번 연구에서는 최근 발표된 사할린의 중기신석기시대 문화인 소니문화를 소개하고 원주민들의 삶의 모습을 그려보고자 하였다. 이를 통해 시베리아, 극동 연해주 지역과의 신석기시대 편년 관계도 살펴보았다.

고고학 자료로 확인할 수 있는 신석기시대 사할린 원주민의 자원활용과 관련된 직접적인 증거는 사할린 동쪽 지역 석회암 동굴에서(12,000~8,000년 전) 처음 발견되었다. 소니문화는 사할린 남부 신석기시대 중기문화로 5,500~5,300년 전 출현해 800~1,000년 정도 존속한 것으로 보고 있다. 지금까지 25개 정도의 유적이 발굴되어 문화양상을 파악하는데 많은 정보를 제공하고 있다. 유적들은 대부분 바다를 바라보는 해안가에 형성되어 있으며 주거지들은 대부분 해안가를 따라 주로 분포하고 있다.

본 연구에서 살펴본 주거 유적인 쿠즈네쵸보 3, 4(Кузнецово 3, 4), 스따로두부스꼬예 3(Стародубское 3), 슬라브나야 4(Славная 4), 챠이보 6(Чайво 6) 유적들은 평면형태가 사각형인 반수혈주거지들이다. 4~5개의 주거지들로 구성된 주거군이 해안가에 따라 집중분포 되어 있는 양상을 보여준다. 주거지 내부에서는 화덕과 함께 바닥이 평평하고 몸체가 네모난, 표면 장식이 없고 삼각형 돌출부가 구연부에 장식된 소니유형 토기들이 발견되었다. 주거지에서 어망추, 해양동물 형상의 공예품 그리고 대형어류와 해상포유류의 뼈들이 대량으로 출토되는 것으로 보아 소니문화 원주민들은 해양을 토대로 사할린 섬의 환경에 빠르게 적응하며 풍족한 삶을 영위한 것으로 보여진다.

이번 연구에서는 사할린섬의 중기 신석기시대에 한정시켜 연구를 진행하여 전체적인 신석기시대의 양상을 그려보는 데는 다소 부족한 한계를 갖고 있다. 앞으로 꾸준한 자료검토와 연구를 통해 사할린섬의 신석기시대 모습을 복원하고 동북아시아 전체 지역의 신석기문화와 비교할 수 있는 자료로 활용되기를 기대한다.

〈참고문헌〉

김재윤, 『러시아 연해주와 극동의 선사시대』, 서경문화사, 2017.

방민규, "동시베리아 연바이칼 지역의 신석기시대 편년에 대한 새로운 시각," 『한국시베리아 연구』 제19집 2호, 2015, pp. 1-4.

윤성학, 『모피로드』, K북스, 2021.

이상규, "동북아시아 신석기시대 어로문화 변동과정 연구," 부산대학교박사학위논문, 2020, pp. 134-138.

이은경, "동북아시아 교류와 충돌, 혼종문화의 접점 사할린," 『유럽사회문화』 제27호, 2021, pp. 191-220.

이헌종, "시베리아 후기구석기문화의 최근 연구와 공동연구의 전망," 『한국구석기학보』 제16 호, 2007, pp. 81-96.

정석배, "쁘리바이칼 지역의 신석기문화," 『한국시베리아연구』 제12권 2호, 2008, pp. 81-96.

Alkin S.V., 동시베리아 자바이칼 동부 신석기, 문물연구 25권 25호, 2014, pp. 161-176.

Kunikita D., Yoshida K., Miyazaki Y., Saito K., Endo A., Matsuzaki H., Ito S., Kobayashi T., Fujimoto T., Kuznetsov A. M., Krupyanko A. A., Tabarev A. M., "Analysis of radiocarbon dates of an archaeological site in the Russian Far East: The marine reservoir effect as seen on charred remains on pottery." (러시아 극동지역의 고고학유적의 방사성탄소연대측정 분석결과) Nucl. Instr. and Meth. in Phys. Res. B, 259, 2007, pp. 467-473.

Popov, A.N. and Andrei V.T., "Neolithic cultures of the Russiari Far East: Technological evolution and cultural seouence."(러시아 극동의 신석기문화) TÜBA-AR XI, 2008, pp. 191-220.

Василевский А.А., Плотников Н.В., "Периодизация айнской культуры на Сахалине" (사할 린섬 아이문화의 시대편년) Б. О. Пилсудский исследователь народо в Сахалина: Материалы междунар. науч. конф. Южно-Сахалинск: Сахалинский обл. краевед. музей. Т. 2: 119—124, 1992.

Василевский А. А., КАМЕННЫЙ ВЕК ОСТРОВА САХАЛИН (사할린섬의 석기시대), -412 с, 2008.

Василевский А. А., Грищенко В. А., "ХРОНОЛОГИЯ, ПЕРИОДИЗАЦИЯ ИОСНОВНЫЕ ПРИЗНАКИ КУЛЬТУРЫ СОНИ." (소니문화의 연대기, 시대 편년 그리고 주요특징) ВЕСТНИК САХАЛИНСКОГО МУЗЕЯ. No.23, C. 30-46, 2016.

Василевский А. А., "Сони – культура среднего неолита на острове Сахалин." (사할린섬의 중기신석기시대 소니문화) Неолит и неолитизация бассейна Японского моря: человек и ист орический ландшафт. Владивосток: Изд-во ДВГУ, С. 36-48, 2008.

Грищенко В. А., "Археологические исследования на поселении Чайво-6пункт 2, в Ногликском районе Сахалинской области." (사할린주 노글리스끼 지역의 챠이보-6 유적에 대한 발굴보고) Ученые записки Сахалинского госу дарственного университета: сборник научных стате й. Вып. 7. Южно-Сахалинск: Сахалинский государственный университет, С. 26-37, 2008.

Грищенко В. А., "Ранний неолит острова Сахалин." (사할린섬의 전기신석기시대) Южно-Сахалинск: Изд-во СахГУ, 184 с, 2011.

Ито Н., "Карафуто сэнси дзидай док хэннэнсики рон. Есида хакуси цуйто кинэн кокуси ронсю (Годовой альманах керамики доисторического периода Карафуто." (카라푸토 선사시대 토기에 대한 연차 보고) Альманах государ ственной истории в память профессора Есида). Предварительная попытка представления хронологии доисторической керамики на Сахалине. Кокусю Ронсю, С. 17-44 (на яп. яз.), 1942.

Грищенко В. А., "Археологические исследования на поселении Чайво-6 пункт 2, в Ногликском районе Сахалинской области." (챠이보-6 2지점에 대한 빌굴보고) Ученые записки Сахалинского государственного университета: сборник научных статей. Вып. 7. Южно-Сахалинск: Сахалинский госу дарственный университет, С. 26-37, 2008.

Голубев В. А., "Жущиховская И. С. Неолитическая культура Южного Саха лина в свете анализа керамических комплексов." (토기분석을 통한 사할린섬의 신석기문화) *Вопросы археологии Дальнего Востока СССР.* Владивосток: ИИАЭ ДВО АН СССР, С. 25-33, 1987.

Сахалин Энерджи Инвестмент Компани Лтд (2017). *Археологическое наследие острова Сахалин* (사할린섬의 고고학유적), С. 12-147, 2017.

Высоков М.С., Василевский А.А., Костанов А.И., Ищенко М.И., *История Сахалина и Курильских островов с древнейших времен до начала XXI сто летия* (19세기까지의 사할린섬과 쿠릴열도의 역사), С. 155-167, 2008.